NOWARRA · GEZIELTER STURZ

Heinz J. Nowarra

Gezielter Sturz

Die Geschichte der Sturzkampfbomber aus aller Welt

Motorbuch Verlag Stuttgart

Einband und Schutzumschlag: Siegfried Horn

ISBN 3-87943-844-7

1. Auflage 1982.

Eine Abteilung des Buch- und Verlagshauses Paul Pietsch GmbH & Co. KG.

Satz und Druck: Becht-Druck, 7403 Ammerbuch-Pfäffingen.
Bindung: Großbuchbinderei Franz Spiegel, 7900 Ulm.
Printed in Germany.

Inhalt

Vorwort

Der ›Stuka‹, eine Abkürzung des Wortes ›Sturzkampfflugzeug‹, ist wohl neben der Bf 109 bei Freund und Feind das populärste Flugzeug des Zweiten Weltkriegs gewesen. In den vielen Berichten, die darüber erschienen sind, wurde aber immer nur die Entwicklung der deutschen Sturzbomberwaffe geschildert. Diese muß aber, wenn man die Hintergründe dieser Entwicklung erkennen will, im Zusammenhang mit der Entwicklung der Sturzbomber in anderen Ländern, insbesondere in den Vereinigten Staaten von Amerika, gesehen werden. Dieses Buch stellt den Versuch dar, die gesamte Sturzbomberentwicklung in aller Welt zu schildern. Ohne die Hilfe in- und ausländischer Freunde wäre diese Arbeit nicht möglich gewesen. Deshalb möchte der Autor an dieser Stelle folgenden Herren für diese Hilfe besonders danken:

Helmuth Roosenboom, VFW Bremen
Peter Petrick, Berlin
Leo Schmitt, Mendig
Dr. Roberto Gentilli, Florenz
Jean-Yves Lorant, Paris
Obering. Franz Selinger, Ulm
Dr. Volker Koos, Rostock
Peter Buchar, Prag
Jay P. Spenser, NASM-Smithsonian Institution, Washington
Peter M. Bowers, Seattle
Knut Støre, Hunstadmoen

Heinz J. Nowarra

QUELLEN-NACHWEIS:

Völker, Die deutsche Luftwaffe 1933—39
Nowarra-Kens, Die deutschen Flugzeuge 1933—45
Russell-Cooper-Thetford, Aricraft of the Fighting Powers Vol. I—VII
Brown, Heyn u. a., United States Army and Air Force Fighters 1916—1961
Matt-Robertson, United States Navy and Marine Corps Fighters 1918—62
Cuich, De L'Aeronautique Militaire 1922 à L'Armee de l'Air 1976
Peter C. Smith, Stuka
Bowers, Boeing Aircraft since 1916
Angelucci, Flugzeuge
Nowarra, Heinkel und seine Flugzeuge
Bignozzi-Catalanotto, Aerei d'Italia
Aireview, General view of japanese military aircraft
Larkins, US Marine Corps Aircraft 1914—1959
Larkins, US Navy Aircraft 1921—1941
Douglas Aircraft Co., 50th Anniversary of Naval Aviation 1911—1961
Werksunterlagen Weserflug-VFW
Nowarra, Die Luftschlacht um England
Nowarra, Geleitzugschlachten im Mittelmeer
Bekker, Angriffshöhe 6000
Jensen, Carrier War

1. US Marine Corps und US Navy entdecken den Sturz-Bombenangriff

Die Geschichte der Sturzbomber beginnt bereits im Jahre 1919. Es war kurz nach Ende des Ersten Weltkriegs, als eine kleine Anzahl von Flugzeugführern des US Marine Corps zum Armee-Flugplatz Randolph Field in Texas befohlen wurde, um dort auf Landflugzeuge umgeschult zu werden, da sie bisher nur Schwimmerflugzeuge und Flugboote geflogen hatten. Hier lernten sie von ihren Ausbildern eine Bombenangriffsmethode lernen, die von diesen als ›Diving‹ (Tauchen) bezeichnet wurde. Die Fluglehrer hatten diese Methode in Europa von englischen und französischen Piloten kennengelernt, die aber ihre Versuche wegen mangelnder Stabilität der damaligen Flugzeuge hatten aufgeben müssen. Das ›Diving‹ bestand darin, das Flugzeug erst über dem Ziel entweder direkt oder in einer Rolle in möglichst steilem Winkel stürzen zu lassen. Bei den amerikanischen Armeefliegern hatte sich diese Methode nicht durchsetzen können. Man bevorzugte den gewohnten Horizontalangriff wie bisher. Anders die Flieger des Marine Corps. Sie hatten die Überzeugung, daß man beim Diving-Angriff auf bewegliche Ziele, wie es Schiffe waren, größere Erfolgschancen haben würde. Daß es bis zur Reife entsprechender Flugzeuge ein paar Jahre dauern würde, darüber waren sich diese Männer klar. Die Angehörigen des US Marine Corps kehrten zusammen mit den wenigen Angehörigen der US Navy, die an dem Kursus teilgenommen hatten, in ihre Basen nach San Diego und Norfolk zurück.

Im Februar 1919 landete auf der Insel Santo Domingo auf dem Flugplatz San Pedro die I. Marine Air Squadron unter Führung von Captain W. E. McCaughtry (USMC) um die Infanterie-Verbände des US Marine Corps bei der Niederkämpfung Aufständischer zu unterstützen. Andere Verbände dieser Art wurden bei der Bekämpfung der sogenannten ›Cacos-Rebellen‹ auf Haiti eingesetzt. Hier waren Angehörige des Marine Corps von den Aufständischen eingeschlossen worden, von einem Verband erfahrener eingeborener Dschungelkämpfer. Es gelang einem der Eingeschlossenen, sich zum Hauptquartier durchzuschlagen, um Verstärkung anzufordern. Zwischen beiden Punkten lag eine Entfernung, die einem Zehntage-Marsch entsprach.

Eine Verstärkung würde auf dem Landweg wahrscheinlich zu spät kommen. So entschloß sich Lieutenant L. H. Sanderson (USMC), mit einer Curtiss *JN-4* (mehr unter dem Namen Curtiss ›Jenny‹ bekannt) hinzufliegen und zu versuchen, die Eingeschlossenen aus der Luft zu unterstützen. Vor dem Start montierte er einen Gewehrlauf als Behelfs-Bombenvisier vor seiner Windschutzscheibe und hängte eine Bombe mit Hilfe eines Leinwandsacks unter dem Unterflügel auf. Dann stiegen er und sein Beobachter in die ›Jenny‹ und starteten. Über dem Ziel angekommen, konnte er Signalflaggen erkennen, die man unten ausgelegt hatte, um ihm die Zielsuche zu erleichtern. Sanderson begann nun seinen Vogel ziemlich steil nach unten zu drücken, bis er in seinem Gewehrlauf die Signalflagge erkennen konnte, dann ließ er seine Bombe aus dem Sack rutschen. Als er dann die gute alte ›Jenny‹ steil hochzog, begann sie in allen Verbindungsstellen zu quietschen. Die Belastung war für den alten Vogel ein bißchen zu hoch gewesen. Aber die Bombe hatte genau im Ziel eingeschlagen. Die Geburtsstunde des Sturzbombers war angebrochen. Sanderson kehrte zurück und alarmierte die ganze Squadron. Alle ›Jennies‹ wurden nach seiner Methode ausgerüstet. Dann begann ein systematisches ›Dive-bombing‹ der Stellungen der Rebellen, wodurch die Ein-

Das US-Marine-Corps verwendete Curtiss JN-4 in mehreren Ausführungen. Oben JN-4HG1 im Fluge, darunter eine Staffel JN-4H am 16. 1. 1918 in Miami, dem ersten Flugplatz des Corps.

geschlossenen entlastet wurden und sich zu ihrem Gros durchschlagen konnten.
Was war nun dieser erste ›Sturzbomber‹ für ein Flugzeug? Tatsächlich handelte es sich um ein Übungsflugzeug. Der Typ *JN-4* wurde in verschiedenen Versionen gebaut, z. T. mit 90 PS Curtiss OX-5, z. T. auch mit 150 PS Hispano Suiza Motoren. Die letztere Version wurde als *JN-4H* bezeichnet. Die Maschine hatte keine Bewaffnung. Sie wurde als Übungsflugzeug nicht nur in den USA, sondern auch in England und Frankreich verwendet, wo sie aber nicht sehr beliebt war. Spannweite 13,33 m, Länge 8,33 m, Höhe 3,00 m. Leergewicht 720 kg, Fluggewicht 971 kg. Bei einer Höchstgeschwindigkeit von etwa 100 km/h brauchte die Maschine 10 Minuten, um eine Höhe von 1000 m zu erreichen. Die Gesamtflugdauer betrug 4 Stunden.
Die auf Santo Domingo stationierten Flugzeuge des US Marine Corps, insgesamt sechs ›Jennies‹, operierten dort noch bis 1924. Die anderen sechs der 4. Squadron auf Haiti blieben noch bis 1934.
Sanderson führte dann das ›Dive-bombing‹ bei den USMC-Einheiten an der Atlantikküste im Laufe des Jahres 1920 ein.
An der Westküste der Vereinigten Staaten wurde die US Army Lehrmeister der Marineflieger. Major Ross Rowell, USMC, nahm an einem Fortbildungskursus in Kelly Field, Texas, teil und lernte durch Major Lewis H. Brereton, US Army, das ›Dive-bombing‹ kennen. Er war von der Möglichkeit der exakten Trefferwirkung dieser Methode sehr beeindruckt. Als Rowell 1924 das Kommando der Observation Squadron 1 (VO-1M) in San Diego übernahm, führte er dort das ›Dive-bombing‹ ein. Für diesen Zweck wurden die bei dieser Einheit verwendeten Doppeldecker *DH-4B* mit Bombenhalterungen ausgerüstet. Rowell ließ Sturzbombenflüge durch seine Squadron bei öffentlichen Veranstaltungen wie Flugplatzeröffnungen und Flugtagen erfolgreich durchführen. Im Sommer 1921 fanden die berühmten Bombenversuche auf Veranlassung von General ›Billy‹ Mitchell statt, der beweisen wollte, daß Kriegsschiffe durch Luftangriffe vernichtet werden konnten. An diesen Versuchen nahmen etwa fünfzig Flugzeuge verschiedener Größe teil. Sturzangriffe wurden dabei nicht durchgeführt. Jedoch zeigte Lieutenant L. B. Sweely, Army Air Service Reserve, im November 1920 auf dem ›Aberdeen‹-Versuchsgelände einen der erfolgreichsten frühen Sturzbombenangriffe während einer dort laufenden Versuchsserie. Sweely stürzte mit einer *DH-4B*, unter deren Rumpf eine 150-kg-Bombe aufgehängt war, in einem genau berechneten Winkel, so daß die Bombe nicht gegen den Propeller kommen konnte, und setzte sie genau ins Ziel. Zu dieser Zeit war die De Havilland *DH-4B* noch eins der meist verwendeten Flugzeuge in USA. Dies sowohl beim Heer wie bei der Marine.
Dieses ursprünglich englische Flugzeug wurde bereits während des Ersten Weltkriegs von fünf amerikanischen Firmen, darunter auch Boeing, nachgebaut. 42 *DH-4B* erhielt die US Navy vom Kriegsministerium und weitere achtzig von der Marine-Flugzeugwerft (Naval Aircraft Factory). 1923 erhielten die *DH-4B* durch Umbau statt Rümpfen aus Holzkonstruktion solche aus Stahlrohr. Diese Umbauten wurden als *DH-4M* bezeichnet. Noch 1927 wurden *DH-4B* vom Marine Corps zur Bekämpfung Aufständischer in Nicaragua eingesetzt. Einige blieben noch bis 1929 in Dienst. Die letzten verschwanden 1932 aus den Bestandslisten. Die *DH-4B* hatte als Triebwerk einen 400 PS Liberty Motor. Die Bewaffnung bestand aus zwei starren MG für den Flugzeugführer und zwei weiteren auf Drehring für den Beobachter. Bomben wurden bei Bedarf an Trägern unter den unteren Tragflächen aufgehängt. Die Abmessungen des Flugzeugs waren: Spannweite 12,63 m, Länge 9,17 m, Höhe 3,20 m. Das Leergewicht betrug 1207 kg, das Fluggewicht 1921 kg. In Seehöhe erreichte die Maschine eine Höchstgeschwindigkeit von etwa 200 km/h; 1500 m Höhe wurden in 6,8 Minuten erreicht. Die Gipfelhöhe betrug 4200 m, die Reichweite rund 1000 km.
Im März 1921 fand bei der US Navy ein Ereignis statt, das für die Weiterentwicklung der Marinefliegerei und damit auch des Sturzbombers erhebliche Auswirkungen haben sollte. Im Rahmen der US Navy wurde für die Entwicklung der Marineluftfahrt das Bureau of Aeronautics unter der Leitung von Captain W. A. Moffett eingerichtet. Dies war zum großen Teil auf die Angriffe des Generals Mitchell zurückzuführen, der immer wieder predigte, daß Bombenflugzeuge jeder Schiffseinheit überlegen seien, was er durch die Bombardierung alter deutscher Kreuzer und Schlachtschiffe vom 20. bis 23. Juli 1921 bewie-

Das englische Mehrzweckflugzeug De Havilland DH-4B wurde in USA von Standard, Fisher und Dayton-Wright in Lizenz gebaut und von US-Army, Navy und Marine-Corps (USMC) geflogen.

sen zu haben glaubte. Er attackierte das War Departmant und die Politiker mit dem einzigen Erfolg, daß ein Kriegsgericht ihn wegen Vergehens gegen den 96. Kriegsartikel degradierte und aus der US Army ausstieß. Im Jahre 1925 war Mitchells Karriere damit beendet.
Die Flugzeugführer der US Navy und des US Marine Corps (USMC), die bei der Armee das ›Dive-bombing‹ kennengelernt hatten, vergaßen dies nicht. Die Initiative zur Weiterentwicklung ging aber jetzt von der Navy aus. Captain J. M. Reeves, US Navy, zog alle zur Pazifik-Flotte gehörenden Flugzeuge in San Diego zusammen und hoffte, durch ein ungewöhnliches Verfahren neue Luftkampftaktiken zu entwickeln. Er sandte an alle Besatzungen einen Fragebogen mit dem schönen Titel ›Reeves' Tausend und eine Frage‹. Es fanden sich sieben junge Lieutenants der Navy, die bereit waren, alles zu vesuchen, was sie mit ihren neuen Flugzeugen machen konnten. Es waren die Lieutenants D. F. Wagner, J. E. Ostrander, D. W. Tomlinson, T. B. Lee, S. H. Arthur, E. C. Ewen und R. F. Hickey. Sie sollten vorerst nur eine besondere Frage beantworten helfen: »Wie kann man am besten einen Flotten-Verband zurückschlagen, der versucht, an der Küste zu landen?«
Alle Teilnehmer dieser Versuche flogen Jagdeinsitzer des Typs Curtiss *F6C-2*. Es handelte sich um robuste verspannte Doppeldecker mit 400 PS Curtiss D12-Motoren, die eine Höchstgeschwindigkeit von 250 km/h entwickelten. Bei einem Fluggewicht von 1309 kg hatten die Maschinen eine Spannweite von 9,60 m und eine Länge von 6,90 m. Die Maschinen waren sehr stabil gebaut und äußerst wendig. Man kann sie als Stammväter des Curtiss-Doppeldeckers ansehen, der für den Aufbau der deutschen Stukawaffe so eine schicksalhafte Bedeutung haben sollte.
Nachdem entsprechend der Fragestellung von Captain Reeves zuerst Tiefangriffe mit Bordwaffen durchgeführt worden waren, wurde man sich klar, daß Reeves Frage damit nicht befriedigend beantwortet worden war. Jetzt entschloß man sich, Sturz-Bombenangriffe aus 3000 m Höhe durchzuführen. Es zeigte sich, daß diese Methode erfolgversprechend war. Zumindest gelang es, die Landeverbände zu verwirren. Der nächste Versuch galt Schiffszielen, auf denen Zielkameras eingebaut waren. Diese Methode der Erfassung von Trefferwirkung durch Kameras wurde zum ersten Mal bei der US Atlantikflotte erprobt. Hier führte Lieutenant-Commander (Kapitänleutnant) O. B. Hardison die Sturzbomberversuche durch. Die von der US Navy durchgeführten Versuche im Pazifik und im Atlantik ergaben den klaren Beweis: Sturzbomber konnten so schnell angreifen, daß die Schiffsflak keine wirkungsvolle Verteidigung durchführen konnte. Das nächste Jahr, 1927, sollte den Wert der neuen Kampfmethode dann in der Praxis beweisen. Ort der Handlung war Nicaragua. Im Gebiet von Ocotol in Nicaragua hatten einige hundert Anhänger des Rebellenführers Sandino 37 amerikanische Marine-Infanteristen und 45 Angehörige der nicaraguanischen Garde am 17. Juli 1917 umzingelt. In der Nacht konnten sich die Eingekesselten halten, aber am Morgen wurde die Lage verzweifelt. Als erste flogen zwei *DH-4B* der Sqadron VO-1M des bereits erwähnten Majors R. E. Rowell zu dem Kessel und entlasteten die Verteidiger. Dann startete Rowell selbst mit fünf *DH-4B* voll beladen mit 25 kg Splitterbomben. Die fünf Maschinen flogen in etwa 450 m Höhe an und stürzten dann in möglichst steilem Winkel so weit wie möglich hinunter, lösten ihre Bomben aus und zogen dann in 180 m Höhe ab. Die Sandinisten hatten einen solchen Flugzeugangriff noch nie gesehen und stürzten aus dem Urwald ins Freie und wurden dort von der Bombenwirkung voll erfaßt. Die Flieger des USMC setzten in den nächsten Tagen die Sturzangriffe fort. Jeder Pilot flog täglich 5—7 Stunden, bis die Entsatztruppen heran waren.
Curtiss hatte inzwischen den Typ *F6C* weiter entwickelt. 1927/28 entstanden die Baureihen *F6C-3, -4* und *-5,* die sich von der *F6C-2* hauptsächlich durch den Einbau luftgekühlter Sternmotoren unterschieden. Nur die *F6C-3*, wovon 35 Stück gebaut wurden, erhielt noch den 400 PS Curtiss *D-12*, während alle Folgemuster Pratt & Whitney Motoren erhielten, die *C-4* den R-1430 und die *C-5* den R-169c ›Hornet‹. Die Abmessungen und Gewichte dieser Versionen variierten nur wenig, die Leistungen erheblich: die *F6C-3* hatte eine Höchstgeschwindigkeit von 225 km/h, die *F6C-4* eine solche von 240 km/h und die *F6C-5* von 245 km/h.
Einen besonderen Erfolg hatte Captain J. T. Moore, USMC, der während des Chinakriegs 1928 die lang-

weilige Aufgabe hatte, mit seiner *DH-4B* Überwachungsflüge durchzuführen. Er hatte während eines solchen Flugs über Tientsin die Idee, den Chinesen einen Sturzflug vorzuführen. Er stürzte mit seinem alten Doppeldecker fast senkrecht. Unter ihm rannten die Chinesenkinder schreiend davon. Alte Leute wußten nicht, wohin sie fliehen sollten. In diesem Augenblick zog Moore seinen Vogel steil hoch — mit dem Erfolg, daß dieser die rauhe Behandlung nicht aushielt und sich in seine Bestandteile auflöste. Moore sprang mit dem Fallschirm ab, landete sicher, während die Teile seiner *DH-4B* um ihn herunterregneten. Der Erfolg war verblüffend: Die Chinesen tobten vor Begeisterung und wollten diese Schau noch einmal sehen, was der Captain bescheiden ablehnte!

Oben Curtiss F6C-1 des Flugzeugträgers ›*Langley*‹, darunter eine F6C-1 der ersten Serie.

DH-4B war das Arbeitspferd des USMC. Mit einem 400-PS-Liberty-Motor erreichte die Maschine eine Höchstgeschwindigkeit von ca. 200 km/h.

D-2012 war eine A 48dy mit Siemens Sh-20-Triebwerk, das später in BMW 132 geändert wurde. Die Maschine flog noch 1933 als D-ITOR.

2. Die Deutschen versuchen nachzuziehen

Während so die Sturzbomberentwicklung immer schneller vorwärts schritt, schien man auf dieser Seite des Atlantik sich immer noch auf den Lorbeeren des Sieges der Entente auszuruhen. In keinem Siegerstaat hatte man die Idee, neue Luftkampfpraktiken zu erproben. Aber in Deutschland, wo jegliche Militärfliegerei verboten war, waren zwar die Angehörigen der geheimen Reichswehrfliegertruppe an der Arbeit, eine Kaderluftwaffe aufzubauen; mit der Sturzbomber-Idee befaßte man sich aber nicht ernsthaft. Lediglich in dem geheimen Stützpunkt Lipezk wurden ab und zu mit den Jagdeinsitzern *Fokker D XIII* auch Bomben geworfen. Es handelte sich hierbei aber mehr oder weniger um Schlachtfliegerübungen, so wie sie 1917/18 mit den Halberstädter und Hannoveraner CL-Typen geflogen worden waren. Anders sah es bei der Flugzeugindustrie aus. Bei den Junkers-Flugzeugwerken arbeitete ein ehemaliger Jagdstaffelführer namens Karl Plauth und der Ingenieur Hermann Pohlmann an der Entwicklung eines Jagdzweisitzers, der in der aus Tarnungsgründen notwendigen Zivilversion als *A-48*, im internen Sprachgebrauch aber als *K-47* (K = Kriegsflugzeug oder Kampfflugzeug) bezeichnet wurde. Obwohl die *K-47/A-48* ein rein privates Unternehmen der Firmas Junkers darstellte, sind alle fünf gebauten Maschinen in Lipezk getestet worden. Die Reichswehrleutnants Blumensaat und Harder haben die Maschine geflogen und positiv beurteilt. Harder bezeichnete die *A-48* in einer Tagebuchnotiz als »fabelhafte Maschine«. Mit einer der fünf Maschinen, wahrscheinlich eine mit den Kennzeichen D-2284, sind die ersten Sturzbombenversuche in Deutschland durchgeführt worden. Die Maschine besaß auf jeder Seite eine Strebe, die von der Radachse bis zur Unterseite des Mittelflügels reichte. An dieser wurde eine Bombenhalterung, die man bei an Finnland gelieferten Mehrzweckflugzeugen *K 43* erprobt hatte, montiert. Dann wurden mit Zementbomben Sturzangriffe mit immer steiler werdenden Neigungswinkeln durchgeführt. Da diese Maschine noch keine Sturzflugbremsen hatte und auch festigkeitsmäßig den Sturzflügen Grenzen setzte, konnte eine restlose Klärung aller mit dem Sturzflug zusammenhängenden Fragen im Jahre 1928 noch nicht erfolgen. Über das Schicksal der *A-48/K-47* hat der Autor bereits ausführlich in seinem Buch *»Die verbotenen Flugzeuge«* (Motorbuch-Verlag 1980) berichtet. Auch die technischen Daten sind dort zu finden.

Daß die *A-48/K-47* der Vorläufer des deutschen Sturzkampfflugzeuges Junkers *Ju 87* war, hat Pohlmann, der Vater der *Ju 87*, und Mitarbeiter Plauths in einem dem *Hamburger Fremdenblatt* 1940 gegebenen Interview bestätigt. Er sagte damals: »Unsere ersten Versuche, Überprüfung der Sturzflugeigenschaft, Zielverfahren Bombenaufhängung und -abwurf, Sturzflugbremsen und so weiter machten wir damals mit unserer *K 47*, einem von mir schon 1928 konstruierten Jagdzweisitzer in Ganzmetall. Und als 1934 beim Aufbau der Luftwaffe die Aufgabe gestellt wurde, ein Sturzkampfflugzeug zu entwickeln, da konnte ich auf einer festen Grundlage weiterarbeiten.«

Die Erfolge der *F6C*-Serien ließen Curtiss' Konkurrenten Boeing nicht ruhen. Die von Boeing bisher herausgebrachten Jagdeinsitzer der FB-Serien konnten festigkeitsmäßig den Anforderungen eines Sturzbombenfluges nicht genügen. So entstand Mitte Oktober 1926 der Prototyp einer neuen Boeing Jäger-Serie, *XF2B-1*. In North Island traf, begrüßt wie eine Primadonna, die *XF2B-1* ein und wurde von allen Marinefliegern in San Diego gebührend bewundert. Dann nahm Lieutenant Compo sich den Vogel vor und prüfte ihn auf Herz und Nieren. Dieser Erprobung schloß sich dann eine Erprobung an Bord des Flugzeugträgers ›Langley‹ an. Wie immer bei einem Prototyp waren Änderungen notwendig, besonders am Triebwerk und am Fahrwerk. Aber im Dezember 1927 konnte die auf dem Flugzeugträger ›Saratoga‹ stationierte Squadron VF-1B die ersten fünfzehn *F2B-1* übernehmen. Die nächsten erhielt dann die Squadron VB-2B, auch auf ›Saratoga‹, die dann auf der Rückfahrt von den Flottenmanövern im Raum Hawai nach San Diego die ersten ernsten Sturzbomber-Angriffe durchführte. Mit den neuen *F2B-1* wurden täglich mehrfach Starts und Angriffe im Zusammenwirken mit Übungen der Schiffsflak durchgeführt. Es wurden ganz neue Anflugmanöver in Keilformation entwickelt, da sich zeigte, daß die Flak sich bald auf die neue Angriffstaktik einstellte. So kam man zu einer Methode, bei der sich die Angriffsformation in drei Gruppen teilte und aus verschiedenen Richtungen angriff, wodurch es der Flak unmöglich wurde, den Angriff abzuwehren. Man muß dabei berücksichtigen, daß die Flugzeugträger damals noch nicht die starke Flak-Bewaffnung hatten wie im Zweiten Weltkrieg. Bei diesen Tests von Bord der ›Saratoga‹ steigerte man, vorerst theoretisch, die Bombenladung der Sturzbomber von 12,5-kg-Zementbomben bis auf 250 und 500 kg. Einige Admirale meinten sogar, die Sturzbomber müßten in der Lage sein, 1000 kg-Luft-Torpedos in senkrechtem Sturz abzuwerfen. Zur Erleichterung der Piloten war man in San Diego angekommen, bevor die Admirale so etwas ausprobieren konnten. Aber der Chief ov Naval Operations, etwa vergleichbar dem deutschen Chef der Seekriegsleitung, befahl nunmehr die Durchführung von Sturzbombenangriffen mit Übungsbomben auf Schiffe der Pazifik- und Atlantikflotte. Die Angriffe wurden von der Squadron VF-2B, North Island, San Diego, unter Lieutenant-Commander F. D. Wagner mit *F6C-4* gegen Schiffe der Pazifikflotte im Hafen von San Pedro, Kalifornien, so erfolgreich durchgeführt, daß die Angreifer, nachdem sie aus 4000 m Höhe sich auf die Schiffe gestürzt und die Bomben geworfen hatten, bereits wieder in Long Beach gelandet waren, während die Schiffsbesatzungen noch damit beschäftigt waren, ihre Fla-Geschütze in Stellung zu bringen. Eine ganz andere Wirkung wurde von der *F2B-1* der VB-2B unter Führung von Lieutenant D. W. Tomlinson erzielt. Rein äußerlich waren die *F6C-4* und *F2B-1* gar nicht so besonders verschieden. Beide hatten denselben Motor, Pratt & Whitney R-1340 von 450 PS. Die Boeing war 4 km/h schneller. Die Abmessungen waren ähnlich, die Gewichte gleichfalls. Im Jahre 1934 erhielt das US Marine Corps den neuen Sturzbomber Boeing *F4B-3*. Die *F4B*-Familie war bereits seit 1931 bei USMC und Navy als Jagdeinsitzer in Dienst gewesen. Jetzt wurde die Squadron VF-10 des USMC zur VB-4M umgewandelt und mit 21 *F4B-3* ausgerüstet. Dies war vorläufig der letzte einsitzige Sturzbomber in den USA. Als Triebwerk war er mit dem Pratt & Whitney R-1340-D von 500 PS Startleistung ausgerüstet. Die Bewaffnung bestand aus zwei starren MG. Einen besonderen Unterschied zu den anderen *F4B* bildete der eigenartige Bombenträger, der hinter der geteilten Fahrwerkachse unter dem Rumpf aufgehängt war. Die kleine, sehr wendige Maschine hatte eine Spannweite von 9,14 m und eine Länge von 6,21 m. Bei einem Fluggewicht von 1342 kg erreichte sie eine Höchstgeschwindigkeit von knapp 300 km/h. Die Maschinen wurden bereits im Juni 1935 wieder aus dem Frontdienst abgezogen.

Dreiseitenansicht K 47.

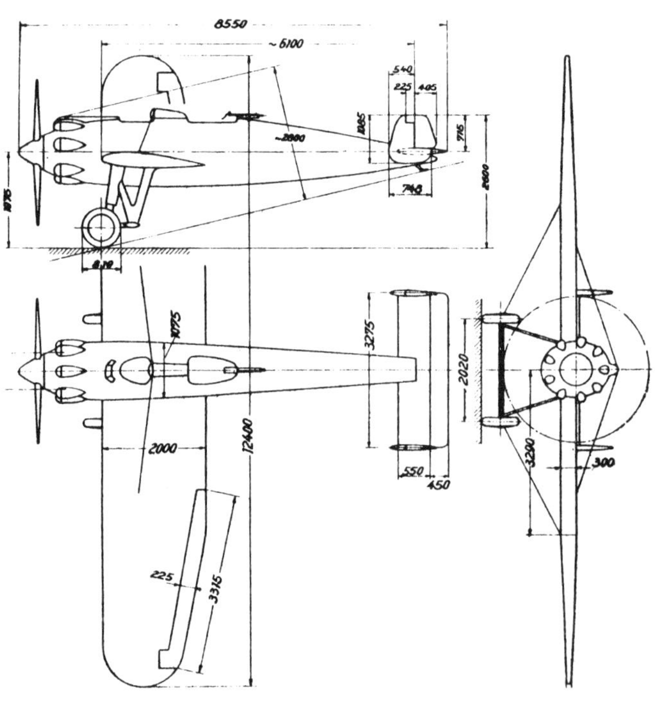

Oben links: Heinkel He 63, Junkers A 48 und W 33 in Travemünde 1932. — Unten: Junkers A 48 D-1057, mit Siemens ›Jupiter‹ wurde später D-IPOS.

Junkers A 48ba erhielt erst spät die Zulassung D-2284.

D-2284 wurde nach Umrüstung von Siemens ›Jupiter VI‹ auf BMW ›Hornet‹ bei der Luftwaffe noch 1936 als TE+HR geflogen.

3. Udet und die Sturzbomber

Im September 1928 fanden auf dem Mines Field (heute befindet sich dort der Internationale Flughafen von Los Angeles) die National Air Races statt, an denen neben prominenten amerikanischen Kunstfliegern auch der deutsche Sportflieger Ernst Udet teilnahm. Udet war auf grund seiner Abschußerfolge als Jagdflieger des Ersten Weltkrieges in den USA sehr bekannt. Er beabsichtigte mit seinem in Deutschland gut bekannten *U 12* ›Flamingo‹ auch in Los Angeles Kunstflüge vorzuführen, was ihm auch mit bestem Erfolg gelang. Udet, damals noch ganz Privatmann, der keinerlei Verbindung zu den Nationalsozialisten — aber auch keine zur Reichswehr hatte, die damals bereits am Aufbau einer Kader-Luftwaffe arbeitete, erlebte nun ein auch für ihn neues Schauspiel: In 5000 m Höhe flogen die fünfzehn *F2B* der Squadron VB-2B unter Führung von Lieutenant Tomlinson als Repräsentanten der Flieger der US Navy zum Sturzangriff an. Auf ein Handzeichen des Staffelführers stürzten die kleinen Doppeldecker, einer nach dem anderen, auf das Ziel, eine weiße Kreisfläche am Boden, und zogen dann steil wieder hoch. Das Publikum raste vor Begeisterung. Diese Schau mußte daraufhin am nächsten Tage wiederholt werden. Die Wirkung auf Udet, der wußte, welche körperliche Beanspruchung diese Sturzflüge darstellten, war ungeheuer, zumal er hier in der Praxis sah, welche Treffgenauigkeit durch einen Sturzbomberangriff erreichbar wurde. Erst fünf Jahre später konnte er, nunmehr Offizier der deutschen Luftwaffe, darangehen, diese amerikanische Idee des ›Dive-bombing‹ bei der deutschen Luftwaffe durchzusetzen.

In den USA verlief die Bombenangriffsentwicklung von nun an in drei Richtungen: Konventioneller Horizontalangriff, Sturzbombenangriff und Torpedowurf. Das Bureau of Aeronautics der US Navy zog die Konsequenzen aus den mit dem ›Dive-bombing‹ gemachten Erfahrungen, die gezeigt hatten, daß dieser Methode besonders für die Marine die größte Bedeutung zukam. Es war möglich, außerhalb der Reichweite der Schiffsflak anzufliegen und dann so schnell auf das Ziel zu stürzen, daß die Richtgeräte der Flak nicht nachkamen. Nach dem damaligen Stand der Technik war der Sturzbomber die ideale Angriffswaffe für kleine und bewegliche Ziele.

So erließ das Bureau of Aeronautics eine Ausschreibung für einen Sturzbomber, der eine Bombenladung von 500 kg tragen sollte. Damit begann die Geburt der ›Helldiver‹ (Höllentaucher), wie von nun an die Sturzbomber der US Navy und des Marine Corps genannt wurden. Es wurden drei Versuchsmuster geliefert: Die Martin Aircraft Company stellte die *XT5M-1* vor, die Marine-Flugzeugbau-Werft die *XT2N-1* und Curtiss die *XF8C-2*. Alle drei Baumuster waren konventionelle Doppeldecker mit besonders stabiler Konstruktion. Der Curtiss-Entwurf unterschied sich von den beiden anderen dadurch, daß die obere Tragfläche gepfeilt war. Die vergleichende Erprobung der drei Versuchsmuster ergab, daß die Curtiss-Konstruktion die zuverlässigste war. Dazu kam eins: man gab den Jagdeinsitzer als Ausgangsmuster für den Sturzbomber auf. Die neuen Sturzbomber waren zweisitzig. Die Curtiss *F8C-4* prägte von nun an das Gesicht der amerikanischen Sturzbomberwaffe. Das war der ›Helldiver‹! So hoffnungsvoll noch 1929 die Sturzbomber-Entwicklung in den USA aussah, so hart sollte der Rückschlag sein. Die Jahre 1930 bis 1932 brachten die große Rezession in den USA, die zur Kürzung aller Mittel für den Rüstungshaushalt führte und damit die weitere Entwicklung abbremste.

So wurden außer zwei Prototypen *XF8C-2* und *XF8C-4* nur 25 Serienmaschinen *F8C-4* gebaut, die alle der Squadron VF-1B an Bord der ›Saratoga‹ zugeteilt wurden. Es ist bekannt, daß in dieser Zeit der Depression in den USA die schönsten Filme in Hollywood gedreht wurden. Die ›Helldiver‹ und die ›Saratoga‹ wurden nun auch die Hauptdarsteller eines der besten Fliegerfilme, die je gedreht wurden. Am Rande sei erwähnt, daß der bekannte Filmdarsteller Clark Gable in diesem Film neben Wallace Beery sein Debut gab. Der Film begeisterte nicht nur die amerikanische Jugend, sondern auch die europäische. Die ›Helldiver‹ waren in aller Mund. Sie gingen erst 1931 in die Reserve. Es wurden später noch 63 ›Helldiver‹ unter der Bezeichnung *F8C-5* gebaut. Diese waren von 1931—34 beim USMC in Dienst. Auch die *F8C-4* war mit dem Pratt & Whitney R-1340, aber Serie 4 mit 450 PS, ausgerüstet und erreichte eine Höchstgeschwindigkeit von 225 km/h. Die Abmessungen der Maschine waren folgende: Spannweite 9,75 m, Länge 7,81 m, Höhe 3,80 m. Bei einem Leergewicht von 1149 kg betrug das Fluggewicht 1833 kg. Die Marschgeschwindigkeit betrug 176 km/h, eine Höhe von 1700 m wurde in 5,5 Minuten erreicht. Die Gipfelhöhe lag bei 3425 m, die Reichweite bei 1200 km. Die Bewaffnung bestand aus zwei starren MG für den Flugzeugführer und einem MG auf Drehring für den Beobachter. Die *F8C-4* konnte unter dem Rumpf eine 240-kg- und unter den Tragflächen zwei 55-kg-Bomben tragen.

Die Kunde von den amerikanischen Marine-Sturzbombern drang auch nach Europa. Aber nur in Frankreich begann man sich dafür zu interessieren. Auch hier begann die Entwicklung beim Jagdeinsitzer. Die ersten Versuche wurden mit dem Typ Gourdou-Leseurre *LGL 32* durchgeführt und führten zur Entwicklung des Typs 430, dessen Prototyp F-AKFC mit einem Motor Gnôme & Rhône 9ADY ausgerüstet war. Mit diesem wurden in Saint-Raphael die ersten vorsichtigen Versuche des Sturzbombenflugs durchgeführt. Eine ernste Erprobung begann aber erst 1933. *GL 430* war ein abgestrebter Hochdecker, dessen Motor eine Startleistung von 420 PS hatte. Die Abmessungen waren: Spannweite 12,20 m, Länge 7,80 m, Höhe 3,10 m. Der Flächeninhalt betrug 25 qm. Bei einem Leergewicht von 960 kg betrug das Abfluggewicht 1370 kg. Die Höchstgeschwindigkeit lag bei 280 km/h, die Reichweite bei 600 km, während eine Gipfelhöhe von 5000 m erreicht werden konnte.

Inzwischen hatten auch die Japaner von den neuen amerikanischen Sturzbombern Kenntnis erhalten und strebten danach, derartige Flugzeuge ihrer Marine anzugliedern. Sie selbst hatten keinerlei Erfahrung auf diesem Gebiet. Einer der Hauptlieferanten der japanischen Marinefliegertruppe war die Firma Aichi Tokei Denki. Diese arbeitete bereits einige Zeit mit den Heinkel-Werken zusammen, wobei die japanische Admiralität dafür sorgte, daß Heinkel trotz des damals für Deutschland geltenden Militärflugzeugbauverbots bei seinen Entwicklungsarbeiten nicht gestört wurde. So kam es, daß der erste japanische Sturzbomber in Deutschland bei den Heinkel-Werken entstand. Die japanische Marine verlangte einen Doppeldecker, der eine Bombenlast zwischen 250 und 500 kg tragen konnte. Außerdem sollte das Flugzeug mit Schwimmern ausgerüstet sein, um auch einen Katapultstart von Kriegsschiffen aus zu ermöglichen. Das Musterflugzeug wurde Mitte 1931 fertig. Es war von vornherein mit Schwimmern ausgerüstet, hatte aber noch keine Bombenabwurfvorrichtung, da es nur zur Flugerprobung dienen sollte. Die Maschine hatte als Triebwerk einen Junkers Motor L 5 mit 380 PS Startleistung, der sich bald als zu schwach herausstellte. Diese *He 50 aW* ging in die Werkserprobung, machte aber kurz darauf beim Wassern auf dem Breitling Bruch, wobei die Schwimmer zerstört wurden. Inzwischen war ein zweites Musterflugzeug mit Radfahrwerk fertiggestellt und unter der Nummer D-2471 zugelassen worden. Diese Maschine mit der Werknummer 408 wurde später als *He 50 V1* bezeichnet, obwohl sie ursprünglich die Bezeichnung *He 50b* trug. Mit ihr wurde aber das ganze Flugprogramm durchgeführt, das ursprünglich mit der *He 50aW* geflogen werden sollte. Die Maschine, die statt des Junkers L 5 einen Siemens ›Jupiter‹ Motor mit einer Startleistung von 490 PS hatte, wurde sowohl bei der Erprobungsstelle des Reichsverbandes der Deutschen Luftfahrtindustrie (RDL) als auch bei der Erprobungsstelle Travemünde einer intensiven Erprobung unterzogen. Die zu diesem Zeitpunkt noch geheime Reichswehr-Fliegertruppe zeigte sich an der Entwicklung interessiert. Es wurden drei weitere Versuchsmaschinen

Oben Prototyp des Jagdeinsitzers Boeing XF2B-1, darunter drei F2B-1 der Sturzbomberstaffel VF-1B des Flugzeugträgers *›Saratoga‹*.

Oben Curtiss XF8C-2 – Unten F8C-5. Dies sind die Sturzbomber, die durch den Film ›Helldivers‹ berühmt wurden.

Oben Heinkel 50aW, das erste Musterflugzeug, das bereits während der Erprobung Mitte 1931 zu Bruch ging, darunter das eigentliche Musterflugzeug der He-50-Serie, D-2471, Werk-Nr. 408.

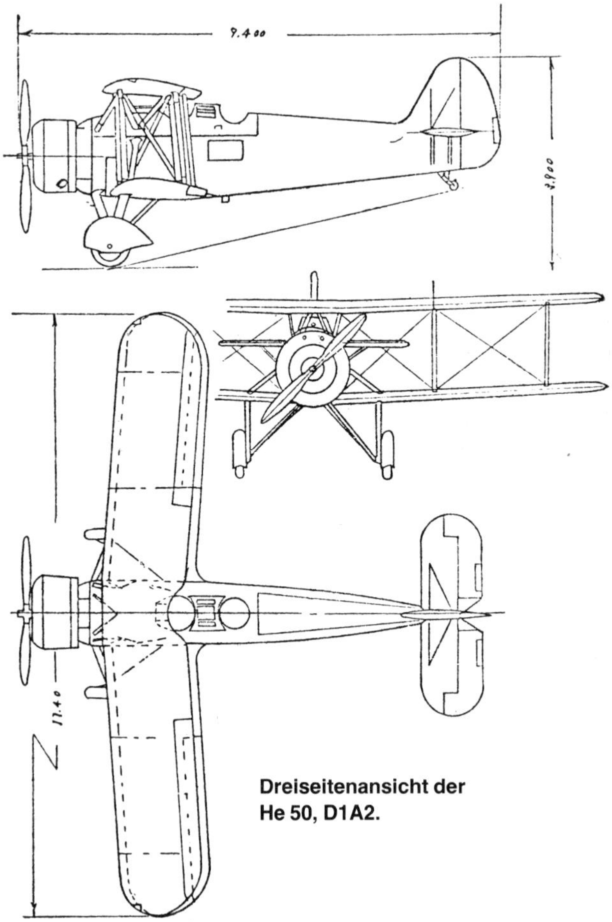

Dreiseitenansicht der He 50, D1A2.

mit dem neuen vom Siemens Flugmotoren-Werk in Berlin-Spandau entwickelten SAM 22 B (später als Bramo 322 bezeichnet) hergestellt. In Warnemünde über dem Breitling wurden die ersten Versuchs-Sturzbombenangriffe mit 500-kg-Zementbomben ausgeführt. Die Festigkeit der Zelle befriedigte. Von einer Lieferung an Japan war jetzt keine Rede mehr. Die drei Maschinen gingen nach Rechlin. Heinkel hoffte nunmehr einen größeren Serienauftrag vom Reichsverkehrsministerium, über das damals zur Tarnung die geheimen Rüstungsaufträge der Reichswehr und der Reichsmarine abgewickelt wurden, zu erhalten. Heinkel vergab aber die Nachbaurechte für die *He 50* nach Japan, wo der Entwurf etwas geändert wurde. Als *D1A1* und *D1A2* wurde dann die geänderte *He 50* bei Aichi in Serie gebaut.

Während in Japan und Deutschland noch an der Entwicklung der Sturzbomber gearbeitet wurde, bei denen es sich ausschließlich um Zweisitzer handelte, brachten in den USA die beiden Konkurrenten Boeing und Curtiss neue Einsitzer heraus, die für den Sturzbomber-Einsatz vorgesehen waren. Es handelte sich um die Versuchsmuster *XF4B-2* und *XF11C-2*. Diesmal kam Boeing schneller zum Zuge, denn in der Flottenliste von 1932 werden an Bord des Flugzeugträgers ›Lexington‹ bereits 27 *F4B-2* und an Bord der ›Saratoga‹ 19 *F4B-3* aufgeführt, während die *XF11C-2* sich noch in der Erprobung befand.

Soweit aus den Unterlagen erkennbar, ist von der Boeing-*F4B*-Serie nur die *F4B-2* mit Bombenhalterungen ausgerüstet worden, während die anderen Serien ausschließlich als Bordjäger eingesetzt wurden. Insgesamt wurden vom 2. Januar 1931 bis Mai 1931 46 *F4B-2* an die US Navy ausgeliefert. Sie gingen an die Squadrons VF-6, VF-2 und VF-5. Als Triebwerk diente ein Pratt & Whitney R-1340 C ›Wasp‹ mit einer Startleistung von 500 PS. Die Bewaffnung bestand aus zwei starren MG und einer Bombenlast von vier 55-kg-Bomben. Die Maschine erreichte eine Höchstgeschwindigkeit von 300 km/h. Die *F4B-2* hatte eine Spannweite von 9,14 m und eine Länge von 6,12 m. Das Abfluggewicht lag bei 1077 kg.

Der Marine-Jäger Boeing *F4B* wurde in leicht geänderter Form als Typ *P-12* für die US Army in Serie gebaut. Bei Army — wie auch Navy-Version zeigte sich, daß es möglich war, diesen Typ noch laufend zu verbessern. So hatte es Curtiss anfänglich schwer, seinen neuen Marinejäger *XF11C-1* gegen den Boeing-Jäger durchzusetzen. Gegenüber den alten ›Helldiver‹ der *F8C*-Serie bekam die neue Curtiss-Jäger-Serie den Namen ›Hawk‹.

Die Zelle basierte auf der des Armee-Jägers *P-6E*, der ebenfalls als ›Hawk‹ bezeichnet wurde. Die beiden Prototypen *XF11C-1* und *XF11C-2* wurden als Goshawk bezeichnet. Die *XF11C-1* erhielt als Triebwerk einen 600 PS Wright R-1510-98, die *XF11C-2* einen 700 PS Wright R-1820-78. Die *XF11C-2* wurde am 2. 5. 1932 an die Marine-Station Anacostia geliefert. Die Erprobung zeigte, daß das Flugzeug ausgezeichnete Flugeigenschaften hatte. Trotzdem war es ein Unglücksvogel.

Bei der Erprobung in Anacostia mußte die Maschine

Ansichten des japanischen Nachbaus der He 50, D1A2.

bereits im Mai zwei Notlandungen machen, außerdem wurde sie am 1. August 1932 bei Landeversuchen mit Landehaken schwer beschädigt. Die ersten ›Goshawk‹, 14 Stück, gingen 1933 and die Squadron VF-1B auf ›Saratoga‹. Das Bureau auf Aeronautics war aber weniger an Jägern als an Sturzbombern interessiert, so wurden *XF11C-1* und XF11C-2 mit Bombenhalterungen versehen, die 14 *F11C-2* ebenfalls. Damit wechselten auch die Bezeichnungen. Es waren jetzt Bomber-Fighter mit der Bezeichnung BFC. So wurde auch aus der Fighter Squadron jetzt die Divebomber Squadron VB-2B.

Die *F11C-2* war wie der Prototyp *XF11C-2* mit dem Wright R-1820-78 von 700 PS ausgerüstet. Als *BFC-2* trug die Maschine eine 240-kg-Bombe. Bei einem Fluggewicht von 1883 kg wurde eine Höchstgeschwindigkeit von 325 km/h erreicht. Die *BFC-2* hatte eine Spannweite von 9,60 m und eine Länge von 7,62 m.

Der Typ *BFC-2* hatte für den Aufbau der deutschen Luftwaffe eine besondere Bedeutung. Göring, der 1933 neuer Reichskommissar für Luftfahrt und später Reichsminister der Luftfahrt wurde, suchte Udet, dessen internationaler und nationaler Ruf groß war, als aktiven Offizier für die neu zu schaffende Luftwaffe heranzuziehen. Udet, der von Natur aus Individualist und Zivilist war, hatte keine Lust, wieder Soldat wie im Ersten Weltkrieg zu spielen. Aber er träumte immer noch davon, für seine Kunstfliegerei ein solches Flugzeug zu bekommen, wie er es 1928 in Los Angeles gesehen hatte. Göring wußte dies und köderte ihn damit. Nach damaligen Werten hätte ein solches Flugzeug etwa RM 60 000,— gekostet. Göring bot nun Udet an, zwei solcher Flugzeuge für ihn zu kaufen, wenn er in die Luftwaffe eintrete. Udet zögerte lange, aber das ›Spielzeug‹ reizte ihn. Er wurde als Major in die Luftwaffe übernommen und fuhr nach den USA zu Curtiss. Dort bot man ihm die *F11C-1* an, an der die US Navy immer noch nicht sehr interessiert war. So kamen zwei *F11C-2* nach Deutschland. Die erste erhielt noch die alten Kennzeichen D-3165, später bekamen die beiden Curtiss *F11C-2* die Kennzeichen D-IRIS und D-IRIK.

Inzwischen hatte Heinkel vom RWM den erhofften Auftrag auf eine kleine Serie *He 50* erhalten, der bis 1933 in drei Ausführungen *He 50 A, B* und *C* ausgeliefert wurde. Der Typ erwies sich den Anforderungen, die man an einen Sturzbomber stellte, nicht gewachsen. Eine Sturzgeschwindigkeit von 300 km/h durfte nicht überschritten werden. Auch der Einbau des BMW 132 E, Startleistung 650 PS, bei der *He 50 C* erbrachte keine Verbesserung der Leistungen. Die drei Versionen hatten gleiche Abmessungen: Spannweite 11,50 m, Länge 9,60 m, Höhe 4,40 m, Flächeninhalt 34,80 qm. Die Fluggewichte unterschieden sich wie folgt: *He 50 A* 2620 kg, *He 50 B* 2660 kg und *He 50 C* 2820 kg. Die Höchstgeschwindigkeiten differierten geringfügig: *A* 235 km/h, *B* 240 km/h und *C* 260 km/h. Die Gipfelhöhe lag bei *A* bei 6400 m, bei *B* bei 6200 m und bei *C* bei 6500 m. Die Reichweite war bei *A* und *B* gleich: 600 km, bei *C* lag sie bei 580 km.

Nachdem nach 1933 die Luftwaffe kein Interesse mehr an der *He 50* hatte (sie wurde nur noch für Schulzwecke verwendet), gab das Reichskommissariat für Luftfahrt die Maschine für den Export frei. Käufer war China. Da inzwischen die Japaner die Aichi *D1A2* bereits in Serie bauten, ergab sich nun die seltsame Lage, daß ein und derselbe Flugzeugtyp mit geringen Änderungen in zwei gegeneinander kämpfenden Luftstreitkräften verwendet wurde. Die *He 66*, wie die Exporttype der *He 50* genannt wurde, wurde zuerst mit zwölf Maschinen 1934 an China geliefert. Die Maschine, die bis auf den Triebwerkseinbau der *He 50 B* entsprach, bewährte sich im Einsatz gegen Japan gut, so daß die Chinesen eine Nachbestellung erteilten. Sie erhielten aber nun nicht etwa neue Maschinen von Heinkel, sondern aussortierte Maschinen der neuen Lufwaffe. Dies spielte sich aber erst 1936 ab.

Auch die Japaner hatten mit der *He 50*, jetzt Aichi *D1A1* erst Ärger. Der verwendete Motor Typ 94 erwies sich mit 580 PS als zu schwach. Die Japaner hatten den Lizenztyp strukturell verstärkt, das Fahrwerk niedriger gestaltet. Die Sturzflugleistungen befriedigten aber auch hier nicht. Die Japaner konstruierten die Maschine infolgedessen um, um den Einbau eines stärkeren Triebwerks zu ermöglichen. Es handelte sich um den Typ 96, der 730 PS entwickelte. Man konnte dadurch die Geschwindigkeit gegenüber der *D1A1* bei der *D1A2* von 240 auf 260 km/h steigern. Wichtiger war aber die Erhöhung der Gipfelhöhe von 6000 auf 8000 m. Es gelang, auch die Sturzgeschwindigkeit zu vergrößern.

Diese beiden Flugzeuge zeigen besonders klar, daß die Sturzbomberentwicklung vom Jagdflugzeug ausging. Oben der Prototyp Curtiss XF 11C-1, darunter eine Boeing F4B-2 der Squadron VF-5B des Flugzeugträgers *›Lexington‹*, 1931.

Der aus dem Jäger F11C-1 entstandene Sturzbomber Curtiss BFC-2, der VF-1B des Trägers *›Saratoga‹*.

Die erste an Udet übergebene BFC-2, D-3165.

D-3165 mit neuen Kennzeichen D-IRIS, darunter D-IRIK, mit der Udet während der Olympiade 1936 Kunstflüge vorführte.

Die von China bestellte zweite Serie *He 66*, tatsächlich alte *He 50 B*, traf im Januar 1936 in China ein, blieb aber wegen politischer Unruhen im Hafen von Hongkong liegen. Erst als der bewaffnete Konflikt zwischen China und Japan ausbrach, entsann man sich bei den chinesischen Regierungsstellen der Flugzeuge, die man aus Deutschland erhalten hatte. Die Maschinen wurden nach Peking gebracht, wo man feststellte, daß alle Flugzeuge mehr oder weniger durch Lagerung und Transport beschädigt waren und kaum noch verwendet werden konnten. Man reparierte so gut es ging und verwendete die Maschinen als Schulflugzeuge und Aufklärer. Jetzt trafen sie auf die japanischen *D1A2*, die ihnen in jeder Richtung überlegen waren. Es gab Verwirrung auf beiden Seiten, die die Chinesen dadurch zu beheben versuchten, daß sie ihre *He 66* auf dem Oberflügel gelb anstrichen. Die Überlegenheit der japanischen *D1A2* zwang sie aber bald, ihre *He 66* aus dem Frontdienst herauszuziehen.

	He 50 aW	He 50 aL(V 1)	He 50 A	He 50 B	He 50 C	D1A1	D1A2	He 66
Triebwerk	Jumo L 5	Sh Jupiter	SAM 22B	SAM 22B	BMW 132E	94	96	Sh F 7
Leistung PS	380	490	600	600	650	580	730	490
Spannweite m	11,50	11,50	11,50	11,50	11,50	11,49	11,40	11,50
Länge m	9,60	9,60	9,60	9,60	9,60	9,60	9,30	9,70
Höhe m	—	4,13	4,40	4,40	4,40	3,92	3,90	4,15
Flächeninhalt qm	34,80	34,80	34,80	34,80	34,80	34,80	34,70	34,80
Leergewicht kg	1760	1535	1600	—	—	—	1516	1202
Zuladung kg	450	790	1020	—	—	—	984	1033
Fluggewicht kg	2210	2325	2620	2660	2820	—	2500	2235
Höchstgeschwindigkeit km/h	200	246	235	240	260	240	260	247
Reisegeschwindigkeit km/h	175	220	190	215	220	210	225	190
Landegeschwindigkeit km/h	—	82	95	100	100	95	105	90
Gipfelhöhe m	—	5400	6400	6200	6500	6000	8000	5700
Reichweite km	—	650	600	600	580	600	570	680

Die höchstzulässige Sturzgeschwindigkeit der He 50 A und der D1 A2 lag bei 400 km/h.

Links: Heinkel He 50 nach dem 300. Flug in der Erprobungsstelle Travemünde. – Rechts: Dieselbe Maschine nach dem 400. Flug. Die Erprobung diente der Vorbereitung auf den Einsatz auf Flugzeugträgern.

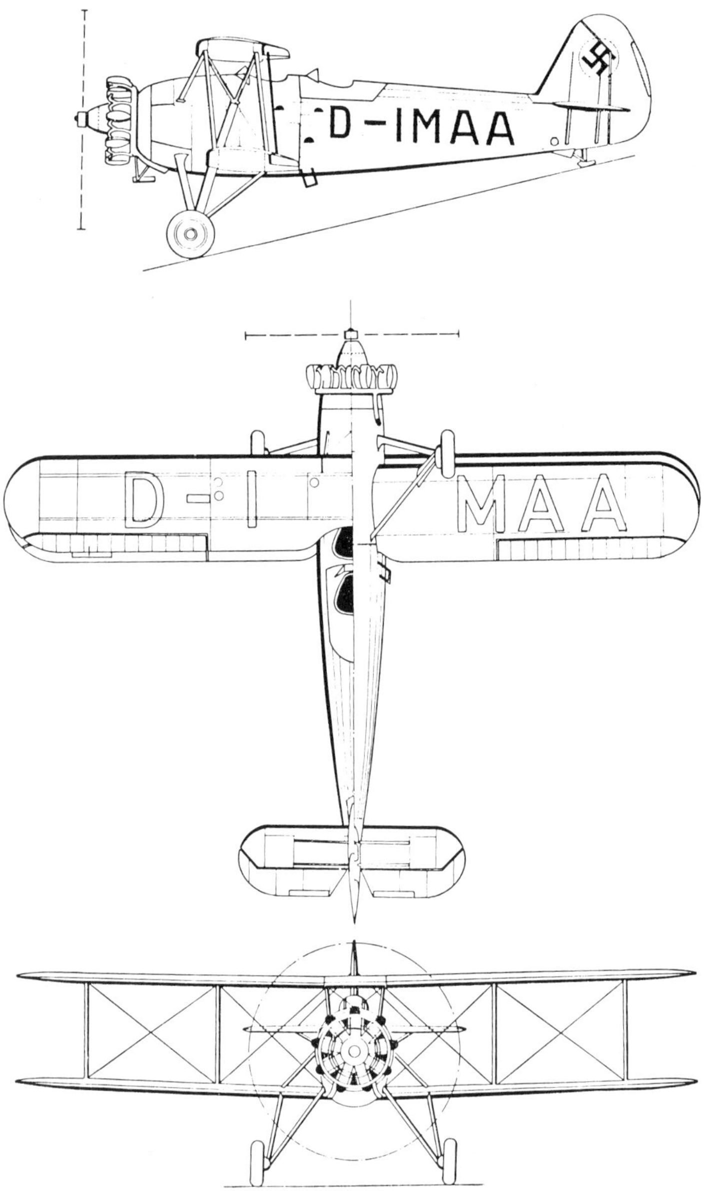

Heinkel He 50.

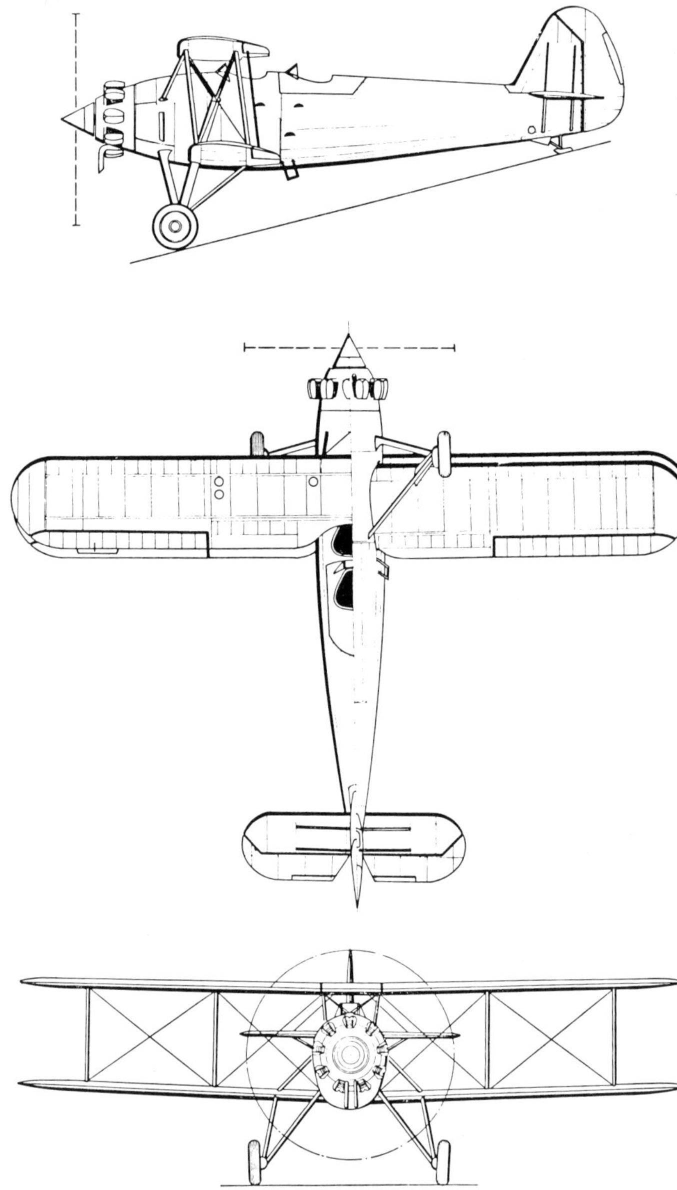

Heinkel He 66.

Oben: Heinkel He 50 F, D-INOX, Werk-Nr. 834. — Unten: Heinkel He 66 für China.

Im Zusammenhang mit der Entwicklung der ›Helldiver‹ ist der Bau der Versuchsmaschinen *XT5M-1* und *XT2N-1* erwähnt worden. Diese Maschinen waren ursprünglich für den Einsatz als Torpedoflugzeuge vorgesehen gewesen. Erst im März 1930 hatte man die Versuche abgeschlossen und am 9. April 1931 einen Auftrag für zwölf Maschinen an Martin erteilt. Sie waren aber jetzt ausschließlich als Sturzbomber vorgesehen und erhielten deshalb die neue Bezeichnung *BM-1*. Die 12 Flugzeuge wurden der Torpedo-Squadron VT-1S an Bord der ›Lexington‹ im Jahre 1932 zugeteilt. Die Staffel wurde nun in VB-1B umbenannt und erhielt 1934 zusätzlich vier weitere *BM-1*. Ein zweiter Verband, VB-3B wurde mit *BM-1* und dem Nachfolgemuster *BM-2* ausgerüstet und auf dem Träger ›Langley‹ stationiert. Erst 1937 wurden sie aus dem Frontdienst abgezogen und nur noch im Küstendienst verwendet bis die letzten im Jahre 1940 verschrottet wurden. *BM-1* und *BM-2* unterschieden sich hauptsächlich durch die Triebwerke. Die *BM-1* hatte einen Pratt & Whitney R-1690-22 ›Hornet‹ von 525 PS und die *BM-2* den 625 PS starken R-1690-44. Die Abwehrbewaffnung bestand aus einem starren und einem beweglichen MG. Die maximale Bombenlast betrug 500 kg. Die Abmessungen beider Typen waren gleich: Spannweite 12,49 m, Länge 8,80 m, Höhe 3,76 m. Das Leergewicht der *BM-2* betrug 1670 kg, das Fluggewicht 2835 kg. Bei diesem Fluggewicht wurde eine Höchstgeschwindigkeit von 230 km/h und eine Höhe von 1700 m in 5,7 Minuten erreicht. Die Gipfelhöhe betrug 5600 m, die Reichweite 650 km.

Auf der Suche nach weiteren Flugzeugen, die für den Einsatz als Sturzbomber geeignet waren, griff die US Navy auch auf den Versuchsjäger Vought *XF3U-1* zurück, einen Jagdzweisitzer, der aber nicht angenommen worden war. Diese 1933 entstandene Maschine wurde 1934 zum Sturzbomber *XSBU-1* umgebaut und ging dann zur Erprobung an die Marinestation Anacostia. Es zeigte sich, daß die Maschine als reiner Sturzbomber nicht verwendbar war. Trotzdem wurde sie als leichter Bomber-Aufklärer (Scout-Bomber) ab 1936 in Serie gebaut.

Der aus dem ursprünglich als Torpedoflugzeug vorgesehene XT5M-1 wurde als BM-1 der erste serienmäßig gebaute Sturzbomber der US-Navy. Hier der Prototyp.

Zwei Ansichten des Sturzbomber-Prototyps Martin XT5M-1 ohne Propellerhaube.

Eine Maschine der VB-1B des Trägers *›Lexington‹*.

Diese beiden Versuchs-Sturzbomber Chance-Vought XF3U-1 und SBU-1 wurden von der US-Navy abgelehnt.

4. Die USA und Deutschland entwickeln neue Sturzbomber

Das Jahr 1934 brachte für die US Navy und für die junge deutsche Luftwaffe, die noch im geheimen aufgebaut werden mußte, zwei bedeutsame Ereignisse: In den USA erließ das Bureau of Aeronautics eine Ausschreibung für Sturzbomber mit sehr detaillierten Forderungen. Insbesondere wurde eine Vorrichtung gefordert, die auch bei sehr steilen Stürzen die Bomben aus dem Bereich der Luftschraube beförderte. An der Ausschreibung beteiligten sich Douglas, Northrop, Curtiss, Great-Lakes, Brewster, Vought und Martin.

Im gleichen Jahr wurde in Deutschland das Flugzeugbeschaffungsprogramm 1934 aufgestellt, dessen Fassung vom 1. Juli 1934 die Grundlage für die Flugzeugausstattung der noch getarnten Luftwaffe bilden sollte. Dieses Programm sah die Beschaffung von 4021 Flugzeugen bis zum 30. 9. 1935 vor, darunter 51 Sturzkampfflugzeuge Heinkel *He 50*. Trotzdem war das Thema ›Sturzbomber‹ bei der damaligen Luftwaffenführung nicht sehr populär, da die bisherigen Erfahrungen mit der *He 50* nicht sehr vielversprechend waren. Inzwischen hatte der als Major reaktivierte Ernst Udet seine beiden Curtiss ›Hawk‹ erhalten und mit diesen 1935 auf dem Reichsparteitag der NSDAP in Nürnberg Sturzangriffe vorgeführt. Im Dezember 1933 hatte er diese Methode in Rechlin einer Kommission unter Führung des Staatssekretärs Milch gezeigt.

Nicht nur Milch, sondern auch der Chef des Technischen Amtes (LC) im Reichsluftfahrtministerium (damals noch Reichskommissariat für Luftfahrt), Oberst Wimmer, und der Chef der Entwicklungsabteilung, Hauptmann Wolfram Freiherr von Richthofen, lehnten die Sturzbombermethode ab. Sie gingen von der Erwägung aus, daß mit den vorhandenen *He 50* derartige Flüge nicht durchzuführen waren und die Bombenlast zu gering war. Dazu kam die ungenügende Geschwindigkeit. Aber Udet war von der Sturzbomber-Idee besessen. Er hatte immer das Bild der amerikanischen ›Helldiver‹ vor Augen. So entschloß er sich, die Treffgenauigkeit eines Sturzbombers der Luftwaffenführung in der Praxis vorzuführen. Focke-Wulf hatte einen kleinen, wendigen Einsitzer *Fw 56* herausgebracht, der für das sogenannte ›Heimatschützer‹-Programm als leichter Jäger gedacht war. Udet ließ an einem solchen Einsitzer auf jeder Seite unter den Flächen einen Bombenträger SC 50 anbauen. Dann lud er die Kommission zu einer neuen Vorführung ein. An jedem Träger hing eine 50-kg-Zementbombe. Als Ziel war ein nur fünf Meter durchmessender Kreis markiert worden. Udet startete mit der *Fw 56*, zog hoch und stürzte dann aufs Ziel hinunter. Dies wiederholte er mehrere Male. Dann durften die Herren von der Kommission sich den Zielkreis ansehen. Vierzig Prozent der Einschläge lagen im Zielkreis, der Rest nicht allzu weit davon entfernt. Jetzt war man überzeugt. Man entschloß sich, ein Entwicklungsprogramm für Sturzbomber aufzustellen, das in zwei Abschnitten abgewickelt werden sollte.

In Zusammenarbeit zwischen dem Technischen Amt (LC), der Deutschen Forschungsanstalt für Luftfahrt und der Deutschen Versuchsanstalt für Luftfahrt wurden Richtlinien für die Entwicklung von Sturzkampfflugzeugen, verbunden mit besonderen Festigkeitsvorschriften, erarbeitet, die dann zusammen mit Entwicklungsaufträgen an die Luftfahrtindustrie übermittelt wurden. Diese Entwicklungsarbeiten wurden von LC in zwei Gruppen aufgeteilt.

Gruppe I: einmotorige Flugzeuge, einsitzig für den Einsatz als Sturzkampf- und Schlachtflugzeuge mit einer Bombenzuladung von 200 kg und einer Be-

waffnung von 2 MG oder MK. Die Flugleistungen sollten denen der damaligen Jagdflugzeuge (*Ar 68*, *He 51*, *Ar 65*) entsprechen, brauchten also keine Abwehrbewaffnung.
Gruppe II: einmotorige Sturzkampfflugzeuge, zweisitzig mit einer Bombenzuladung von mindestens 500 kg und mit einer infolge geringerer Flugleistungen notwendigen Abwehrbewaffnung.
Da die Hauptwerke der deutschen Flugzeugindustrie mit ihren Rüstungsprogrammen bereits mehr als voll ausgelastet waren, wurden mit der Entwicklung der Flugzeuge der Gruppe I drei Werke beauftragt, die im Flugzeugbau zwar Neulinge waren, aber bereits Probemuster entwickelt hatten, die die Fähigkeit ihrer Konstrukteure unter Beweis stellten. Es waren dies die Fieseler-Werke in Kassel, deren Fieseler *F 2* ›Tiger‹ sich als ausgezeichnetes Kunstflugzeug erwiesen hatte, die Henschel-Flugzeugwerke und der Hamburger Flugzeugbau, eine Tochterfirma der Schiffswerft Blohm & Voss. Dort hatte Reinhold Mewes den Doppeldecker *Ha 135* entworfen, war dann aber zu Fieseler abgewandert. Sein Nachfolger wurde Dr. Richard Vogt, der — ursprünglich bei Dornier beschäftigt — kurz nach dem Ersten Weltkrieg nach Japan gegangen war und dort bei Kawasaki Pionierarbeit für den japanischen Metallflugzeugbau geleistet hatte. Nach dem Heeresaufklärer Type 88 und dem Jäger Type 92 hatte er einen Ganzmetall-Eindecker *Ki 5* entwickelt, der bei den Japanern keinen Anklang fand, da sie diese Bauart für einen Jagdeinsitzer als zu schwer empfanden. Vogt ging nun nach Deutschland zurück und wurde Chefkonstrukteur der Firma Hamburger Flugzeubau, wo er zunächst in Anlehnung an die Kawasaki *Ki 5* einen kleinen Übungseinsitzer *Ha 136* baute.
Fieselers Werk bestand schon längere Zeit, war aber ein Kleinbetrieb mit 35 Mitarbeitern. 1934 wurde das Unternehmen in eine GmbH umgewandelt und mit Förderung durch das Reichskommissriat im Eiltempo ausgebaut, so daß jetzt 500 Mann beschäftigt wurden. Hier entstand dann unter der konstruktiven Betreuung durch Reinhold Mewes der Sturzkampf-Einsitzer *Fi 98*, ein zweistieliger Doppeldecker in Metallbauweise. Als Triebwerk diente ein BMW 132 von 650 PS. Die Flügel waren stoffbespannt. Der hintere Teil des Rumpfes war in Schalenbauweise hergestellt und trug das Leitwerk mit doppeltem Höhenleitwerk. Die *Fi 98* hatte eine Spannweite von 11,50 m, eine Länge von 7,40 m und eine Höhe von 3,00 m. Der Flächeninhalt betrug 25,5 qm. Die Maschine hatte ein Leergewicht von 1450 kg und ein Fluggewicht von 2180 kg. Sie erreichte eine Höchstgeschwindigkeit von 295 km/h und eine Reisegeschwindigkeit von 270 km/h. Bei einer Gipfelhöhe von 9000 m betrug die Reichweite nur 470 km. Die Maschine war im Grunde genommen nur eine verbesserte Auflage der *He 50* und bot nichts besonderes.
Die Firma Henschel Flugzeugbau, ein Tochterunternehmen des bekannten Kasseler Lokomotivenwerks, war erst am 30. 3. 1933 gegründet worden. Sie arbeitete zuerst noch in Berlin-Johannistal in den Hallen des Ambi-Budd-Werkes und baute derweil ein großes Werk auf einer ehemaligen Domäne in Berlin-Schönefeld auf (auf diesem Gelände befindet sich heute der DDR-Flughafen Berlin). Hier entstand unter der konstruktiven Oberleitung von Dipl. Ing. Friedrich Nicolaus der neue Sturzbomber Henschel *Hs 123*. Dieses Flugzeug stellte etwas grundsätzlich Neues dar, das in keiner Weise sich an amerikanische Vorbilder anlehnte, obwohl auch dieses Flugzeug ein Doppeldecker war. Genau genommen war es ein Anderthalbdecker, aber ohne Vespannung und mit nur einem Stiel, der aerodynamisch sehr gut verkleidet war. Spannkabel verbanden nur noch Oberflügel und Rumpf am Baldachin und die Leitwerksflossen am Rumpf. Das starre Fahrwerk war sehr sorgfältig verkleidet. Die ganze Maschine wirkte wuchtig und doch elegant. Im Gegensatz zu den amerikanischen Sturzbombern war die *He 123* eine Ganzmetallkonstruktion, nur die Flügelunterseiten und alle Ruder waren stoffbespannt. Als Triebwerk war der gleiche BMW 132 von 650 PS eingebaut wie bei der *Fi 98*. Das erste Versuchsmuster war noch unbewaffnet. Der Einbau von zwei MG 17 war vorgesehen. Die *Hs 123* hatte folgende Abmesungen: Spannweite oben 10,00 m, unten 8,00 m, Länge 8,33 m, Höhe 3,21 m. Das Leergewicht betrug 1504 kg, das Fluggewicht 2217 kg. Die Bombenlast bestand in der ersten Serienausführung aus vier Bomben SC 50. Die Maschine hatte eine Höchstgeschwindigkeit von 342 km/h und eine Marschgeschwindigkeit von 317 km/h. Bei einer Gipfelhöhe von 9000 m hatte die *Hs 123* eine Reichweite von 860 km. Es hätte eines Vergleichsfliegens nicht be-

Oben Focke-Wulf Fw 56 V 1, deren Fahrwerksverkleidung geändert werden mußte, darunter eine Fw 56 der Flugbereitschaft des RLM, wie sie für Udets Sturzbomberversuche verwendet wurde.

Oben: Der Fieseler Fi 98 verfiel der Ablehnung. – Unten Henschel Hs 123 V 1 während der Erprobung, Mai 1936.

Bereits bei Hs 123 V 2, D-ILUA, wurde die NACA-Haube durch eine neue Motorverkleidung ersetzt, die dann auch bei V 3, D-IKOU, und allen folgenden Maschinen beibehalten wurde.

durft, so eindeutig war die Überlegenheit des Henschel-Entwurfs. Am 8. Mai 1935 flog Udet selbst die *Hs 123 V1* zum ersten Mal Vertretern des RLM vor. Die beiden nächsten Versuchsmuster *Hs 123 V2* (D-ILUA) und *V3* (D-IKOU) folgten kurz darauf. Sie unterschieden sich hauptsächlich von der V1 dadurch, daß die glatte NACA-Haube durch eine kleinere mit stromlinienförmigen Verkleidungen der Zylinderköpfe ersetzt war. Bei der V3 war zum ersten Mal der Waffeneinbau durchgeführt. Bei den in Rechlin durchgeführten Erprobungen, die Sturzflüge einschlossen, ereigneten sich dann zwei zunächst ungeklärte Todesstürze. Erst eine wesentliche Verstärkung des Baldachins, des Oberflügel-Mittelstücks, führte zur Stabilität. Die so geänderte *Hs 123 V4* (D-IZXY) konnte dann mit 80 ° Neigung stürzen, ohne daß Schwierigkeiten auftraten.

Der Hamburger Flugzeugbau hatte zwei Entwürfe P 6 und P 6a bei LC vorgelegt, die nach Klärung der Triebwerksfrage akzeptiert wurden und einen Entwicklungsauftrag für ein Sturzkampfflugzeug *Ha 137* nach sich zogen. Gleichzeitig wurde der Bau von drei Musterflugzeugen genehmigt. Die *Ha 137 V1*, D-ITEK, wurde im Frühjahr 1935 fertig und machte im Mai 1935 den Erstflug. Das mit einem BMW 132A-3 von 650 PS ausgerüstete Flugzeug hatte die Werk-Nr. 170 und zeigte zufriedenstellende Flugeigenschaften. Lediglich die sehr weit nach unten reichende Fahrwerksverkleidung nach Art der ›Hosen‹, wie sie der amerikanische Konstrukteur Jack Northrop verwendet hatte, machten Schwierigkeiten.

Diese Schwierigkeiten wurden bei der *Ha 137 V2*, Werknr. 171, D-IBGI, und auch beim dritten Versuchsmuster *Ha 137 V3*, D-IZIK, berücksichtigt. Die V3 war im Gegensatz zu den Vorgängern mit dem englischen Rolls-Royce ›Kestrel‹ Motor ausgerüstet, hatte geänderte Fahrwerksverkleidung und eine vergrößerte Seitenleitwerksflosse. Alle drei Musterflugzeuge wurden an die Erprobungsstelle der Luftwaffe in Rechlin abgeliefert und dort einem ausgedehnten Erprobungsprogramm unterzogen. Dort kam es dann auch zu den entscheidenden Vergleichsflügen, die zur Annahme der Henschel *Hs 123* als erstem Serien-Sturzkampf- und Schlachtflugzeug führten.

Trotzdem wurde dem Hamburger Flugzeugbau ein weiterer Bauauftrag für drei weitere Musterflugzeu-

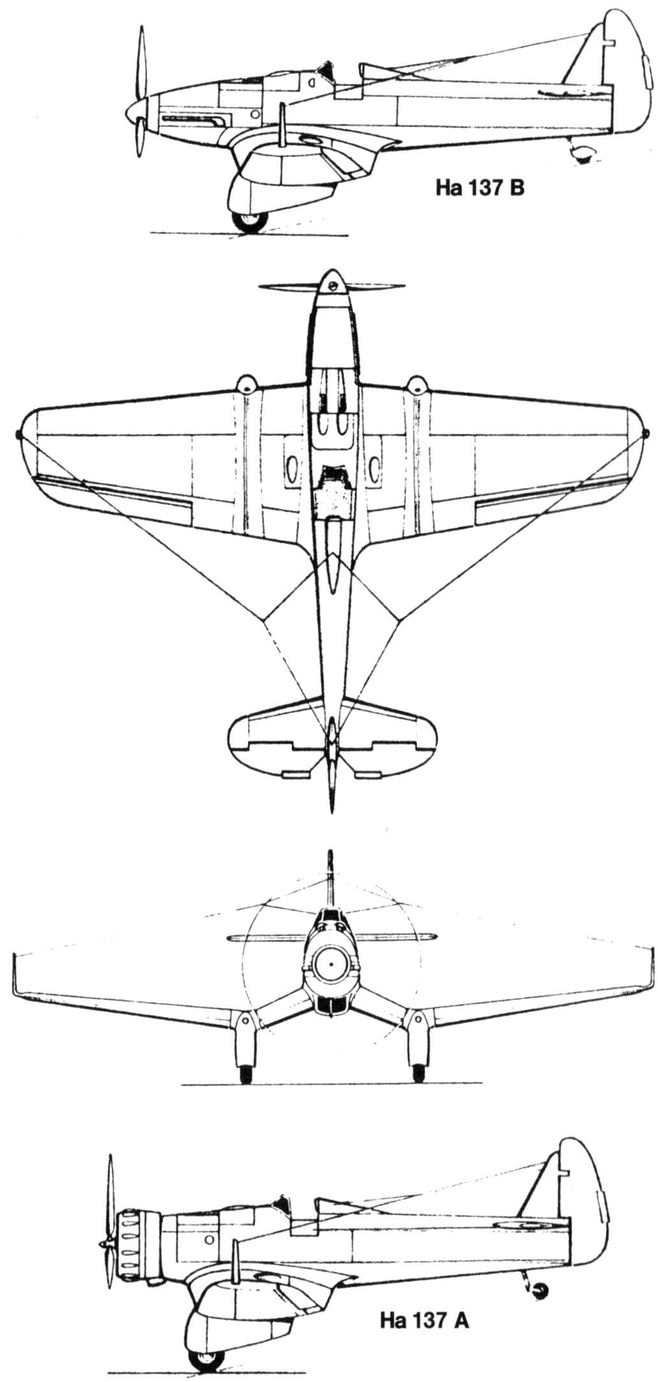

Dreiseitenzeichnung Blohm & Voss Ha 137.

Bruch Ha 137 V 1, D-ITEK.

ge erteilt. Diese sollten sowohl als Sturzkampfflugzeuge wie auch als Jagdflugzeuge verwendet werden können. Dieser erweiterte Einsatzbereich wäre möglich gewesen, wenn der dafür erforderliche 950-PS-Motor Daimler-Benz DB 600 zur Verfügung gestanden hätte. Dies war aber nicht der Fall, so daß man auf den wesentlich schwächeren Jumo 210 Da-1 (680 PS) zurückgreifen mußte. Diese drei weiteren Musterflugzeuge sollten dann in den Wettbewerb für Sturzkampfflugzeuge der Gruppe II einbezogen werden.

Vor der Enttarnung der neuen Luftwaffe im März 1935 existierte als einziger Sturzbomberverband die ›Fliegergruppe Schwerin‹, nach der Enttarnung als I./162 bezeichnet. Am 3. April 1935 war der Stab des KG 162 ›Immelmann‹ aufgestellt worden, dessen erste Gruppe die Stuka-Gruppe war. Udet wurde am 1. Juni 1935 zum Oberst befördert. Zwei Monate später wurde die erste Stuka-Gruppe, nunmehr als I. / StG 162 bezeichnet, aus Angehörigen des Jagdgeschwaders 132 ›Richthofen‹ gebildet. Am 29. 8. 1935 kam dann das neue Aufrüstungsprogramm für die Luftwaffe heraus, das bis 1. Oktober 1938 die Aufstellung von drei Stuka-Geschwadern mit neun Grup-

Ha 137 V 2, D-IFBA, rollt nach Endmontage aus der Halle.

Ha 137 B-O, D-IUXU, kam erst zum zweiten Stuka-Vergleichsfliegen heraus.

Die von Jack Northrop bei Douglas entwickelte XBT-1 (oben), Ausgangsmuster für das Tiefangriffsflugzeug A-17 des US-Air Corps und das Torpedoversuchsflugzeug XBT-2 der US-Navy, aus dem der Sturzbomber SBD-1 ›Dauntless‹ entstand.

penstäben und 27 Staffeln vorsah. Bei der I. / StG 162 trafen im Herbst 1935 die ersten Serienmaschinen *Hs 123* ein.
Zu dieser Zeit arbeitete man bei Junkers bereits an der Entwicklung der *Ju 87*, obwohl der Chef der Entwicklungsbteilung im RLM, der jetzige Major Wolfram von Richthofen, den Sturzbomber ablehnte.
In den USA entstand zu dieser Zeit ein Sturzbomber, den man als die Urform des später erfolgreichsten amerikanischen Sturzbombers ansprechen kann. Bei den Douglas-Flugzeugwerken arbeitete der Projekt-Ingenieur Ed Heinemann an dieser Entwicklung. Das Musterflugzeug *XBT-1* zeigte bereits nach den ersten Probeflügen eine unangenehme Eigenschaft: Die als Sturzflugbremse gedachten Spreizklappen erzeugten beim Sturzflug schwere Vibrationen an den Höhenleitwerken. Mehrere Änderungen führten zu keinem Erfolg. Heinemann bat nun das National Advisory Committee for Aeronautics (NACA) um Hilfe. Beim NACA wurde der Fall im Windkanal genau durchgearbeitet. Die Lösung war dann denkbar einfach: Die Sturzflugbremsklappe wurde mit Löchern versehen wie ein Schweizer Käse. Als der Versuchspilot Vance Breese die so geänderte *XBT-1* zum Stürzen brachte, traten Schwierigkeiten in dieser Richtung nicht mehr auf. Nach einigen anderen erforderlichen Verbesserungen wurden dann die in El Segundo (Kalifornien) durchgeführten Werksversuche abgeschlossen und die *XBT-1* im Dezember 1935 an das Marine-Erprobungskommando Anacostia abgeliefert. Die sehr intensive Marine-Erprobung konnte nach 60 Tagen erfolgreich abgeschlossen werden. Die Entwicklung der *XBT-1* wurde im Jahre 1936 fortgesetzt. Die Maschine besaß als Triebwerk den neuen Pratt & Whitney R-1535 mit einer Startleistung von 835 PS. Das Versuchsmuster hatte noch keine Bewaffnung, konnte aber eine 450-kg-Bombe tragen. Die Abmessungen des Flugzeugs waren: Spannweite 12,64 m, Länge 9,29 m, Höhe 4,26 m. Bei einer Reichweite von 1000 km konnte eine Gipfelhöhe von 7800 erreicht werden. Die Höchstgeschwindigkeit lag bei knapp 300 km/h, die Marschgeschwindigkeit bei 250 km/h. Aus der *XBT-1* entstand dann das Serienmuster *BT-1*, von dem 54 Maschinen gebaut wurden, und aus diesem die *BT-2*, später als *SBD* ›Dauntless‹ bezeichnet.
In Deutschland sollte das Jahr 1936 die Entscheidung für die Sturzbomberentwicklung bringen. Im Februar wurde Udet als Oberst Inspekteur der Jagd- und Sturzkampfflieger. Als solcher hatte er bereits die Möglichkeit, die Entwicklung eines zweisitzigen Sturzkampfflugzeugs zu fordern. Entwicklungsaufträge gingen an Junkers, wo man bereits bei der Arbeit war, wie an Heinkel, dazu kamen Arado und der Hamburger Flugzeugbau, eine Tochterfirma der Schiffswerft Blohm & Voss.
Aber Richthofen sträubte sich immer noch gegen den Sturzbomber. Es ist ein Treppenwitz der Weltgeschichte, daß gerade dieser Mann dann der Chef des VIII. Fliegerkorps, das fast ausschließlich aus Stuka bestand, werden sollte und in Spanien die grundlegenden Taktiken des Stuka-Einsatzes entwickelte.
Noch am 9. Juni 1936 unterschrieb er die Anordnung: »*Ju 87* wird eingestellt...« Genau einen Tag später verließ er das RLM und ging als Stabschef der *Legion Condor* nach Spanien. Und am selben Tage übergab Oberst Wimmer, der Chef des Technischen Amtes (LC), sein Amt an seinen Nachfolger: Ernst Udet. Nun hatte dieser freie Hand, um die Waffe aufzubauen, die ihm vorgeschwebt hatte. Bereits im Februar 1936 war in Kitzingen als zweiter Stuka-Verband die I. / StG 165 aufgestellt worden, die dann im März nach Frankfurt und Mannheim verlegte. Am 1. Juli wurde als Lehrverband die 1. Staffel des StG 162 aufgstellt. Im Juli wurde als dritter Verband die II. / StG 162 in Lübeck aufgestellt. Damit bestanden nunmehr drei Stuka-Gruppen mit neun Staffeln, die teils noch mit *He 50*, größtenteils aber bereits mit *Hs 123* ausgerüstet waren. Jetzt brauchte man die neuen Sturzkampfflugzeuge, die ›Stuka‹.
Bei Junkers war man bereits im Frühjahr 1935 mit dem Bau des ersten Versuchsmusters *Ju 87 V1* fertig. Hier hatte man ja auf den mit *K 47/A 48* gemachten Erfahrungen aufbauen können. Dem konstruktiven Prinzip der *Ju 87* äußerlich ähnlich, aber als Einsitzer konzipiert, hatte Dr. Richard Vogt, der Chefkonstrukteur des Hamburger Flugzeugbaus, seine *Ha 137*.
Die drei ersten Musterflugzeuge *Ha 137,* V1 bis V3, waren als Vorserienmuster *Ha 137A-0* bezeichnet worden. Jetzt entstanden drei *Ha 137B-0*, die Versuchsmuster V4 bis V6. Grundsätzlich sollten diese drei mit dem Jumo 210Da-1 ausgerüstet werden, jedoch sind im Laufe der Erprobung V4 und V5 bei

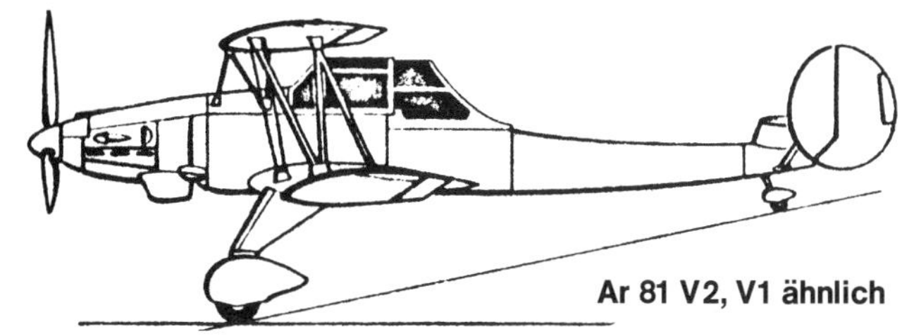

Ar 81 V2, V1 ähnlich

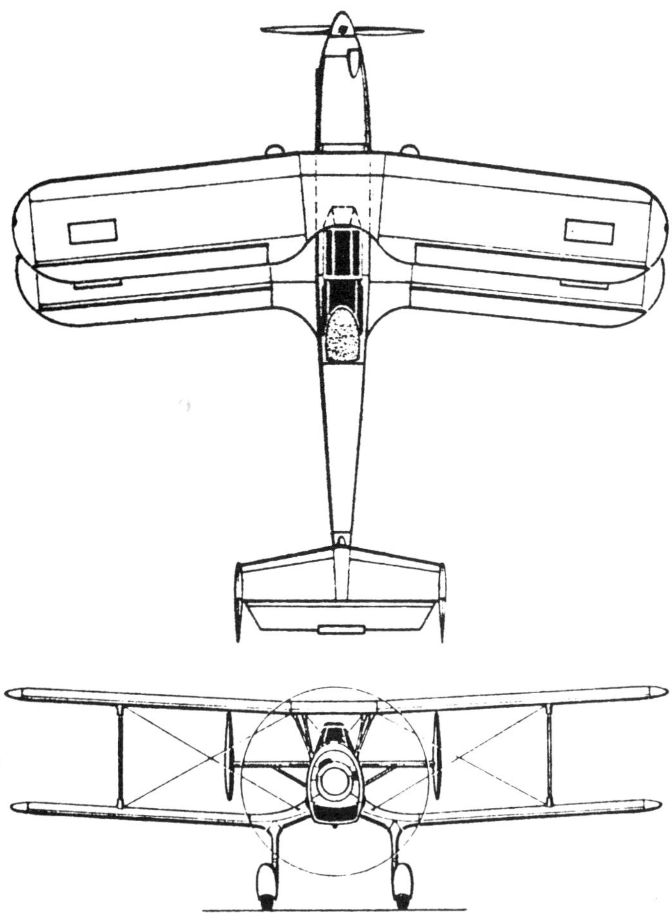

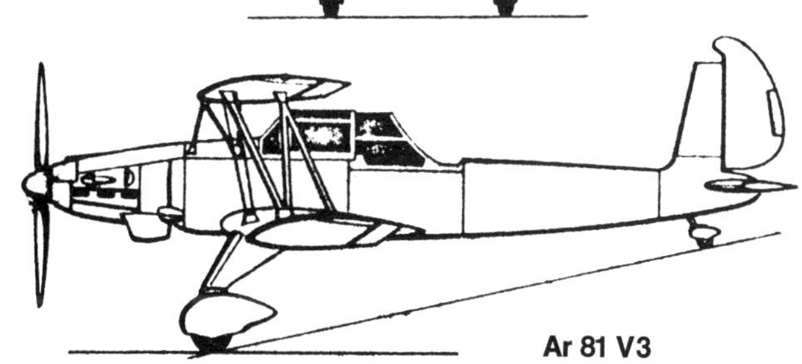

Ar 81 V3

Weserflug mit dem Jumo 210C und V6 mit dem Jumo 210Aa ausgerüstet und geflogen worden. Nachdem die Entscheidung für die *Ju 87* gefallen war, wurden alle weiteren Arbeiten an der *Ha 137* eingestellt. Abmessungen und Leistungen der *Ha 137* waren folgende:

	Ha 137 A	Ha 137 B
Spannweite m	11,15	11,15
Länge m	9,47	9,47
Höhe m	4,00	4,00
Flächeninhalt qm	23,50	23,50
Leergewicht kg	1815	1805
Fluggewicht kg	2415	2400
Höchstgeschwindigkeit km/h	330	368
Marschgeschwindigkeit km/h	290	310
Triebwerk	BMW 132 A	Jumo 210 Da-1
Startleistung PS	650	690
Bewaffnung	4 MG 17	2 MG 17 2 MG/FF
Bombenlast kg	200	200—250

Der Chefkonstrukteur von Arado, Walter Blume, hielt einen Doppeldecker für den Sturzbombenangriff für geeigneter. Die bisherigen Erfolge im Bau von leichten, aber sehr leistungsfähigen Flugzeugen rechtfertigten diese Auffassung. Die ersten Jagdeinsitzer der Luftwaffe, *Ar 65* und *Ar 68*, hatten voll befriedigt. So entstand die *Ar 81* (V1) als Ganzmetall-Doppeldecker mit festem Fahrwerk. Das doppelte Seitenleitwerk und der stark eingezogene Rumpf ergaben ein vorzügliches Schußfeld für den Funker. Aber die Festigkeit dieser Konstruktion erwies sich bei der Erprobung als unzureichend. Das Leitwerk zeigte starke Vibrationen.

So wurde der zweite Prototyp der *Ar 81*, D-UPAR, mit einem geänderten Rumpfende mit Verstärkungen des Leitwerkanbaus geliefert. Aber diese Lösung befriedigte genau so wenig wie bei der V1, D-UJOX. Schließlich entstand die V3, D-UDEX, mit größerem Rumpfquerschnitt und einfachem Leitwerk. Aber auch diese Ausführung verfiel der Ablehnung. Ein Serienbau kam nicht zustande. Abmessungen und Leistungen der *Ar 81* waren folgende:

Dreiseitenzeichnung Arado Ar 81.

Von oben: Arado Ar 81 V 1, D-UJOX; V 2, D-UPAR; und V 3, D-UDEX.

Triebwerk	Jumo 210 C
Leistung	610 PS
Spannweite	11,00 m
Länge	11,50 m
Höhe	3,60 m
Flächeninhalt	35,60 qm
Leergewicht	1925 kg
Fluggewicht	3070 kg
Höchstgeschwindigkeit	345 km/h
Höchstzulässige Sturzgeschwindigkeit	600 km/h
Landegeschwindigkeit	97 km/h
Steigzeit auf 4000 m Höhe	11 Minuten
Gipfelhöhe	7700 m
Reichweite	690 km
Bewaffnung	2 MG 17 + 1 MG 15
Bombenlast	250 kg

Bei Heinkel nahm die Entwicklung einen wesentlich anderen Verlauf. Wie bei der *He 50* war die japanische Marine der ursprüngliche Auftraggeber. Die Japaner verlangten zwei Versuchsflugzeuge für einen Träger-Sturzbomber mit 2 Mann Besatzung. Als Triebwerk sollten amerikanische Sternmotoren vorgesehen werden oder ein deutsches Triebwerk, falls es zu einem Lizenzbau in Japan kommen sollte. Die Entwicklungsarbeiten liefen unter der Projektnummer 1030. Der damalige Chef der technischen Entwicklung bei Heinkel, Dr. Hertel, ordnete am 21. 1. 1936 den sofortigen Baubeginn des neuen Baumusters mit der Typenbezeichnung *He 118* an.

Die Tatsache, daß die *He 118* vor allen Dingen aufgrund des japanischen Auftrags gebaut wurde, wird durch die Tatsache erhärtet, daß die Japaner eine besondere Bauaufsicht im Heinkel-Werk hatten.

Am 14. Februar 1936 startete die *He 118 V1*, D-YKYM (später D-UKYM) zum Erstflug. Das eigentliche Einfliegen begann dann am 27. Februar. Das Flugzeug hatte als Motor einen englischen Rolls-Royce ›Buzzard‹. Bei diesem Flug stellte sich heraus, daß Höhen- und Seitenruderkräfte zu hoch waren, das Flugzeug rechts hing und auch die Querruderkräfte zu hoch waren. Dazu kamen Fahrwerksschwierigkeiten. Am 16. März führten Flugkapitän Nitschke und der Leiter des Konstruktionsbüros Karl Schwärzler einen weiteren Werkflug durch, bei dem eine Höchstgeschwindigkeit von 377,5 km/h erreicht wurde. Die Erteilung eines Auftrages zum Bau einer 0-Serie war aber davon abhängig, ob das Nachfliegen der *He 118 V1* in Rechlin erfolgreich verlaufen würde.

Bezüglich des Serienbaus war man bei Heinkel bereits sehr optimistisch. Die Bayrischen Flugzeugwerke hatten Interesse am Lizenzbau gezeigt. Am 9. Mai 1936 startete dann die *He 118 V2*, Werknr. 1294 zum Erstflug. Auch dieser Flug wurde von Flugkapitän Nitschke durchgeführt. Die ersten drei Serienmaschinen sollten im November 1936 gebaut werden. Bis Ende März 1937 sollten 80 *He 118A-1* fertig sein. Dazu sollte es jedoch nicht kommen. Mit Japan wurde am 26. 6. 1936 ein Kaufvertrag über die Lieferung einer *He 118* mit DB 600 als Motor abgeschlossen. Die *He 118 V1* wurde am 14. Juli einer scharfen Kunstflugerprobung unterzogen, die zu der Beurteilung führte: »Zelle gut, schlechte Rudereigenschaften machen alle anderen guten Eigenschaften zunichte.«

Während der Bau der V-Muster der *He 118* noch im Gange war, erschien Udet wiederholt in Rostock-Marienehe. Inzwischen war auch der dritte Prototyp *He 118 V3*, D-AHUR, Werknr. 1295, ebenfalls mit DB 600 im Bau.

Bei Junkers hatte man sich über die Chancen der *Ju 87 V1* keine Illusionen gemacht. Die Maschine hatte die Werknr. 4921 und war mit einem 640 PS Rolls-Royce Kestrel V mit Zweiblatt-Holzluftschraube ausgerüstet. Dieser war an sich für die schwere Maschine viel zu schwach. Durch einen großen Kühler entstand zusätzlicher Leistungsverlust. Dieser wurde später durch einen strömungstechnisch günstigeren Kühler ersetzt. Ähnlich der *Ar 81* V1 und V2, hatte die *Ju 87 V1* doppeltes Seitenleitwerk, um dem Funker ein günstigeres Schußfeld zu geben. Die Maschine startete am 17. September 1935 unter Führung des Flugzeugführers Willi Neuenhofen zum Erstflug. Dieser mußte bereits dabei feststellen, daß beim Leitwerk im Sturzflug Schwingungen auftraten. Trotzdem wurde die Werkserprobung fortgesetzt. Am 24. Januar 1936 stürzte Neuenhofen mit seinem Begleiter Ingenieur Kreft durch Leitwerksbruch tödlich ab. Nunmehr erhielt die *Ju 87 V2*, Werknr. 4922, die mit dem Jumo 210Aa ausgerüstet war, ein einfaches Leitwerk, das dem der *Ju 160* ähnlich war. Diese Maschine führte ihren Erstflug am 25. Februar 1936 durch. Sie wurde unter dem Kenn-

Oben Heinkel He 118 V 1 während der Werkserprobung. – Unten Heinkel He 118 V 2, D-UHAR, später in D-OVIE umbenannt.

Heinkel He 118 V 3, D-UHUR, im Hintergrund eine He 70 F.

Heinkel He 118 V 4 erhielt die Kennzeichen D-OMOL.

Heinkel He 118 V 5, Werk-Nr. 1850, während der Erprobung in Japan.

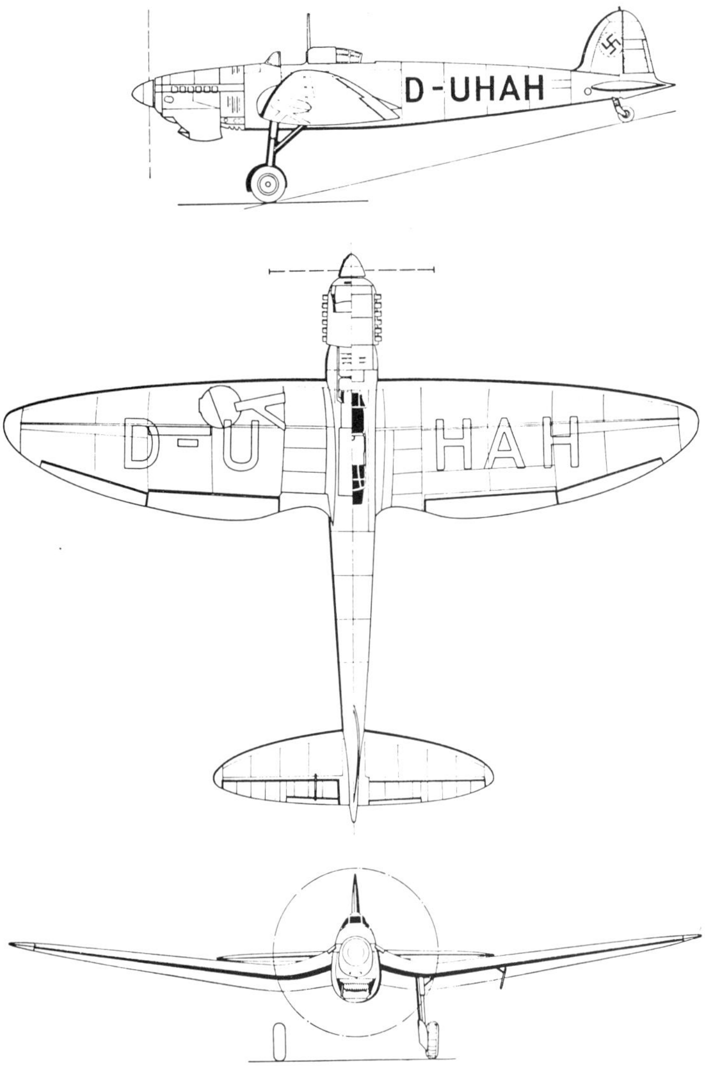

Dreiseitenzeichnung Heinkel He 118 A-0.

zeichen D-UHUH zugelassen. Sie ging im März 1936 zum Nachfliegen nach Rechlin. Ihr folgte die *Ju 87 V3*, D-UKIQ, Werknr. 4923, die am 27. März 1936 zum Erstflug startete. Bei dieser Maschine hatte man die Motorverkleidung geändert, um verbesserte Sichtmöglichkeiten für den Flugzeugführer zu schaffen. Zur Verbesserung der Längsachsenstabilität waren der Rumpf verlängert und das Seitenleitwerk bei diesem Flugzeug vergrößert worden. Auch diese Maschine ging dann Anfang Mai nach Rechlin. Die *Ju 87 V3* ist die Maschine gewesen, die dann am Vergleichsfliegen teilnahm, das Anfang Juni stattfand. Heinkel berichtet darüber in seinen Erinnerungen: »Das Vergleichsfliegen dieser ›Höllentaucher‹ — sie verdienten diese Bezeichnung — war ein unbeschreibliches Schauspiel voller Dramatik und tosenden Motorenlärms, dem sich damals, 1936, schon niemand entziehen konnte. Es kündigte, ohne daß einer von uns es ahnte, die nervenerschütternde Wirkung der ›Stuka‹ in den ersten Phasen des Zweiten Weltkriegs an, nur daß diese Wirkung dann noch durch eine typisch Udetsche Erfindung, die ›Jericho-Trompete‹ genannte Motorsirene verstärkt werden sollte. Für mich allerdings endete das Vergleichsfliegen mit einer Enttäuschung, obwohl sich der Wettbewerb schließlich auf *Ju 87* und *He 118* konzentrierte. Heinrich (der Werkspilot) fand in den entscheidenden Augenblicken nicht die Entschlußkraft zum Sturzangriff. Während der Junkerspilot die *Ju 87* praktisch auf den Kopf stellte, kam Heinrich nicht über ›flache Sturzflüge‹ hinaus. Die Entscheidung für die *Ju 87*, die im Gegensatz zu der schlanken *He 118* wie eine dicke Hummel angriff und stürzte, schien so gut wie sicher... Doch nachher kam Udet zu mir: ›Ich will nicht voreilig entscheiden...‹ sagte er. ›Muß mich in Ihren verdammten Vogel mal selber 'reinsetzen. Ich komme nach Marienehe 'raus...‹ Er setzte dann seinen Besuch auf den 27. Juni fest.«

Ende Juli erhielt Ernst Heinkel den Besuch des amerikanischen Transatlantikfliegers Oberst Charles Lindbergh. Heinkel, der nur wenig englisch sprach, hatte mit seinem bißchen Schulenglisch Mühe, sich mit Lindbergh zu verständigen. Am 27. Juli 1936, Lindbergh war immer noch bei Heinkel, rief Heinkels Vertrauter Köhler an und meldete: »Udet ist in Marienehe gelandet und will jetzt die He 118 fliegen.« Über das, was sich dann ereignete, berichtet Heinkel selbst in seinen Erinnerungen: »Mitten in meinen ›englischen Nöten‹ sagte ich zu Köhler: ›Dann lassen Sie ihn fliegen. Ich kann jetzt nicht hier weg. Sagen Sie Udet aber, daß er auf die Propellereinstellung achten muß und daß bei dieser Maschine noch Vorsicht am Platze ist...‹ Köhler verschwand. Ich fuhr ein paar Minuten später mit Lindbergh nch Rostock, um ihm das Werk Bleicherstraße zu zeigen. Als wir zwischen den Maschinen im dritten Stock herumgingen, glaubte ich für einen Augenblick, irgendwelche ungewöhnliche Fluggeräusche gehört zu haben Es klang wie ein Motor, der wahnsinnig überdreht wird. Es wurde aber gleich wieder still, und wir gingen weiter. Doch es waren erst wenige Minuten vergangen, als ich am Ärmel gezupft wurde. Es war Raphael Thiel, der wie ein Turm hinter mir stand. Er machte mir aufgeregte Zeichen, ich möchte schnell zur Seite kommen... Was Thiel mir zuflüsterte, war furchtbar genug: ›Udet ist eben mit der 118 abgestürzt!‹ Ich lief, ohne mich zu verabschieden, zu meinem Wagen hinab und fuhr los. In Marienehe griff ich Nitschke auf. Er konnte mir wenigstens sagen, daß Udet mit dem Fallschirm abgesprungen und in einem Kornfeld gelandet war. ›Er hat nicht aufgepaßt‹, sagte Nitschke noch ganz atemlos. ›Er hat sich nicht um die Propellereinstellung gekümmert. Der Propeller mit dem ganzen Getriebe ist weggeflogen. Das Höhenleitwerk hat abmontiert. Die Trümmer liegen da drüben. Wir haben Udet am Fallschirm hängen sehen und sind zur Landestelle gefahren. Da kam er gerade zu sich, aber nur für einen Augenblick.«

Es liegt auf der Hand, daß dieser von Udet selbst verschuldete Unfall der Hauptgrund für die Entscheidung für die *Ju 87* und gegen die *He 118* war. Über das weitere Schicksal der *He 118* noch folgende Einzelheiten: Die *He 118 V2* wurde am 1. 7. 1936 der Erprobungsstelle Rechlin übergeben. Die *He 118 V3*, D-AHUR, erhielt den DB 600 als Triebwerk. Beide Maschinen wurden in Rechlin einer scharfen Prüfung unterzogen. Dabei wurde besonders das Fehlen einer Abfangautomatik nach dem Lösen der Bombe aus dem Sturzflug beanstandet. Die *He 118 V4* und *V5* gingen nach Japan und wurden dort mit DB 601-Motoren unter der Bezeichnung *DXHe 1* geflogen. Ein Nachbau erfolgte nicht. Auch zu einem Serienbau für China kam es nicht. Am 15. 12. 1937 erhielt die *He 118 A-01,* D-OZEK, Werknr. 1961, die Musterzulassung. Dabei wurden mit Sturzflugbremse eine Geschwindigkeit von 486 km/h und ohne diese 594 km/h im Sturzflug erreicht. Noch 1939 wurden Sturzflugversuche mit der *He 118* durchgeführt, zum Serienbau kam es nicht. Insgesamt sind dreizehn *He 118*, fünf V-Maschinen und acht *He 118 A-0* gebaut worden.

Baumusterübersicht He 118

Lfd. Nr.	V- und Serien-Nr.	Werk-Nr.	Kennzeich.	Motor	Bewaffnung	Leitwerk	Windschutz
1.	V 1	1293	D-UKYM	Rollce-R. Bussard	ETC 500 u. Beobacht. MG 15	Holz	offen
	V 2	1294	D-UHAH später D-OVIE	DB 600	ETC 500 u. Beobacht. MG 15	Holz	offen
3.	V 3	1295	D-UHUR	DB 600	ETC 500 u. Beobacht. MG 15	Holz	offen
4.	V 4	1296	D-OMOL	DB 601	ETC 500	Metall	geschlossen
5.	V 5	1850	(Japan)	DB 600	ETC 500	Holz	offen
6.	01	1961	D-OZEK	DB 600	2 MG 17 in Fläche 1 MG 15 m mech. Visierg. f. Beobachter u. ETC 500 (für Nr. 6–13)	Metall	offen
7.	02	1962	D-OLIP	DB 600		Holz	offen
8.	03	1963	D-OQYF	DB 601		Holz / Metall	offen
9.	04	1964	D-OSIS	DB 600		Holz / Metall	geschlossen
10.	05	1965	D-OMIQ	DB 600		Holz / Metall	offen
11.	06	1966	D-OSES	DB 600		Metall	offen
12.	07	1967	D-OXEF	DB 600		Holz	offen
13.	08	1968	D-OLAF	DB 601		Metall	geschlossen

Technische Daten Heinkel He 118A-0

Besatzung: 1	
Triebwerk:	
Daimler-Benz DB 600 C	
Getriebe:	1,55:1
Startleistung bei U/min:	850 PS
Nennleistung bei 2400 U/min in 0 m Höhe:	750 PS
Nennleistung bei 2400 U/min in 4000 m Höhe:	910 PS
Volldruckhöhe:	2000 m
Spezifischer Kraftstoffverbrauch:	230 gr/PS h
Luftschraube: Im Fluge kontinuierlich verstellbar. VDM-Metalluftschraube	
Durchmesser:	3,5 m
Spannweite:	15,10 m
Länge:	11,8 m
Höhe:	4,2 m
Flügelfläche:	37,7 m^2
Flächenbelastung:	110 kg/m^2
Leistungsbelastung:	4,84 kg/PS
Leergewicht:	2700 kg
zusätzliche Ausrüstung:	280 kg
Rüstgewicht:	2980 kg
Besatzung:	100 kg
Kraftstoff:	475 kg
Schmierstoff:	35 kg
Zuladung, Abwurflast	500 kg
Abwehrmunition	30 kg
Fluggewicht:	4120 kg

Höchstgeschwindigkeit in	0 m Höhe:	322 km/h
	4000 m Höhe:	388 km/h
	6000 m Höhe:	395 km/h
Reisegeschwindigkeit in bei 85% Startleistung	0 m Höhe:	295 km/h
	4000 m Höhe:	335 km/h
	6000 m Höhe:	268 km/h
Landegeschwindigkeit:		115 km/h
Optimale Reichweite bei V_{max} in 6000 m Höhe:		920 km
Optimale Reichweite bei V_r in 6000 m Höhe:		1050 km
Optimale Reichweite:		1250 km
Steigzeit auf	2000 m Höhe:	6,1 min
	4000 m Höhe:	12,8 min
	6000 m Höhe:	20,5 min
Gipfelhöhe:		8800 m
Rollstrecke beim Start:		340 m
Startstrecke bis 15 m Höhe:		570 m
Landestrecke aus 15 m Höhe:		500 m

Bewaffnung: 2 MG 17 in den Flächen starr nach vorn gerichtet.

Bemerkung: Bei verminderter Abwurflast konnte die He 118 auch zweisitzig geflogen werden. Die Bewaffnung verbesserte sich dann um ein weiteres bewegliches, nach rückwärts gerichtetes MG 15.

Heinkel He 118 A-03, Werk-Nr. 1963.

In Dessau wurde Anfang Juni 1936 die *Ju 87 V4*, D-UBIP, Werknr. 4924, fertig, die man als eigentliches Musterflugzeug der A-Serie ansprechen kann. Sie startete am 20. Juni 1936 zum Erstflug. Ihr folgte die *Ju 87 V5*, Werknr. 4925, die ihren ersten Flug am 14. August 1936 durchführte. Es folgten zehn Maschinen der Vorserie *Ju 87 A-0*, die der Truppenerprobung dienten. Gegenüber den ersten drei Musterflugzeugen war ab V4 der äußere Umriß der *Ju 87* wieder geändert worden. Zur Verbesserung der Sichtverhältnisse beim Rollen hatte man den Motor etwa 25 cm tiefer gelegt. Der Rumpf wurde hinter dem Funkersitz nach unten gezogen und endete in dem nochmals vergrößerten und auch in der Form veränderten Seitenleitwerk. Um die Fertigungsmöglichkeiten im Serienbau zu verbessern, erhielt der Flügel eine gerade Vorderkante und das Fahrwerk eine gestrecktere Verkleidung. Als Triebwerk diente der 640 PS Jumo 210 Ca, der aber nur eine Notlösung darstellte, da die für dieses schwere Flugzeug erforderlichen Triebwerke noch nicht zur Verfügung standen. Die Bewaffnung bestand aus einem starren MG 17 im rechten Flügel und einem MG 15 im B-Stand (Funkersitz). Die Funkausrüstung bestand aus dem FuG VII, EiV und BzB-Sprechfunk. Der Flugzeugführer verfügte für seine starre Waffe über ein Revi C/12. Für die Bombenaufhängung stand ein ETC 250 unter dem Rumpf zur Verfügung. Beim Abwurf führte eine Abweisgabel die Bombe vom Rumpf weg und am Propellerkreis vorbei.

Die Truppenerprobung mit Maschinen der A-0-Serie wurde im Frühjahr 1937 abgeschlossen. Als erster Verband wurde die I. Gruppe des Stuka-Geschwaders 162, später StG 2 ›Immelmann‹ mit der *Ju 87 A-1* ausgerüstet.

Da der Junkers-Konzern durch das bereits anlaufende *Ju 88*-Programm mit Kapazitätsschwierigkeiten zu rechnen hatte, entschloß sich das RLM, den Lizenzbau an eine andere Firma zu vergeben. Die Wahl fiel auf den Weser-Flugzeugbau, eine Tochterfirma der Deschimag, die bereits durch den Nachbau anderer Junkermuster (*W 33*, *W 34*, *Ju 52*, *Ju 60/160* und *Ju 86*) auf die Zusammenarbeit mit Junkers eingerichtet war. Der Nachbau der *Ju 87* durch Weserflug (WFG) wurde vom RLM im November 1936 mit Lieferplan 4 angeordnet. Vorläufig sollten nur 35 *Ju 87*, beginnend mit Oktober 1937 geliefert werden.

Dipl.-Ing. Hermann Pohlmann, der geistige Vater der Ju 87.

Die Attrappe der Junkers Ju 87 zeigt, daß die ursprüngliche Konzeption des Flugzeugs nur sehr wenig den späteren Serienmustern entsprach.

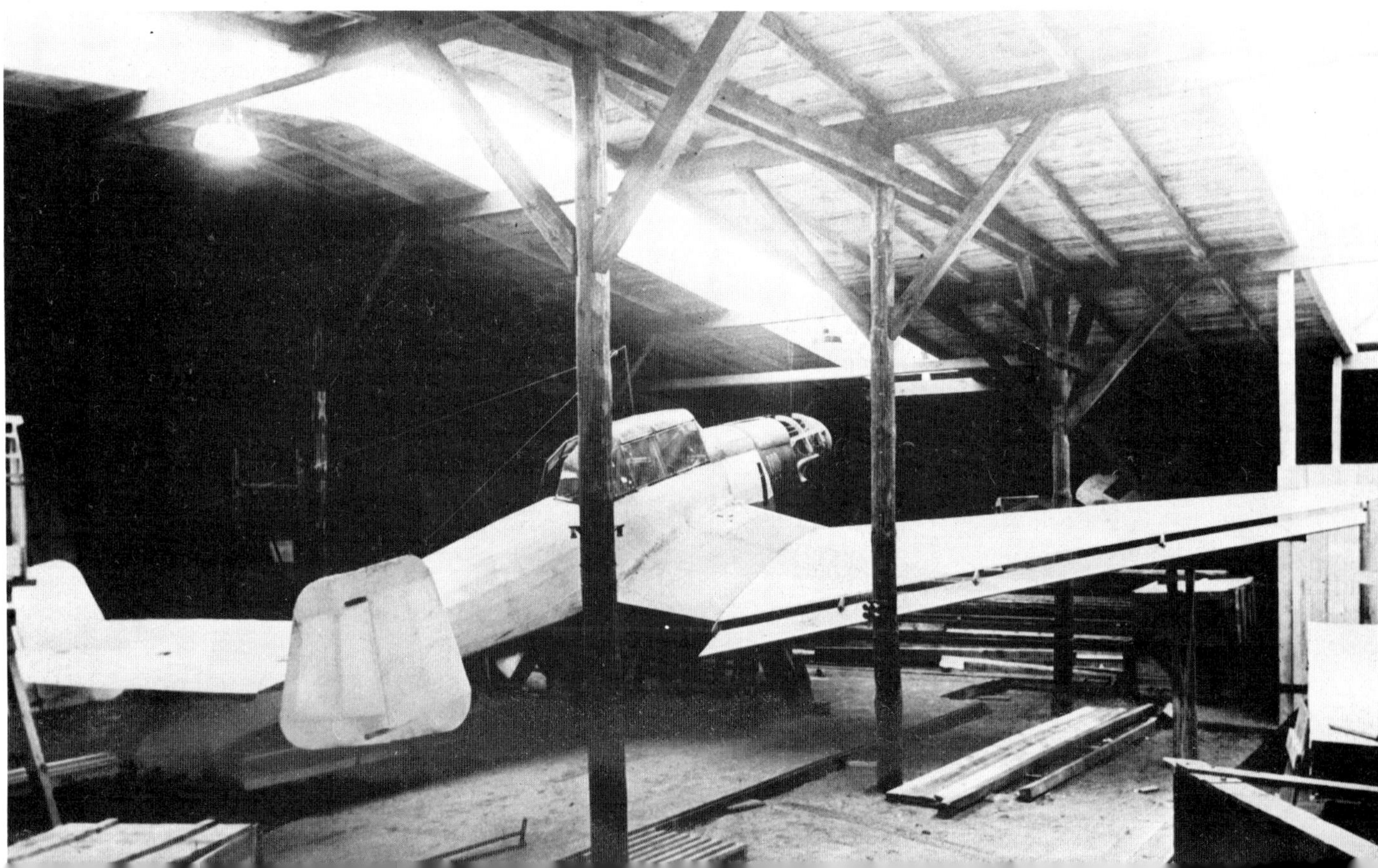

Attrappe Ju 87: Oben erste Ausführung des Führersitzes mit Instrumentenbrett; unten links Sitz des Bordfunkers mit Lagerung MG 15; rechts Blick vom Bordfunkersitz nach vorn mit FuG VII.

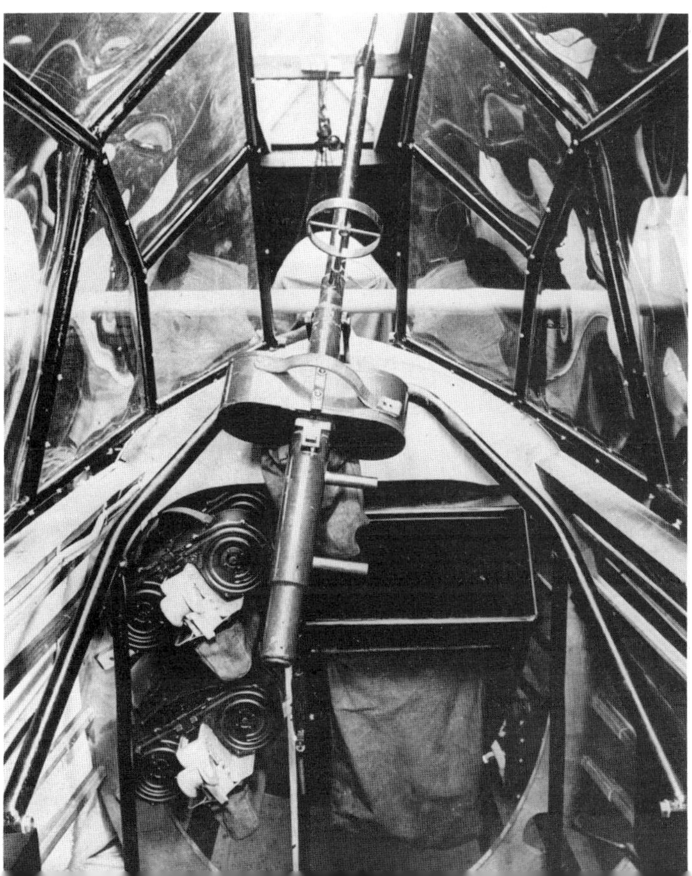

Ju 87 V 1 mit Rolls-Royce-Triebwerk und Doppelleitwerk.

Ju 87 V 2 mit vergrößertem Kühler und Jumo 210.

Junkers Ju 87 V 3, D-UKYQ.

Ju 87 V 4, D-UBIP, Musterflugzeug der Ju 87 A-Serie.

Eine der ersten bei Junkers gebauten Vorserienmaschinen Ju 87 A-0.

5. Alle bauen Sturzbomber

Während die Sturzbomber-Entwicklung in Deutschland und den USA im Laufe des Jahres 1936 zügig vorangetrieben wurde, kam man in Frankreich nicht recht von der Stelle. Zwar wurde im Januar eine kleine Versuchsreihe Gourdou-Leseurre *LGL 432*, der Serienausführung des Prototyps *LGL 430*, ausgeliefert und erprobt, aber dieser Typ genügte den militärischen Anforderungen keinesfalls. Bei einem Leergewicht von 910 kg und einem Fluggewicht von 1535 kg war die Höchstgeschwindigkeit mit 220 km/h um 60 km/h niedriger als beim Prototyp. Dagegen hatte man die Gipfelhöhe von 5000 m auf 9000 m erhöhen können. Aber das konnte nicht darüber hinwegtäuschen, daß die Maschine nicht die erforderliche Stabilität für Sturzflüge besaß. Die *LGL 432* Nr. 1 wurde am 28. 1. 1936 von Chefpilot Cavalli zur Erprobung übernommen. Er flog die Maschine dann am 7. 3.36 nach St. Raphael, wo sie unter Führung eines Marinepiloten Bruch machte. Im Mai und August wurden die restlichen drei Maschinen ebenfalls dorthin überführt. Die Erprobung durch die Marine erfolgte in Villacoublay. Dann wurden die Maschinen vorläufig in Orly abgestellt. Keine *LGL 432* kam an Bord des französischen Flugzeugträgers ›Béarn‹. Der letzte Flug einer *LGL 432* erfolgte am 7. Mai 1940 und dauerte 30 Minuten. Eine zweite fiel in Orly in deutsche Hände und wurde zerstört. Eine *LGL 432* wurde noch 1946 in Brétigny gesehen.

1937 entstand bei Gourdou-Leseurre noch ein zweisitziger Sturzbomber *LGL 521*, von dem aber auch nur zwei Exemplare gebaut wurden, und ein Einsitzer *LGL 482*, der aber nicht mehr fertiggestellt wurde.

Die beiden *LGL 521* hatten als Triebwerk den Gnôme et Rhône 9Kfr mit einer Startleistung von 750 PS. Spannweite 12,22 m, Länge 8,00 m, Höhe 3,36 m. Flächeninhalt 24,6 qm. Die Maschinen erreichten eine Höchstgeschwindigkeit von 300 km/h.

Zu diesem Zeitpunkt arbeitete man bei Loire-Nieuport bereits am Prototyp des Typs LN 40, dem einzigen französischen Sturzbomber, der dann im Jahre 1940 zum Einsatz kommen sollte.

In Japan war man 1936 zu der Überzeugung gekommen, daß der Doppeldecker bald veraltet sein würde. Die Konstrukteure bei Aichi, wo man die *D1A1* und *D1A2* gebaut hatte, erhielten den Auftrag zur Entwicklung eines Sturzbombers, der ein zweisitziger Eindecker sein sollte. Die japanischen Marine-Offiziere in Deutschland hatten inzwischen Gelegenheit gehabt, die Entwicklung der *He 112, He 118* und *Ju 87* zu verfolgen und konnten den Aichi-Konstrukteuren genügend Informationen beschaffen, die ihnen bei der Konstruktion des verlangten Typs helfen konnten. Dazu hatte Japan noch eine *He 70* angekauft, deren Leistungen damals in aller Munde waren. So entstand aus der Verquickung verschiedener deutscher Konstruktionsmerkmale der japanische Marine-Sturzbomber Type 99, dessen Serienbezeichnung *D3A1* wurde. Die Erprobung verlief so erfolgreich, daß bereits 1937 der Serienbau begann. Von den Heinkel-Typen wurden Tragfläche und Leitwerk mit geringen Änderungen übernommen. Die Sturzflugbremsen stammten von der *Ju 87*, von der man auch ein festes, nicht einziehbares Fahrwerk übernahm. Es wurden bis 1944 zwei Ausführungen gebaut: Modell 11 und 22. Die erstere hatte als Triebwerk einen 1075 PS Kinsei-Motor, die zweite das stärkere Muster Kinsei 54 mit einer Startleistung von 1200 PS. Die Abmessungen der *D3A2* (Modell 22) waren: Spannweite 14,36 m, Länge 10,23 m, Höhe 3,35 m. Das Leergewicht betrug 2618 kg, das normale Fluggewicht 3800 kg, das maximale

Loire-Gourdou-Leseurre LGL 432 war die einzige Ausführung der LGL-Sturzbomber, die in Serie ging (oben).
Unten LGL 521.

Mit fast 1300 Maschinen war der Träger-Sturzbomber Aichi D 3A1 das meistgebaute Muster dieser Art und noch 1944 im Fronteinsatz.

Fluggewicht 4122 kg. Die Bewaffnung bestand aus 3 MG 7,7 mm. An Bomben konnten 1 à 250 kg und 4 à 60 kg getragen werden. Die Höchstgeschwindigkeit lag bei 428 km/h, die Gipfelhöhe bei 10 880 m. 5000 m Höhe wurden in 10 Minuten und 20 Sekunden erreicht. Die Reichweite betrug normal 1560 km, maximal 2530 km. Vom Modell 11 wurden 1937—1942 478 Stück gebaut, vom Modell 22 1942—44 816 Stück. Über den Einsatz im Kriege wird später berichtet. Die Flugeigenschaften dieses Sturzbombers waren hervorragend. Er war so wendig, daß er nach Abwurf der Bomben als Jäger verwendet werden konnte. Die Japaner hatten also die deutschen Vorbilder übertroffen. Nakajima hatte als Konkurrenztyp den Sturzbomber *D3N1* entwickelt, der Einziehfahrwerk hatte. Seine Leistungen entsprachen aber nicht den Anforderungen der japanischen Marine, so daß ein Serienbau entfiel.

In den USA lief 1936 immer noch die Erprobung von Northrops bei Douglas gebauten *XBT-1*. Bei der Flotte befanden sich aber noch Doppeldecker auf den Flugzeugträgern: auf der ›Saratoga‹ 18 Curtiss *BFC-2* und auf der ›Lexington‹ 17 Great Lakes *BG-1*. Bei dem letzteren Typ handelte es sich um einen Zweisitzer, im Gegensatz zur einsitzigen *BFC-2*. Dieser Doppeldecker war das Ergebnis eines Wettbewerbs zwischen Great Lakes und Consolidated im Jahre 1933. Great Lakes stellte die *XBG-1* und Consolidated die *XB2Y-1* vor. Die Marine entschied sich für die *XBG-1*, von der eine kleine Serie von 20 Maschinen gebaut wurde, von denen 18 1935 zur Sturzbomber-Squadron VB-3B an Bord des Flugzeugträgers ›Ranger‹ kamen. 1936 wurde die Staffel zur ›Lexington‹ verlegt. 1938 ging die Squadron mit neuer Nr. VB-4 wieder zur ›Ranger‹ zurück. In diesem Jahr wurden *BG-1* aber bereits aus dem Frontdienst zurückgezogen. 30 weitere *BG-1* waren inzwischen an die US Marine geliefert worden. Auch dort wurden die *BG-1* 1938 außer Dienst gestellt. Die *BG-1* war ein konventioneller Doppeldecker mit Pratt & Whitney R-1535-66, der eine Startleistung von 700 PS hatte. Abmessungen und Leistungen waren der Martin *BM-1* ähnlich.

Curtiss, bisher Hauptlieferant für Marine-Sturzbomber, machte 1936 den dritten Versuch, einen Doppeldecker, den er bereits 1934 angeboten hatte, doch noch durchzusetzen. Die *XSBC-1* wurde im

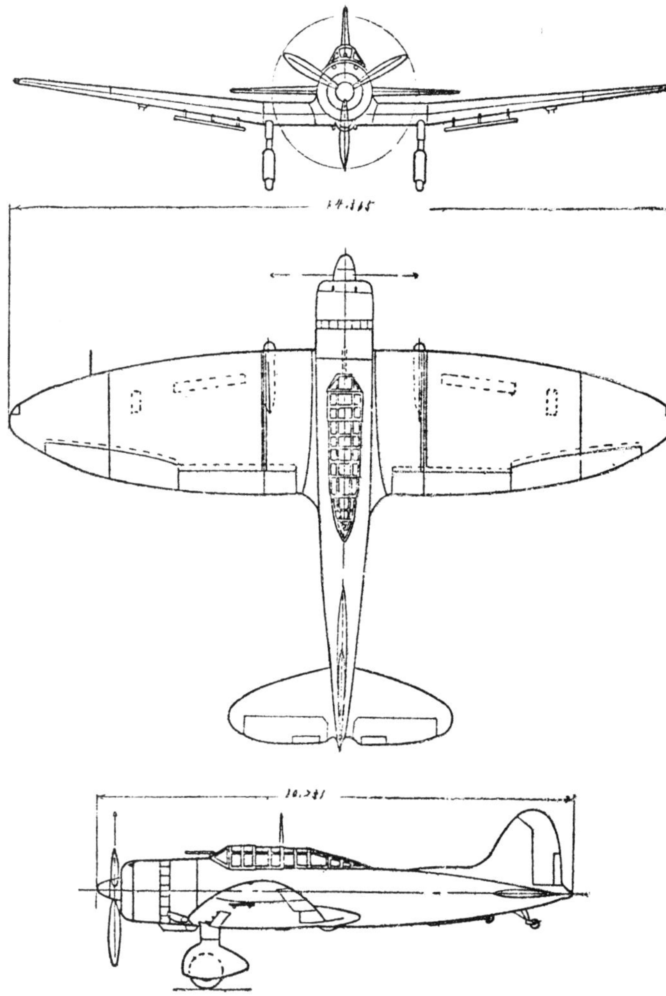

Die Dreiseitenansicht der Aichi D2A1 verrät die deutsche Abstammung: Junkers-Sturzflugbremsen und Heinkel-Tragflächen.

Februar 1934 fertig, machte im Juni Bruch, wurde repariert und machte im September Totalbruch. Die Reste der Maschine (Werknr. 9225) wurden als *SBC-2* neu aufgebaut und mit neuem Motor ausgerüstet. Die Marine war aber nicht zufrieden. So wurde die gute alte 9225 zum dritten Mal umgebaut und erschien in neuem Gewande als *XSBC-3* am 10. 4. 1936 mit wieder neuem Motor, jetzt einem Pratt & Whitney R-1535-82 von 700 PS. Aber erst nachdem eine noch stärkere Version des R-1535 mit 750 PS

Dreiseitenzeichnung Chance-Vought SB2U-1 (links), daneben Curtiss SBC-3.

engebaut wurde, übernahm die US Navy 1938 die Serienausführung *SBC-3*. Zu diesem Zeitpunkt war die Maschine aber bereits veraltet. Über das weitere Schicksal dieses Typs wird später berichtet.
Während man bei Curtiss an der alten Helldiver-Linie festhielt, woran auch das einziehbare Fahrwerk nicht viel änderte, versuchte man bei Chancer-Vought eine neue Linie zu finden, den Eindecker. 1936 entstand der Marine-Sturzbomber *XSB2U-1* ›Vindicator‹. Bei der Erprobung schnitt die Maschine gut ab und wurde von der Marine am 2. Juli 1936 übernommen, ging aber bereits am 20. 8. 36 zu Bruch. Trotzdem wurde der Serienbau begonnen. Im November 1938 waren bereits 43 *SB2U-1* ausgeliefert, wovon 21 die VB-3 auf ›Saratoga‹ und 22 die VB-2 auf ›Lexington‹ erhielt, während die VB-4 auf ›Ranger‹ noch die alten *BG-1* führte. Auch die *SB2U-1* hatte als Triebwerk den Pratt & Whitney R-1535-96 von 750 PS (wie die Curtiss *SBC-3*). Die Bewaffnung bestand aus drei 7,9 mm MG. Als Bombenlast konnten entweder drei Bomben à 250 kg oder zwölf 55-kg-Bomben getragen werden. Die Höchstgeschwindigkeit lag bei 400 km/h, die Gipfelhöhe bei 8000 m. Die *SB2U-1* hatte eine Spannweite von 12,80 m und eine Länge von 10,10 m. Das Leergewicht betrug rund 2300 kg, das Fluggewicht 3200 kg.

US-Navy und USMC erhielten 1935 den neuen Sturzbomber Great Lakes BG-1. Oben der Prototyp XBG-1, darunter die Serienausführung, die beide an das USMC geliefert wurden.

Oben Curtiss SBC-3 der VS-5 des Trägers *›Yorktown‹*, der zehn Maschinen dieses Typs 1938 an Bord hatte. Darunter Versuchs-Sturzbomber Consolidated XB2Y-1, der von der US-Navy abgelehnt wurde.

Oben die Chance-Vought SB3U-1 wurde von US-Navy und USMC abgelehnt. Darunter Chance-Vought XSB2U-1, Prototyp des Serientyps ›Vindicator‹ (USA) und ›Chesapeake‹ (England).

Inzwischen wurde in Deutschland der Ausbau der Sturzbomberwaffe, hier Stuka-Waffe genannt, weiter vorangetrieben. Die Erfahrungen mit den ersten *Ju 87* zeigten, daß mit dem eingebauten Triebwerk Jumo 210 keine befriedigenden Leistungen erzielt werden konnten. Junkers konnte sich nicht mehr mit der Großserienproduktion der Stuka befassen, da man das *Ju 88*-Programm forcieren mußte. Dadurch war die Firma so in Anspruch genommen, daß sie sich auf den Bau der Versuchsmaschinen für neue Versionen und kleine Vorserien beschränkte. Weserflug wurde mehr und mehr in die Fertigung der *Ju 87* eingebaut, bis im Herbst 1937 die Fertigung voll anlaufen konnte. In der ersten Phase der *Ju 87*-Fertigung bei Weserflug wurde das Flugzeug allein in Bremen und Delmenhorst gebaut. Die fertiggestellten Maschinen wurden dann in Baugruppen nach Lemwerder gebracht und dort werkmäßig eingeflogen und auch dort der Bauaufsicht der Luftwaffe zur Kontrolle übergeben, die die Weiterleitung an die Truppe veranlaßte.

Bei Beginn der Fertigung der A-Serie waren bei Weserflug bereits rund 6000 zeichnungsgebundene Betriebsmittel im Gebrauch. Man hatte bei Weserflug bereits frühzeitig erkannt, daß die rechtzeitige Bereitstellung von Betriebsmitteln (Bauvorrichtungen und Werkzeuge) auf die Durchlaufzeit und die jederzeitige Bereitschaft zur Durchführung von Änderungen während des Serienablaufs von ausschlaggebender Bedeutung war. Man hatte sich daher ein Vorrichtungs-Konstruktionsbüro und eine gut arbeitende Vorrichtungsbau-Abteilung eingerichtet. Von diesen beiden Abteilungen sind rund 90 % aller Betriebsmittel entwickelt und gebaut worden. Der Arbeitsaufwand des Vorrichtungsbaus fiel dann bei der Einführung einer neuen Version der *Ju 87* immer stoßartig an, da von der Truppe natürlich schnellste Umstellung auf das verbesserte Muster verlangt wurde. Nur durch die Arbeit der beiden genannten Abteilungen war dies in jedem Fall reibungslos möglich.

Die erste beim Flugzeugbau Weser gebaute Junkers Ju 87A-1.

Zwei andere Aufnahmen derselben Maschine zu Beginn der Werkserprobung vor der Halle 204 in Bremen.

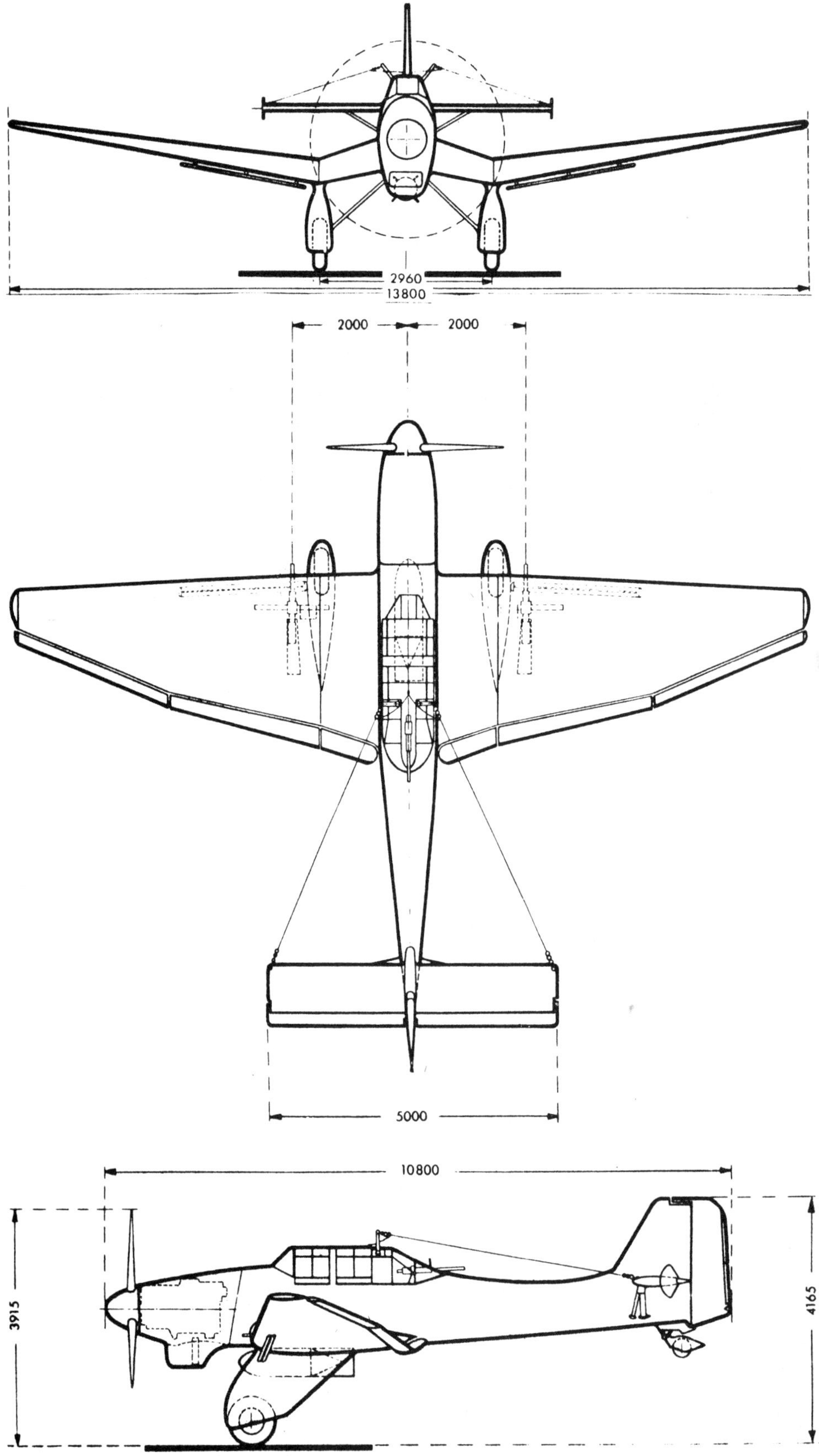

Flächeninhalt des Tragflügels 32 m^2

Werkzeichnung Junkers Ju 87 A.

Oben Erprobungskommando für Flugzeugträgereinsatz der Erprobungsstelle Travemünde nach der 600. simulierten Deckslandung in Travemünde. Unten diesselbe Ju 87 A-0 nach der 700. simulierten Deckslandung.

6. Der Aufbau der deutschen Stuka-Verbände

In Dessau arbeitete man inzwischen an der Weiterentwicklung der *Ju 87*. Noch im Herbst war die *Ju 87 V5*, Werknr. 4925, fertiggestellt, eingeflogen und in die Erprobung gegangen. Dann wurden zwei Maschinen der A-0-Serie, Werknr. 870027 und 870028, zu *Ju 87 V6* und *V7* umgebaut. Die *Ju 87 V7* startete am 14. 6. 1937 zum Erstflug, die V8 folgte am 23. 8. 1937. Diese beiden und die folgende *Ju 87 V9*, Werknr. 4926 (Erstflug 11. 11. 37) dienten der Entwicklung der B-Serie, die den stärkeren Jumo 211 erhielt. Während die Erprobung dieser drei V-Maschinen lief, fand die echte Truppenerprobung der *Ju 87 A-1* bereits statt: Im Dezember gingen drei *Ju 87 A* zur ›Legion Condor‹ nach Spanien. Die Erprobungskette *Ju 87* unterstand der Kampfgruppe K 88. Die *Ju 87* wurden von laufend wechselnden Besatzungen geflogen. Der erste scharfe Einsatz fand während der Kämpfe um Teruel statt. Angriffe im Raum Valencia, Tarragona und Barcelona folgten. Wenn auch die ersten Einsatzberichte, die in der Heimat eintrafen, durchaus positiv waren, so konnten diese doch nicht die Triebwerkschwäche der *Ju 87 A* verschweigen. Über den Einsatz der Sturzkampfflugzeuge hieß es im Bericht des Auswertestabes ›Rügen‹:

»Ein kleiner, bereits seit September 1936 bestehender Sturzkampfversuchsbetrieb kam wegen Materialschwierigkeiten nicht über primitiven Versuchsbetrieb hinaus.«

Die vor Eintreffen der *Ju 87* verwendeten Henschel *Hs 123* waren nach Ansicht von ›Rügen‹ für den Sturzangriff wenig geeignet. Die Ergebnisse mit *Ju 87 A* waren bedeutend besser, entsprachen aber noch nicht den gestellten Forderungen. Die *Ju 87 B* war aber zu diesem Zeitpunkt noch nicht serienreif. Die brave Henschel *Hs 123* sollte aber noch einmal einen Triumpf erleben. Vom 23. Juli bis 1. August 1937 fand in Zürich ein großer Militärflugzeug-Wettbewerb statt, bei dem die deutsche Luftwaffe zum ersten Mal im Ausland öffentlich vertreten war. Und hier zeigte die *Hs 123 V5* unter Führung von Dipl. Ing. Schürfeld, wozu dieser Doppeldecker fähig war: Bei der Steig- und Sturzflugkonkurrenz belegte Schürfeld mit nur wenigen Sekunden Abstand den 2. Platz hinter Dipl. Ing. Franke auf der Messerschmitt *Bf 109 V13*!

Bereits im Wehrmachtskriegsspiel von 1935 war der Sturzbombereinsatz vorgesehen gewesen. Im November 1937 fand eine neue Planübung statt, bei der der Sturzbombereinsatz bereits sehr konkrete Formen angenommen hatte. Die Luftwaffenführung war aufgrund der ersten Ergebnisse in Spanien der Überzeugung, auf dem richtigen Wege zu sein. Ernst Udet, der im April 1937 zum Generalmajor befördert worden war, sah sich in seinen Ideen bestätigt. Am 29. April 1937 unterschrieb Göring die Anordnung, das Großbomber-Programm Junkers *Ju 89* und Dornier *Do 19* einzustellen. Daß die Prototypen noch nicht die Leistungen zeigten, die man erwartet hatte, war kein triftiger Grund, denn man stand ja erst im Anfang dieser Entwicklung. Wahrscheinlicher ist, daß der Material- und Arbeitsaufwand für diese viermotorigen Großbomber als zu hoch angesehen wurde. Die Stuka-Entwicklung wurde dafür so forciert, daß man auch beim nächsten zweimotorigen Bomber *Ju 88* Sturzflugeigenschaften verlangte.

In den USA war 1936 von einer kleinen Firma ein neuer, recht moderner Sturzbomber entwickelt worden, Brewster *XSBA-1*, der 1937 mit der US Navy Nr. 9726 in die Erprobung ging. Es handelte sich um einen freitragenden Mitteldecker in Ganzmetallbauweise mit Einziehfahrwerk. Die Maschine war ein

Bei der Legion Condor erfolgte im spanischen Bürgerkrieg die erste Fronterprobung der Junkers Ju 87 A-1. Die Ergebnisse des Einsatzes der drei Maschinen befriedigten aber nicht.

Oben Dipl.-Ing. Schürfeld mit der Henschel Hs 123 V 5 nach seinem Erfolg in Zürich, 1937. Unten die ersten neuen Sturzbomber Brewster SB2A-1 ›Buccaneer‹.

Mit der Henschel Hs 123 gewann die junge Stukawaffe die ersten Erfahrungen mit Sturzkampfflugzeugen. Die mit diesem Baumuster ausgerüsteten Einheiten bildeten später den Grundstock der Schlachtfliegerverbände.

Zweisitzer und hatte als Triebwerk einen Wright R-1820-04 von 700 PS. Die Abmessungen waren: Spannweite 11,89 m, Länge 8,60 m und Höhe 3,38 m. Bei den ersten Testflügen wurde eine Höchstgeschwindigkeit von 355 km/h und eine Gipfelhöhe von 7070 m erreicht. Die Maschine ging dann zum NACA nach Langleyfield und wurde dort weiter erprobt. Es sollte vier Jahre dauern, bis die Maschine in den Serienbau ging.

Auch im konservativen England begann man sich —wenn auch sehr zögernd — mit dem Sturzbomberproblem zu befassen. Die Royal Navy hatte noch nie, im Gegensatz zum amerikanischen Militär, Sturzbomber gewollt. Man hatte sich auf leichte Bomber und vor allem auf Torpedoflugzeuge als Angriffswaffen festgelegt. Da jede Erfahrung auf dem Gebiet Sturzbomber fehlte, entstand ein Flugzeug, das irgendwie zusammengebastelt wirkte. Es war der erste englische Marine-Sturzbomber Blackburn ›Skua‹. Die Ausschreibung für dieses Flugzeug stammte bereits aus dem Jahre 1934 und lief unter der Nummer Q 27/34. Es dauerte drei Jahre bis die Firma Blackburn Aircraft Ltd. mit Werken in Yorkshire und Schottland, ihre beiden Prototypen K 5178 und K 5179 fertigstellen konnte. Die ›Skua‹ sollte der Ersatztyp für das Träger-Mehrzweckflugzeug Hawker ›Osprey‹ werden, einen Doppeldecker aus dem Jahre 1932. Die ›Skua‹ wurde ein freitragender Tiefdecker mit Klappflügeln, Landehaken und Einziehfahrwerk. Als Triebwerk diente ein Bristol ›Perseus XII‹ von 905 PS. Die Bewaffnung bestand aus 4 starren und einem beweglichen MG. Die Bombenlast betrug maximal 350—400 kg. Abmessungen: Spannweite 14,02 m, Länge 10,85 m, Höhe 3,68 m. Die ersten ›Skua‹ kamen an Bord des Trägers HMS ›Ark Royal‹. Über ihren Einsatz im Kriege wird später berichtet. Es sollte sich zeigen, daß England die Vernachlässigung der Sturzbomberentwicklung teuer zu bezahlen hatte.

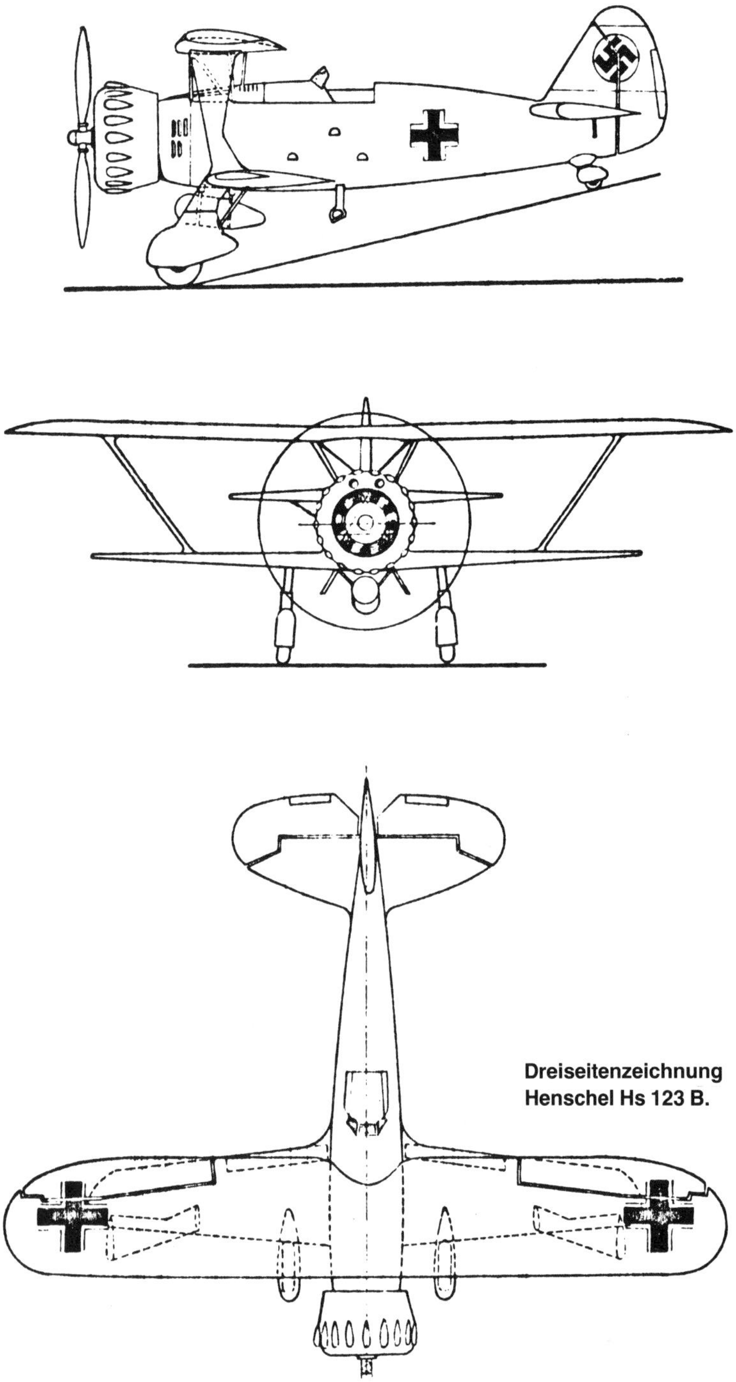

Dreiseitenzeichnung Henschel Hs 123 B.

Rechts: Dreiseitenzeichnung Blackburn ›Skua‹.

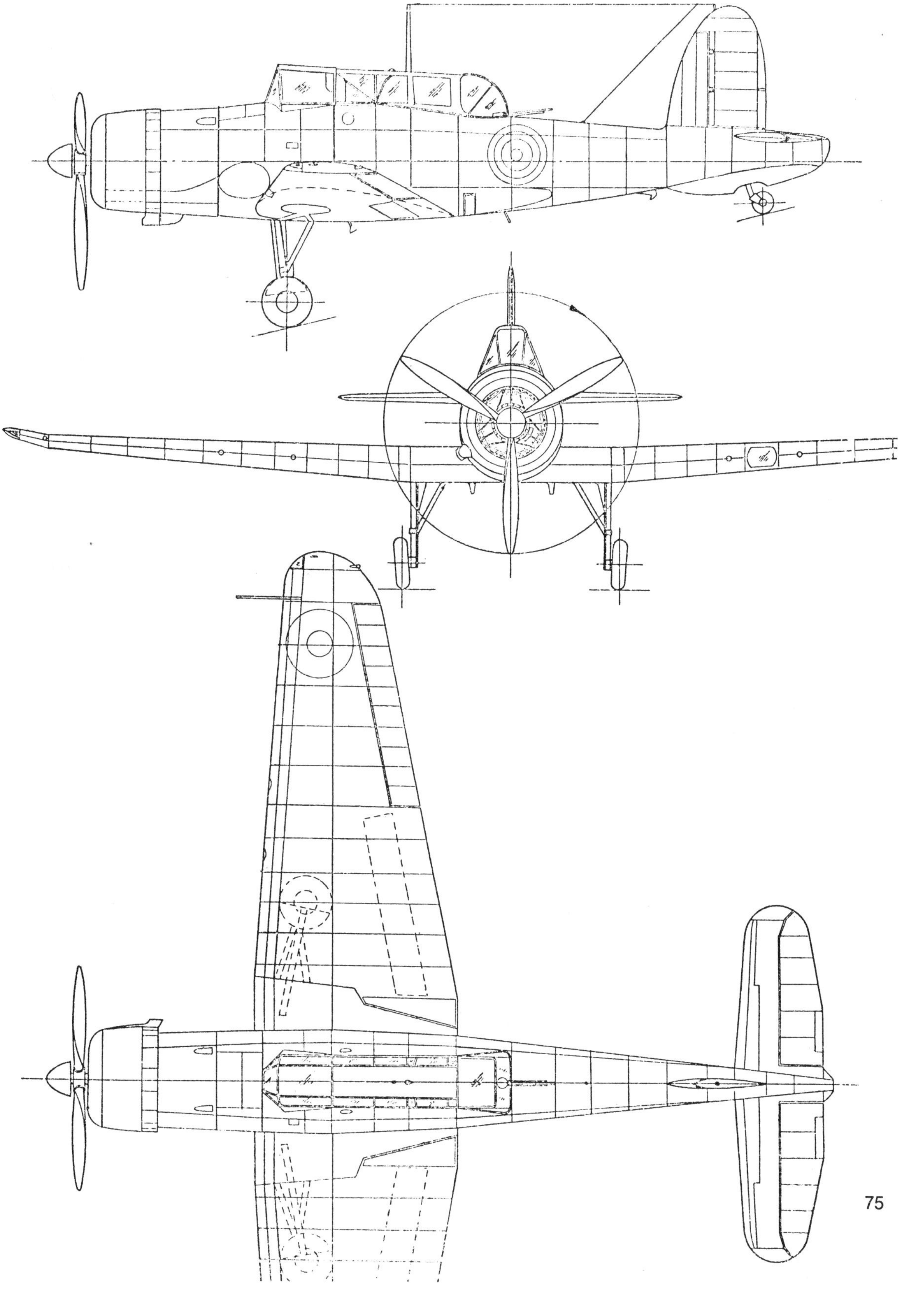

Blackburn ›Skua‹ war und blieb der einzige britische Sturzbomber. Die Firma hatte bisher nur Doppeldecker-Torpedoflugzeuge gebaut und besaß keinerlei Erfahrung im Bau von Ganzmetall-Tiefdeckern.

Inzwischen arbeitete man in Deutschland fieberhaft an der Entwicklung und Serienreifmachung der neuen *Ju 87 B-1*. Hauptunterschiede zur A-1 waren:

	A-1	B-1
Triebwerk	Jumbo 210 D	Jumbo 211 A
Leistung	680 PS	1000 PS
Rüstgewicht	2404 kg	3070 kg
Fluggewicht	3377 kg	4235 kg
Tankinhalt	440 Liter	480 Liter

Zelle und Fahrwerk der B-1 waren verstärkt. Der Führerraum erhielt ein Schiebedach. Die Bewaffnung wurde auf zwei MG 17 in den Flächen und ein MG 15 in Linsenlafette verstärkt. Unter dem Rumpf ein ETC 500 und unter den Flächen vier ETC 50 ermöglichten eine maximale Bombenlast von 700 kg gegenüber 250 kg bei A-1. Der *Ju 87 B-1* folgte 1941 die Version B-2, über die später berichtet wird.
Letzte Versuchsmuster für die *Ju 87 B-1* waren *Ju 87 V9*, Werknr. 4927, und *Ju 87 V10*, Werknr. 4928, die am 16. 2. bzw. 17. 3. 1938 ihren Erstflug absolvierten. Drei B-1 gingen sofort nach Spanien. Das *Ju 87*-Kommando hatte sich als Verbandsabzeichen ein Schwein im Oval an der Fahrwerksverkleidung ausgesucht. Dies rührte von dem Bauernschwank ›Krach um Jolanthe‹ her, der damals auf allen Bühnen erfolgreich war und bei dem ein Schwein mit dem schönen Namen Jolanthe die Hauptrolle spielte. So hieß es jetzt bei der ›Legion Condor‹ nicht: »Die Stuka kommen!« sondern: »Jolanthe im Anflug!«
Die *Ju 87 B-1* kam zuerst an der Ebrofront und dann in Katalonien zum Einsatz. Der Einsatz in Spanien führte in Deutschland dazu, den Stuka als fliegende Artillerie zur Infanterieunterstützung einzusetzen. Die Maschinen konnten bei jeder Veränderung der Lage sofort nachgezogen werden, erschienen im entscheidenden Moment und erzielten neben der Zerstörung der Ziele noch eine ungeheure moralische Wirkung auf die Erdtruppen des Gegners.
Die Belange der Kriegsmarine wurden von den Forderungen des Heeres übertönt. Gewiß, es war ein Flugzeugträger ›Graf Zeppelin‹ im Bau. Am 1. August 1938 wurde auch die Träger-Gruppe I. / 186 in Burg b/Magdeburg aufgestellt, die mit der Träger-Version *Ju 87 C* ausgerüstet werden sollte. Eine Vorserie *Ju 87 C-0* befand sich in Vorbreitung. Es war eine *Ju 87 B-1* mit Landehaken, deren Tragflächen sich nach Lösen der Holmanschlüsse schnell an den Rumpf anklappen ließen. Das Fahrwerk war für den Fall von Notwasserungen absprengbar. Es sollte nie dazu kommen.
Dabei hatten die Einsätze der ›Jolanthe‹ in Spanien bewiesen, daß der Stuka bei der Bekämpfung von Schiffen und Werften eine hervorragende Waffe war. Die Zerstörungen in den Hafengbieten von Valencia, Tarragona, Barcelona und anderen Häfen der spanischen Küste sind zum großen Teil durch Stuka erzielt worden. Major Harlinghausen hatte in Spanien bei diesen Operationen den Wert des Stuka schätzen gelernt. Er konnte aber die Luftwaffenführung nicht von der Bedeutung dieser Aufgaben überzeugen. Dort betrachtete man den Stuka als Hauptwaffe zur Zerstörung lebenswichtiger Ziele im Herzen feindlicher Industriezentren und taktischer Ziele wie Brücken, Munitions-, Kraftstoff- und Versorgungslager. Die Erkenntnis, wie wirksam der Stuka gegen maritime Ziele eingesetzt werden konnte, kam der deutschen Luftwaffenführung erst im Kriege, und, wie sich zeigen sollte, zu einem Zeitpunkt, als die *Ju 87* den Anforderungen des Luftkriegs gegen England nicht mehr gewachsen war. Im Jahre 1938 begann der Serienbau bei Weserflug langsam auf volle Touren zu kommen. Von Januar bis Mai stieg die monatliche Ausbringung von 2 auf 11 Maschinen und verdoppelte sich von Mai bis Dezember! Insgesamt wurden 1938 von Weserflug allein 136 *Ju 87 A* und *Ju 87 B* ausgeliefert. So konnte die Umrüstung der Stuka-Gruppen zügig vorangetrieben werden. Die *Ju 87* wurde Standardflugzeug der Stuka-Gruppen, die *Hs 123* wanderte zu den Lehrgruppen und Schulen ab. Am 1. November 1938 wurde Udet Generalleutnant. Ende 1938 bestanden zwei Stuka-Geschwaderstäbe und neun Stuka-Gruppen.

Bei der Truppenerprobung der Ju 87 A zeigte sich, daß der Jumo 210 für dieses schwere Flugzeug und seine Aufgaben zu schwach war.

Junkers Ju 87 A-1 der I. Gruppe des Stuka-Geschwaders 162, aus der das Stuka-Geschwader 2 entstand. Darunter eine Ju 87 A-1 im Schulbetrieb mit Kennzeichen WL-IWBG.

Die jungen Stuka-Besatzungen wurden intensiv auf ihren zukünftigen Einsatz gedrillt, für den sie die neue stärkere Ju 87 B erhalten sollten.

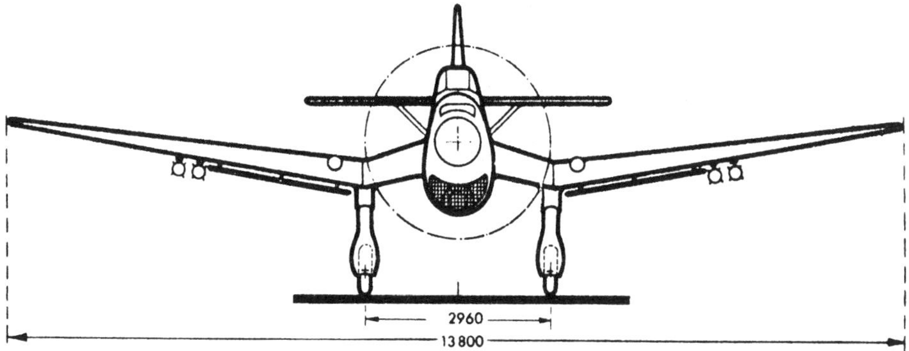

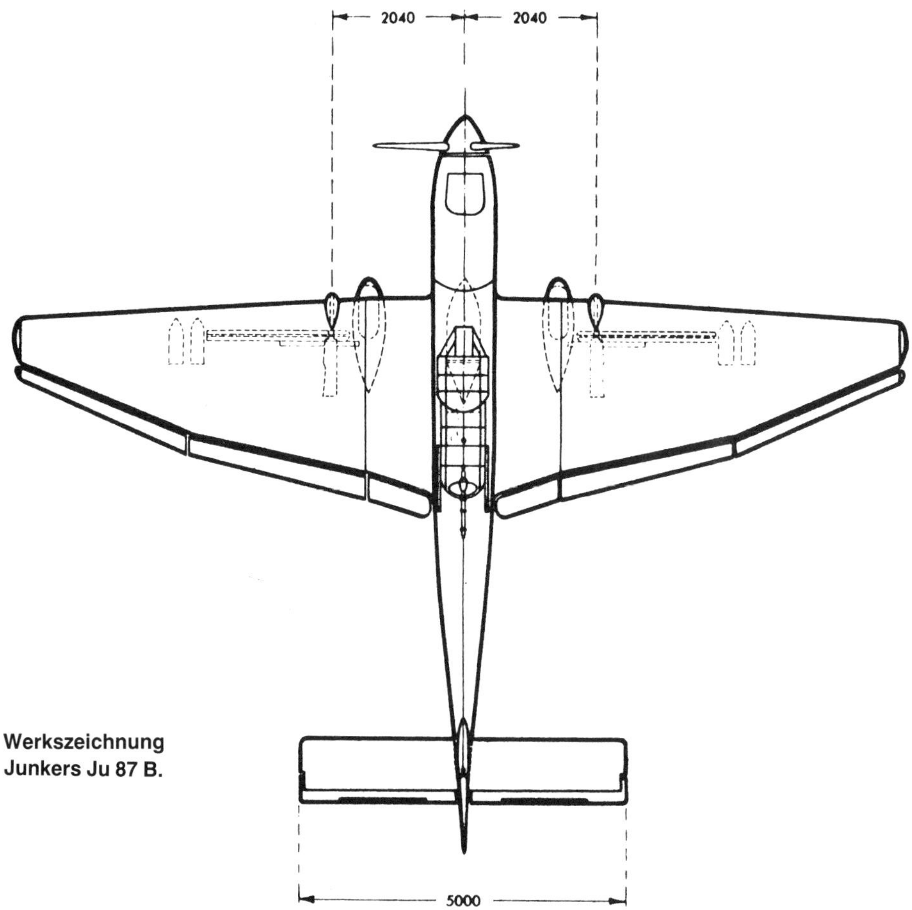

Werkszeichnung
Junkers Ju 87 B.

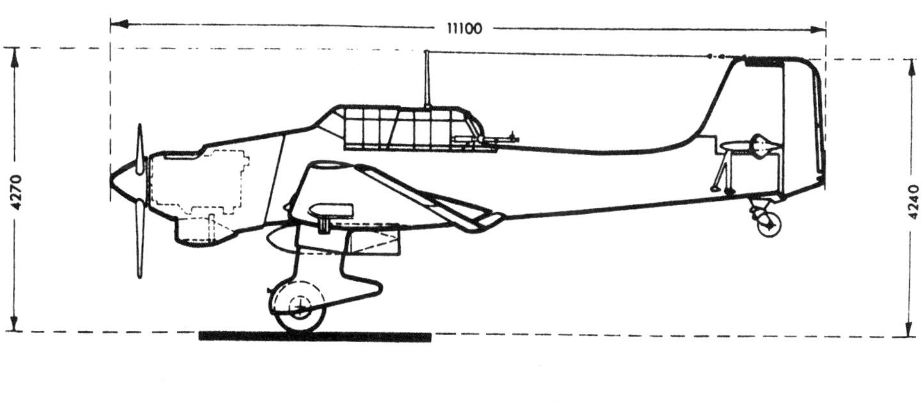

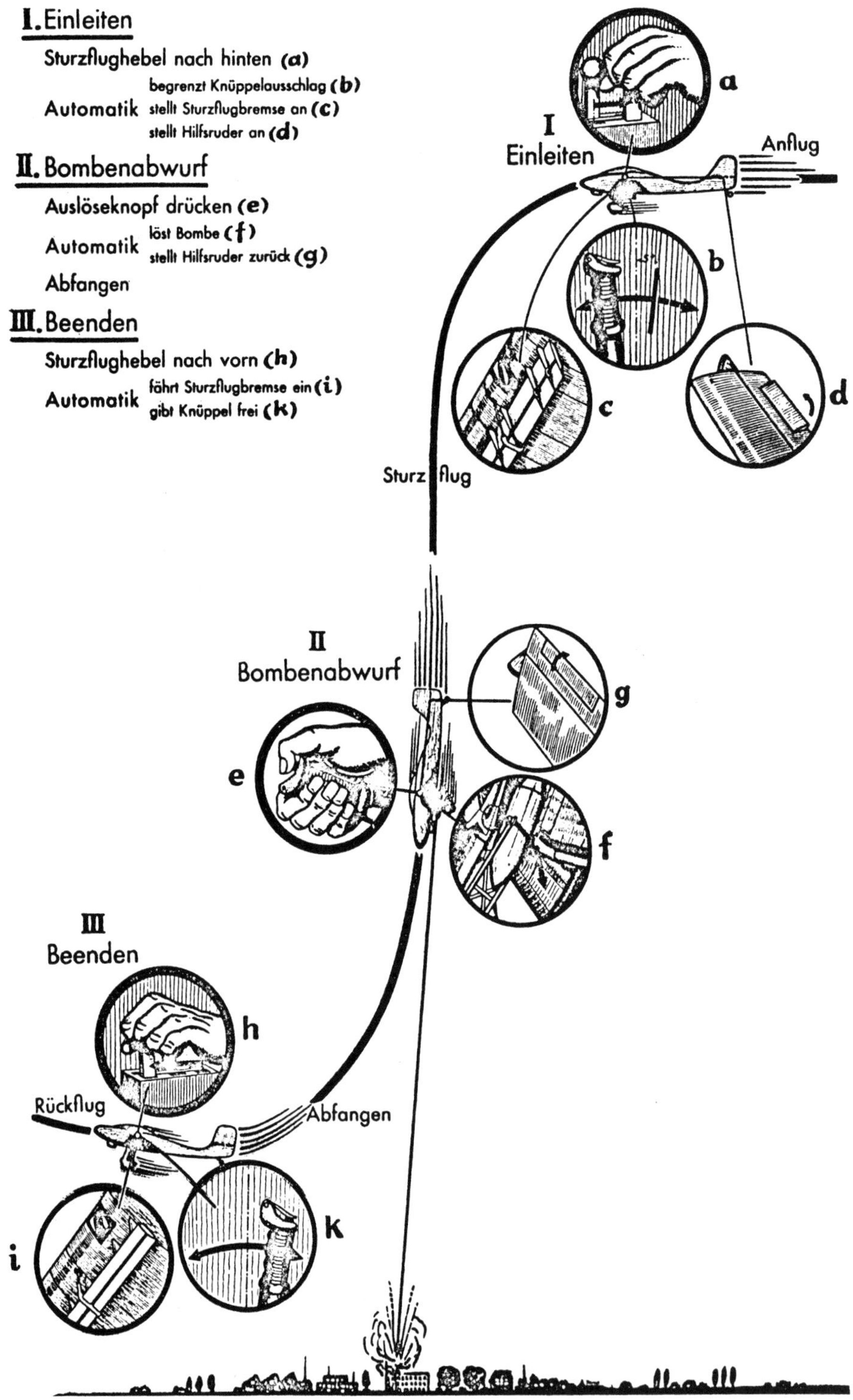

Die Sturzflugautomatik der Junkers Ju 87 B.

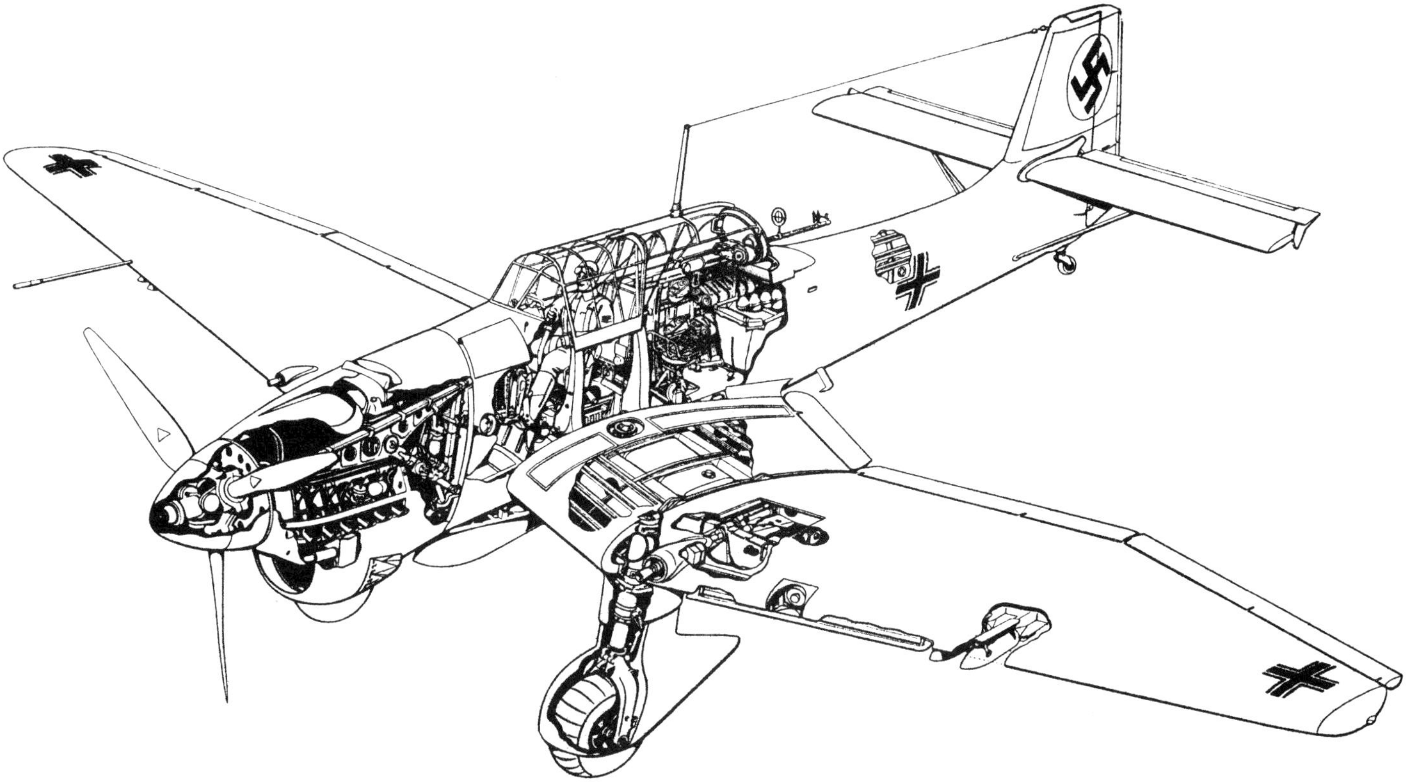

Schnittzeichnung der Ju 87 B.

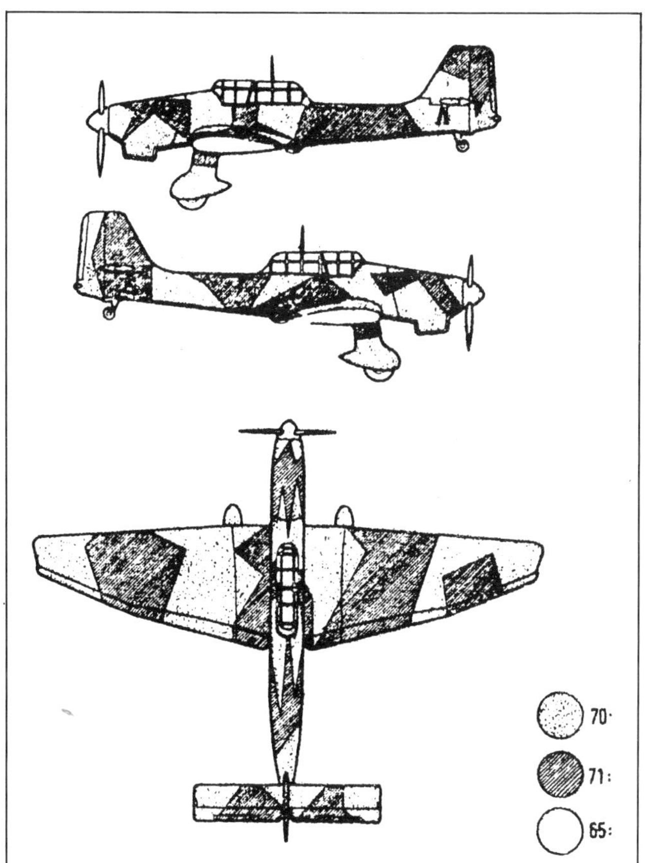

Farbschema Ju 87 B: 70 = Schwarzgrün, 71 = dunkelgrün, 65 = horizontblau.

Die Großserie Ju 87 B läuft an: Selbst größte Formteile wurden im Tiefziehverfahren gepreßt.

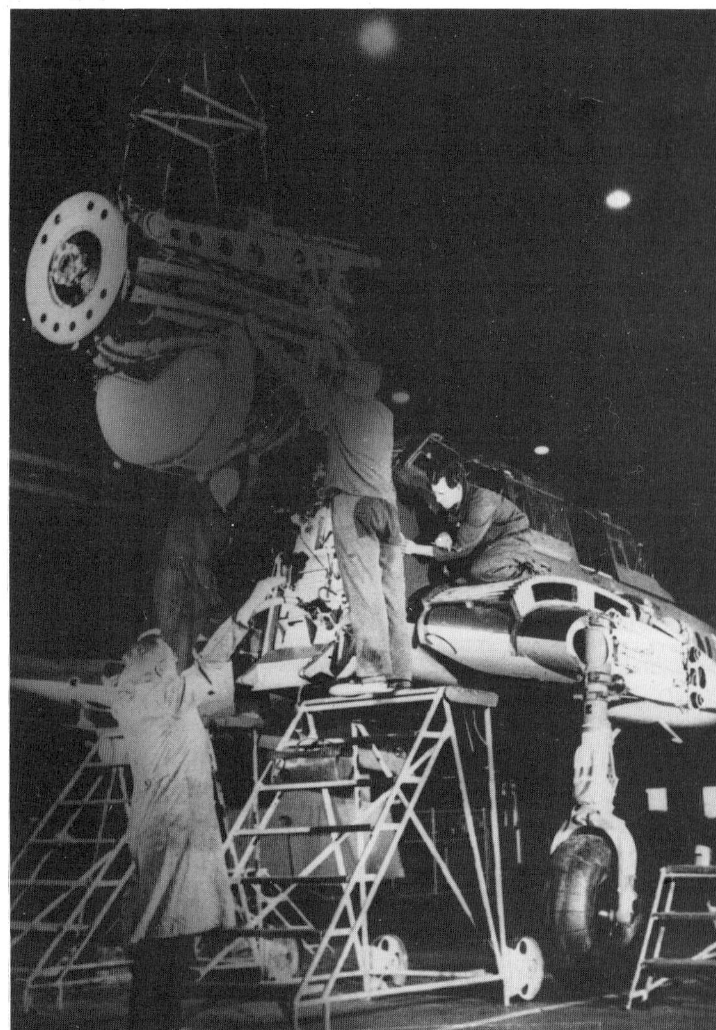

Einbau des Jumo 211 in den Rumpf der Ju 87 B bei Weserflug.

Beim Großserienbau der Ju 87 B im Bremer Werk der Weserflug. Bereitgestellte Jumo-211-Triebwerke.

Fließbandfertigung der Rümpfe, rechte Seite Einbau der Kabinenabdeckung.

Motorenüberprüfung, rechte Seite Endüberprüfung der fertigen Maschine (Weserflug).

Triebwerke und Rümpfe vor dem Zusammenbau.

Rechte Seite:
Oben links Reifendruckprüfung; rechts Fahrwerksverkleidung; unten Instrumentenbrett mit Steuerknüppel (Weserflug).

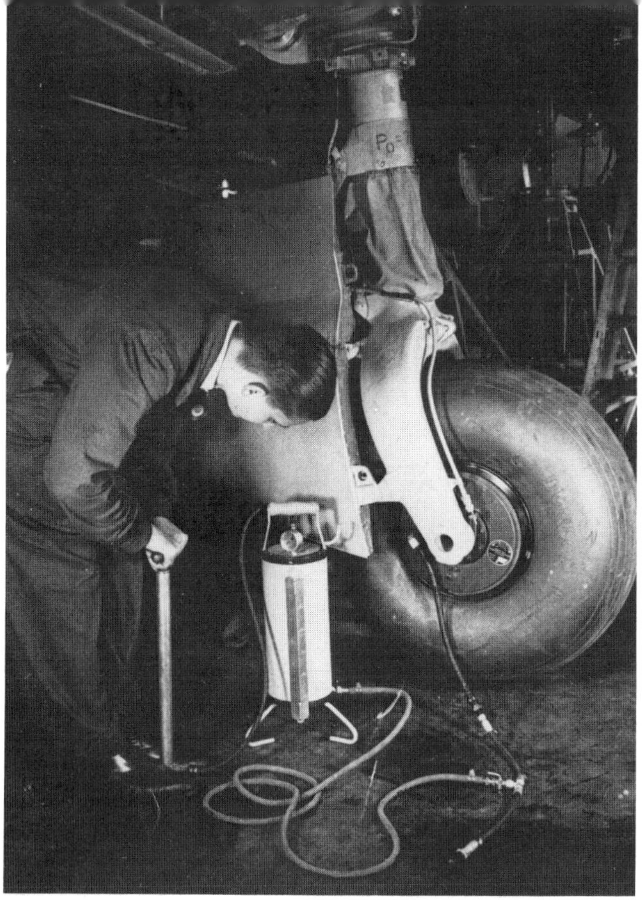

Achtung!

Erste Serienmaschinen Ju 87 B-1 aus der Junkersfertigung in Dessau.

Eine der ersten Maschinen aus der Vorserie Ju 87 B-0, D-IELX, vor dem Einflug auf dem Werkflugplatz in Dessau.

Die 29. Serienmaschine Ju 87 B-1 aus der Junkersfertigung.

Oben Ju 87 B-1 vor der Weserflug-Werkshalle in Bremen, darunter Einschießen der Bordwaffen auf dem Schießstand in Dessau.

Die ersten Ju 87 B-1 bei der Legion Condor in Spanien. An der Fahrwerksverkleidung ist die ›Jolanthe‹, das Wahrzeichen der Ju 87-Kette, erkennbar.

Oben die Ju 87-Kette in 4000 m Höhe über dem Ebro-Gebiet, darunter eine Ju 87 B-1 über dem Kampfraum Madrid.

Oben Ju 87 B-1 stürzt senkrecht auf ihr Ziel. Darunter Blick des Bordfunkers auf die über ihm zum Sturz ansetzende Nachbarmaschine (›Legion Condor‹).

In USA begann bei Douglas die Entwicklung des wahrscheinlich erfolgreichsten Sturzbombers überhaupt. Eine der letzten Arbeiten Jack Northrops für Douglas im Werk El Segundo in Kalifornien war die Entwicklung einer verbesserten Version der bereits erwähnten *BT-1,* der *XBT-2.* Die Maschine startete zum Erstflug im April 1938. Sie enthielt eine Reihe aerodynamischer Verbesserungen, darunter ein vollkommen einziehbares Fahrwerk. Dies war das Resultat umfangreicher Windkanalversuche mit Modellen im Langley Aeronautical Laboratory. Die Erprobung durch die US Navy begann im August 1938. Als Triebwerk diente ein Wright R-1820-38 von 1000 PS. Nach dem Ausscheiden Northrops wurde die Maschine in *SBD-1* umbenannt. Unter dieser Bezeichnung begann der Serienbau sofort nach der erfolgreich abgeschlossenen Marine-Erprobung. Bis Ende 1938 waren fünfzig Stück ausgeliefert. Als erster Verband erhielt die US Marine Squadron VMB-2, die zur II. Marine Aircraft Group in San Diego gehörte, neun *SBD-1* als Ersatz für ihre veralteten Great Lakes Doppeldecker *BG-1.* Die Auslieferung der *SBD-1* zog sich noch bis 1940 hin. Die gesamte Auslieferung dieser Serie ging an das US Marine Corps.

Über die Weiterentwicklung der SBD-Serien wird wieder ab 1941 zu berichten sein.

Am 8. Dezember 1938 lief in Kiel der deutsche Flugzeugträger ›Graf Zeppelin‹ vom Stapel. Damit ließ Hitler klar erkennen, daß die deutsche Flotte beabsichtigte, zumindest im Atlantik eine Rolle zu spielen. Wie ein deutscher Flottenverband mit einem Träger aus der Nordsee herauskommen sollte, in der eine qualitative und quantitative Überlegenheit der Royal Navy eine unbestreitbare Tatsache war, war wohl zu diesem Zeitpunkt noch niemandem klar.

Die Besetzung der Tschechoslowakei im März 1939 machte England und Frankreich klar, daß Hitlers territoriale Ansprüche nie enden würden. Am 31. März 1939 folgte die englisch-französische Garantieerklärung für Polen. Würde dies Hitler bremsen?!

In Frankreich hatte man die Ereignisse in Spanien besonders sorgfältig beobachten können. Die Nachrichten über die Wirkung der deutschen Sturzbomber wirkten beim französischen Heer und der Marine alarmierend. Nachdem man die Versuche mit den Einsitzern von Gourdou-Leseurre nur so am Rande betrieben hatte, wollte man jetzt auf dem schnellsten Wege eine solche Waffe haben. Bei Loire-Nieuport hatte man mit einem Jagdeinsitzer *Ni 160* einige Sturzversuche durchgeführt, die einigermaßen zufriedenstellend verlaufen waren. Jetzt entwickelte der Ingenieur Pillon auf der Basis der *Ni 160* einen einsitzigen Tiefdecker mit Knickflügel, ähnlich der *Ju 87*, Einziehfahrwerk und einfachem Leitwerk. Der Prototyp *LN 40* wurde im Juni 1938 fertiggestellt und ging dann zur Erprobung an die ›Aeronavale‹, das Fliegerkorps der französischen Marine. Man hatte es jetzt mit dem Sturzbomber so eilig, daß die Marine 36 Stück bestellte, die unter der Bezeichnung *LN 401* geliefert werden sollten. Die ›Armée de l'Air‹, die Heeresluftwaffe, bestellte am 3. Juli 1939 40 Stück, die als *LN 411* geliefert werden sollten. Der Unterschied zwischen *LN 401* und *LN 411* bestand darin, daß die *LN 401* als Trägerflugzeug Klappflügel und Landehaken hatte, die *LN 411* nicht. Während der Erprobung stellten sich erhebliche Schwierigkeiten heraus, die dazu führten, daß im Oktober 1939 die ›Armée d l'Air‹ ihre Bestellung an die Marine abtrat. Die Maschine war über die Längsachse so unstabil, daß am Leitwerk zwei zusätzliche Seitenflossen angebaut werden mußten. Die Grundversion besaß als Triebwerk einen Hispano-Suiza 12 XCRS mit einer Startleistung von 690 PS. Die Bewaffnung bestand aus zwei starren Motorkanonen Kaliber 20 mm und einer Bombenlast von 225 kg. Das Leergewicht betrug 2135 kg, das Fluggewicht 2823 kg. Die Höchstgeschwindigkeit lag bei 380 km/h, die Marschgeschwindigkeit bei 340 km/h. Es wurde eine Gipfelhöhe von 9500 m und eine Reichweite von 1200 km erflogen. Da der einzige französische Flugzeugträger ›Béarn‹ veraltet war und nicht in einem modernen Flottenverband verwendet werden konnte, wurden die ersten *LN 401* der Escadrille B 2 unter Cpt. L. V. Lorenzi überstellt, die zur Marinegruppe Nord gehörte und in Lanvéoc-Poulmic stationiert war.

In Italien hatte man sich, vom deutschen Verbündeten inspiriert, seit 1936 mit dem Sturzbomberproblem befaßt. Die Firma Savoia-Marchetti entwickelte einen zweimotorigen Mitteldecker in Holzbauweise, der als Triebwerk zwei Piaggio P. VII C. 16 von 500 PS erhielt. Diese *SM 85* war einsitzig. Der Pilot saß sehr weit vorn und hatte im Bug vor sich Fenster, um sein Ziel gut erkennen zu können. Als der Prototyp MM

Der französische Sturzbomber Loire-Nieuport LN 161 genügte den gestellten Anforderungen nicht.

Prototyp des Sturzbombers Loire-Nieuport LN 40.

LN 40 während der Truppenerprobung.

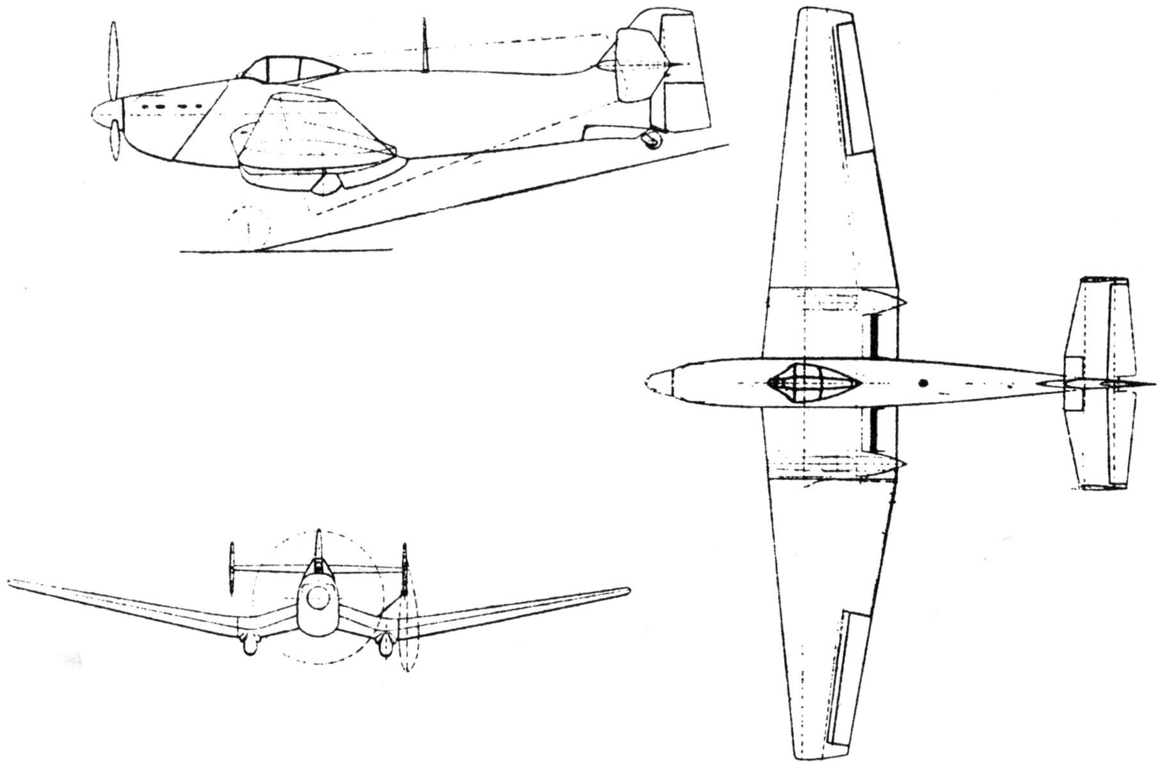

Seitenansicht des Loire-Nieuport LN 40, des einzigen französischen Sturzbombers, der im II. Weltkrieg zum Einsatz kam.

374 am 19. 12. 1936 in Vergisto mit Adriano Baoula am Steuer zum Erstflug startete, zeigte die Maschine gute Flugeigenschaften. Aber die Triebwerke erwiesen sich als zu schwach. Mit Müh und Not wurden 350 km/h erreicht. Die Steigfähigkeit war miserabel und die Flugzeit von maximal 45 Minuten unbefriedigend. Es sollten dann stärkere Walter-Motoren aus der Tschechoslowakei eingebaut werden. Dazu kam es aber nicht. So wurden die beiden Prototypen MM 374 und MM 385 und 32 Serienmaschinen sämtlich mit den 500 PS Piaggio-Motoren von März bis Dezember 1939 ausgeliefert. Savoia-Marchetti entwickelte inzwischen eine verbesserte Version *SM 86* mit Walter ›Sagitta‹ Motoren von 700 PS. Die 32 *SM 85* kamen Ende 1939 zur 96. Gruppe Autonomo Bombardamenta a tuffo unter Führung von Capt. Ercolani, die in Ciampino-Süd stationiert war. Von der *SM 86* ist nur ein Prototyp gebaut worden. Die *SM 85* konnte eine Bombenlast von 500 kg tragen, besaß aber als einzige Bewaffnung nur ein starres MG. Die Abmessungen von *SM 85* und *SM 86* waren sehr ähnlich: Spannweite 14,00 m, Länge 10,90 m, Höhe 3,35 m. Flächeninhalt 30,80 qm. Bei einem Leergewicht von 3357 kg betrug das Fluggewicht 5077 kg. Die Gipfelhöhe lag bei 6300 m.

In der Sowjetunion hat man sich anscheinend mit dem Sturzbomberproblem beschäftigt, denn in der Typenbezeichnung vor 1939 ist der Begriff »Pikirujuschtschi Bombardirowtschik« (Sturzbomber) verzeichnet. Über Versuche scheint man aber nicht hinweggekommen zu sein. Dagegen hat man in der Tschechoslowakei, wie nach der Besetzung durch deutsche Truppen festgestellt wurde, mit dem Jagdeinsitzer Avia *BH-534* übungsmäßig Sturzangriffe geflogen, wobei die Maschine bis zu vier 20 kg Bomben trug.

Oben tschechischer Jagdeinsitzer Avia BH 534 der 1. Serie. Darunter derselbe Typ mit geöffneter Waffenklappe für starres MG und aufgehängten Splitterbomben für Sturzbombenangriffe.

Der italienische Sturzbomber Savoia-Marchetti SM 85 wurde zwar in kleiner Serie gebaut, befriedigte aber nicht. Beide Bilder zeigen gut das große Bugfenster für gute Sichterkennung des Ziels durch den Piloten.

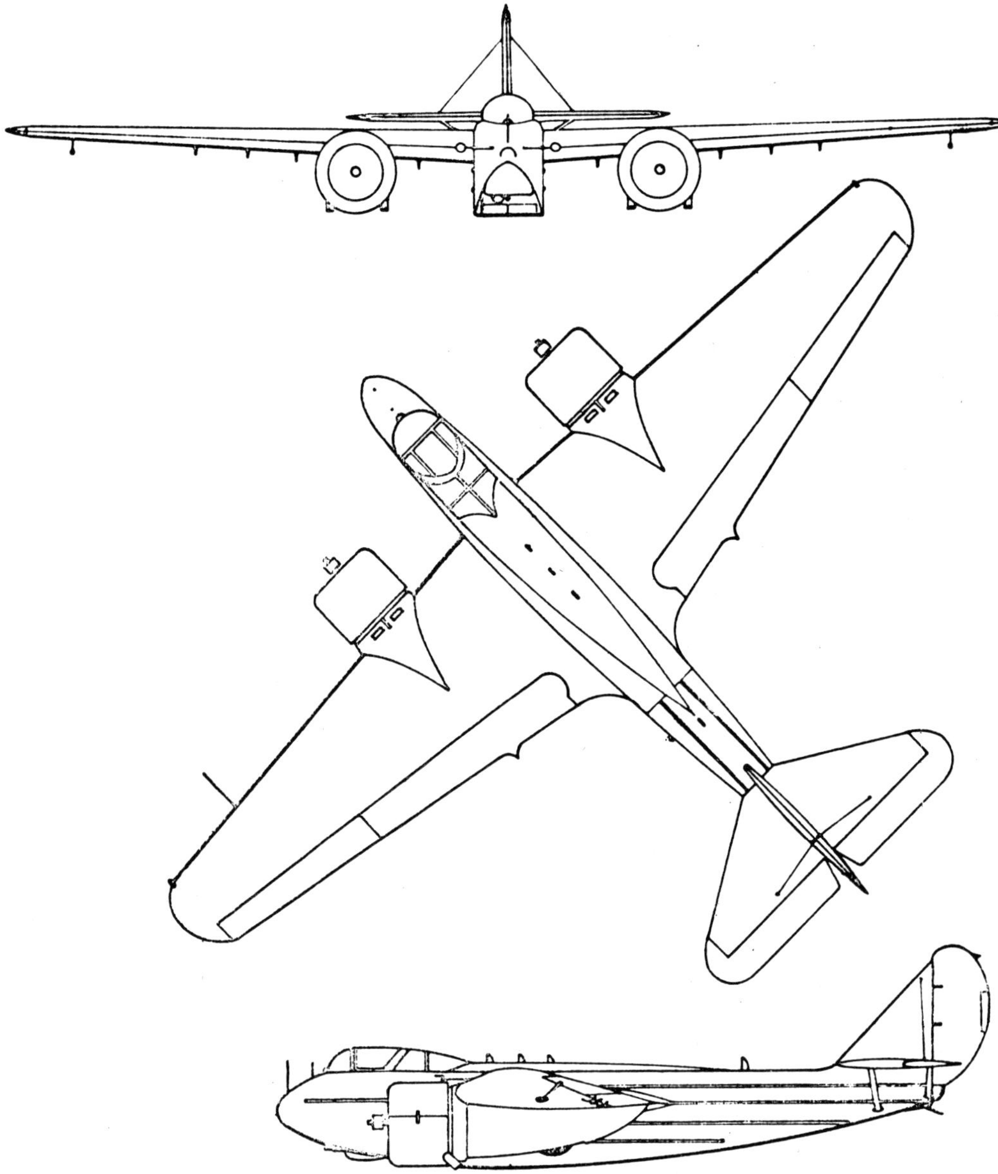

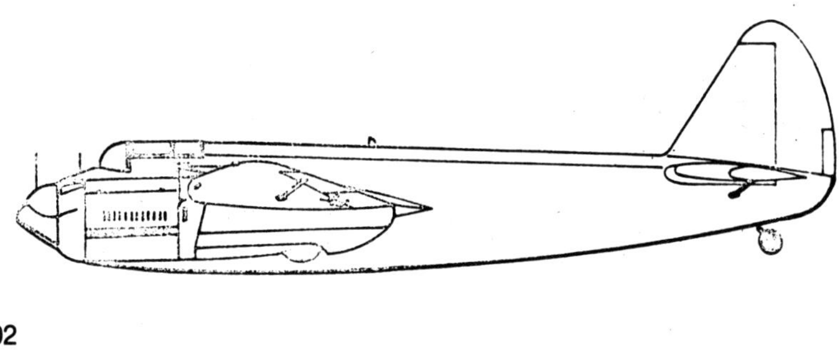

Dreiseitenansicht Savoia-Marchetti SM 85/86.

Rechte Seite:
Oben SM 85 mit geöffneten Bremsklappen, die als Sturzflugbremsen vorgesehen waren. Darunter die einzige Savoia-Marchetti SM 86.

VT

In Deutschland war der Ausbau der Stuka-Waffe weiter forciert worden. Udet war am 1. Februar 1939 zum Generalluftzeugmeister ernannt und damit Chef der gesamten deutschen Luftrüstung geworden. Es bestanden im März 1939 ein Sturzkampf-Geschwader mit drei Gruppen und weitere sechs selbständige Gruppen. Am 12. Mai 1939 startete die *Ju 87 V11*, Werknr. 4929, zum Erstflug. Zwischen dem 9. und 13. 6. 1939 fand dann das Planspiel für den Angriff auf Polen unter dem Tarnnamen »Generalstabsreise 1939« statt. Nach dieser ersten Planung sollten zwei Luftwaffenstäbe aufgestellt werden: Befehlshaber Ost und Chef der Luftflotte 1, dem die IV./LG 1, die II./StG 2 und die I./StG 1 unterstellt werden sollten. Dazu der Befehlshaber Südost und Chef der Luftflotte 4 mit der I./StG 77, II./StG 77, I./StG 76 und I./StG 2.
Die Sturzkampf-Gruppen waren alle auf *Ju 87 B* umgerüstet worden. Die *Hs 123* waren alle an das Lehrgeschwader 2 abgegeben worden und bildeten nun die IV./LG 2 mit drei Staffeln.
Bis zum 1. Juli 1939 standen dann einsatzbereit:

Stuka-Geschwader 2	Stab und I., II., III. Gruppe
Stuka-Geschwader 77	Stab und I., II. Gruppe
	I./StG 1
	III./StG 51
	I./StG 76
	IV.(Stuka)LG 1

Damit umfaßte die Stuka-Waffe neun Gruppen mit 27 Staffeln. Der Gesamtbestand an *Ju 87* bei Kriegsausbruch 31. 8. 1939 betrug 366 Maschinen. Dazu kamen noch vierzig *Hs 123* der IV./LG 2.
Wenn man berücksichtigt, daß Weserflug allein bis 31. 8. 1939 373 *Ju 87* ausgeliefert hatte, dann ist die Frage nach dem Verbleib der nachweislich fehlenden *Ju 87* berechtigt. Am 10. Juli 1939 war vom Chef des Ausbildungswesens die offizielle Einführungsmeldung für die *Ju 87 B-1* erfolgt. Kurz vor Ausbruch der Feindseligkeiten wurde die Stukawaffe von einer Katastrophe betroffen, die ihren Gegnern ein willkommenes Argument für die Untauglichkeit dieser Waffe lieferte, obwohl wie sich zeigte nur widrige Umstände an der Katastrophe die Schuld trugen. Am 15. 8. 1939 sollte die in Kottbus stationierte I./StG 76 unter Hauptmann Walter Sigel vor Verlegung auf die Einsatzplätze für den Feldzug gegen Polen auf dem Truppenübungsplatz Neuhammer Übungssturzangriffe mit Rauchbomben durchführen. Neben den Generalen Sperrle und Loerzer wollte Generalmajor von Richthofen, der seine Vorbehalte gegen den Sturzbomber noch nicht ganz abgebaut hatte, an der Vorführung teilnehmen. Richthofens Stab der ›Legion Condor‹ mit dem Stabschef Oberstleutnant Seidemann war nicht aufgelöst worden, sondern existierte unter der Bezeichnung ›Fliegerführer z. b. V.‹ weiter.
Der Wetterdienst hatte für das Zielgebiet Neuhammer gemeldet, daß zwischen 900 und 2800 m Höhe eine Bedeckung von 7/10 läge, daß darunter aber die Sicht gut sei. Hauptmann Sigel gab seinem Verband entsprechende Anweisungen. Die 1./StG 76 flog in Staffelkeil-Formation das Ziel befehlsgemäß in 5000 m Höhe an. Dann sollte die Wolkendecke im Sturzflug durchstoßen und der Bombenwurf in 300 m Höhe erfolgen. Während die 30 *Ju 87 B-1* unterwegs waren, änderte sich die Wetterlage vollkommen: über dem Ziel entwickelte sich dichter Bodennebel! Nun setzten die *Ju 87* zum Sturz an. Sigel, der als einer der ersten stürzte, erkannte in letzter Sekunde die veränderte Lage und versuchte seine Männer zu warnen. Er selbst konnte seine Maschine ganze zwei Meter über dem Boden hochreißen. Aber seine Warnung kam zu spät, eine Maschine nach der anderen bohrte sich mit nervenzerreißendem Heulen in den Boden. Die wenigen Flugzeugführer, die ihre Maschine noch hochreißen konnten, blieben teilweise in den Bäumen des angrenzenden Waldes hängen. Dreizehn *Ju 87* mit 26 Mann Besatzung fielen dieser Katastrophe zum Opfer. Die Gegner des Stuka behaupteten, die *Ju 87* sei zu wenig manövrierfähig gewesen, um dies zu vermeiden. Das stimmte nicht! Wenn sie nicht so manövrierfähig gewesen wäre, wären wahrscheinlich alle 30 Maschinen zerschellt!
Die Untersuchung des Vorfalls ergab, daß lediglich die Tatsache des sich schnell bildenden Bodennebels, dessen Existenz den im Fluge befindlichen Maschinen nicht mehr durchgegeben werden konnte, Ursache der Katastrophe gewesen war. Hauptmann Sigel, der im Kriege einer der besten Stuka-Kommandeure werden sollte, traf keinerlei Schuld. Was die von den Gegnern des Sturzbombers beanstandete mangelnde Manövrierfähigkeit angeht, so wird

Oben Männer des Bodenpersonals bei Inspection einer Ju 87 B-1. Unten Ju 87 B-1 kurz vor dem Start zum Übungsflug.

diese nicht nur durch die Stellungnahme ehemaliger Stuka-Piloten sondern auch durch die Stimme eines ehemaligen Gegners entkräftet. Pilot Officer G. R. S. McKay von der Royal Air Force hat zahlreiche Flüge mit einer erbeuteten *Ju 87* durchgeführt und bezeichnete ihre fliegerischen Eigenschaften als hervorragend. McKay schrieb in seinem Testbericht, die Maschine habe sich leicht und ohne körperliche Anstrengung fliegen lassen, ohne daß die Gefahr bestand sie zu übersteuern. Die Sichtverhältnisse aus der geräumigen Kabine seien sehr gut gewesen .Trotzdem habe die sehr leicht zu steuernde Maschine den Eindruck eines robusten und leistungsfähigen Flugzeugs hinterlassen.

Man kann also keinesfalls behaupten, daß die Luftwaffe mit einem nicht besonders leistungsfähigen Sturzbomber in den Zweiten Weltkrieg zog.

Der Ausbruch des Zweiten Weltkriegs stand nun dicht bevor. So ist es interessant, den Stand der Sturzbomberverbände zu vergleichen. In den USA verfügte nur die Marine über diese Waffe, denn die US Army Air Force kannte nur den ›Attacker‹, das Schlachtflugzeug.

Die amerikanischen Sturzbomber waren, wie folgt, verteilt:

Flugzeugträger	›Saratoga‹	19 SB2U-2	Sqd. VB 3
		21 SBC-3	VS 3
	›Lexington‹	19 SB2U-1/2	VB 2
		21 SBC-4	VS 2
	›Yorktown‹	22 BT-1	VB 5
		1 SBC-3	VB 5
		19 SBC-3	VS 5
	›Enterprise‹	17 BT-1	VB 6
		1 SBC-3	VB 6
		17 SBC-3	VS 6
Marine-Corps	Quantico	14 BG-1	VMB-1
		6 BG-1	VMS-1
	San Diego	7 BG-1	VMB-2
Gesamt		184 Sturzbomber	

Danach ergibt sich folgender Gesamtbestand an Sturzbombern bei Ausbruch des II. Weltkriegs:

Deutschland	406 (366 Ju 87 + 40 Hs 123)
USA	184
England	ca. 14
Frankreich	ca. 23
Italien	ca. 32
Japan	ca. 85

Es ist also klar zu ersehen, daß die deutsche Luftwaffe die stärkste Sturzbomberwaffe der Welt besaß, als der Überfall auf Polen begann.

Bei Kriegsausbruch verfügte die US-Navy über 54 SBC-3 und SBC-4, während das USMC nur eine Maschine dieses Typs in San Diego hatte.

Am Waldrand in Bereitstellung befindliche Ju 87 B-1 des Stuka-Geschwaders (StG) 1.

7. Der II. Weltkrieg bricht aus: Stuka über Polen

Für den Feldzug gegen Polen standen folgende Stuka-Verbände zur Verfügung:

Luftflotte 1 (Kesselring)	
1. Flieger-Division (Grauert)	II. und III./StG 2 IV. (St) LG 1 4./(Tr) 186
Luftwaffenkommando Ostpreußen (Wimmer)	I./StG 1
Luftflotte 4 (Löhr)	
2. Flieger-Division (Loerzer)	Kein Stuka-Verband
Fliegerführer zbV (Richthofen)	StG 77 I./StG 76 II. (Schlacht) LG 2

Wie wichtig man die Stuka-Waffe bei der deutschen Führung ansah, geht bereits daraus hervor, daß der erste Bombenangriff des Zweiten Weltkriegs von der Stuka-Waffe durchgeführt werden sollte. Um die Vereinigung der Heeresgruppe Nord (v. Bock) mit der Heeresgruppe Süd (v. Rundstedt) zu beschleunigen, war die Einnahme der Eisenbahnbrücke über die Weichsel bei Dirschau von ausschlaggebender Bedeutung. Ein Panzerzug sollte zu der Brücke vorstoßen, um deren Sprengung durch die Polen zu verhindern. Da der Panzerzug gewisse Zeit zum Durchbruch brauchte, sollten Stuka die Punkte bombardieren, von denen aus die Zündung der Sprengladungen vermutet wurde. Die 3. Staffel des Stuka-Geschwaders 1 unter Oberleutnant Bruno Dilley war für die Durchführung dieser Aufgabe vorgesehen worden. Die Staffel hatte den Punktzielwurf mehrere Tage lang bei Insterburg in Ostpreußen geübt.

Am 1. September 1939 morgens um 4.26 Uhr startete Dilley mit drei Maschinen .Im Tiefflug ging es durch Nebel und Wolken, denn das Wetter war äußerst ungünstig für die Unternehmung. Als die Weichsel erreicht war, gingen die drei *Ju 87* auf Nordkurs und flogen den Fluß entlang bis zu den Brücken. Um 4.35 Uhr klinkten die Flugzeugführer die Bomben in nur zehn Meter Höhe über dem Ziel aus. Der Zweite Weltkrieg hatte begonnen. Das Ziel wurde zwar getroffen, aber die Polen hatten bis zum Eintreffen des Panzerzugs doch noch Zeit, die Zündleitungen zu flicken. Aber nur eine Brücke flog in die Luft, die andere blieb unversehrt und konnte von dem Panzerzug genommen werden. Die Stuka hatten aber auf jeden Fall ihre Treffsicherheit bewiesen, die mit normalen Bomben im Horizontalwurf niemals erreicht werden konnte.

Die I./StG 1, zu der Dilleys Staffel gehörte, flog noch am selben Tag Angriffe gegen die Warschauer Rundfunksender Babice und Lacy, aber ohne Erfolg. Es erwies sich als unmöglich, die Sendemasten zu treffen. Die Betonsockel der Mastfundamente hielten die Bombendetonationen aus. Im Norden konzentrierten sich die Angriffe der Sturzkampfverbände gegen die polnischen Häfen und die dort liegenden polnischen Kriegsschiffe. Hier führten die Angriffe der II. und III./StG 2 ›Immelmann‹ der IV. (Stuka) LG 1 und der Trägerstaffel 4./186 erfolgreiche Angriffe durch: In Gdingen wurde das Torpedoboot ›Mazur‹ versenkt. Die Uboote ›Rys‹ und ›Sep‹ wurden beschädigt, die Kanonenboote ›General Haller‹ und ›Kommandant Pilsudski‹ wurden versenkt, dazu die Minensucher ›Jaskolka‹ und ›Czapla‹ und mehrere Hilfsfahrzeuge. Die polnische Luftwaffe wurde weitgehend durch Bombardierungen der Flugplätze ausgeschaltet. Die I./StG 2 unter Major Dinort pflüg-

Letzte Stunden vor Beginn des Angriffs auf Polen auf Einsatzplätzen deutscher Stuka-Verbände. Unten der Bombenladewagen.

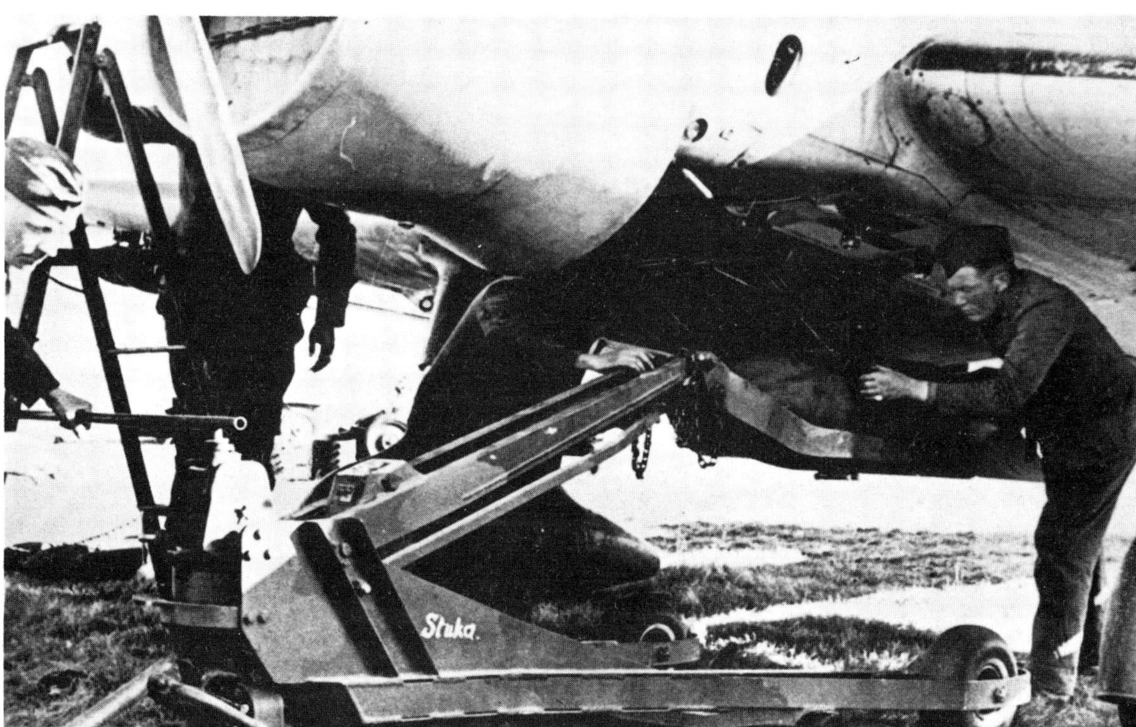

1. September 1939: Eine Stukakette auf dem Weg zu Zielen in Polen.

Stuka-Geschwader 1: Die 2. Staffel startet zum Feindflug. Darunter eine Maschine des Geschwaders, vom Nachbarflugzeug aufgenommen.

In den ersten Tagen des Feldzuges gegen Polen starteten die Stukas fast pausenlos vom frühen Morgen bis in die Dämmerung.

Oben Bombenkrater in einer polnischen Stadt. – Unten Volltreffer auf die Brücke, aber die nächste Bombe traf den Bauernhof daneben.

Stuka-Geschwader 2 ›Immelmann‹: Oben Ju 87 des Geschwaderstabes, darunter eine andere Maschine des Geschwaders abgedeckt in Erwartung des nächsten Einsatzes.

Die Zerstörung der polnischen Nachschublinien war eine wichtige Aufgabe der Stukas, die sie, wie die Bilder zeigen, ausgezeichnet lösten.

te den Flugplatz Krakau geradezu um. Wo sich polnischer Widerstand bildete, wurde er blitzartig von den Stukaverbänden zerschlagen. Die wieder aufgefüllte I./StG 76 zerschlug die befestigten Stellungen bei Wielun, die I./StG 77 bei Lublinitz. Ein wahres Gemetzel richtete die I./StG 2 unter einer polnischen Kavalleriebrigade an, die zur Attacke gegen deutsche Heeresverbände bei Wielun anreiten wollte. Was Dinort's Stuka übrig gelassen hatten, erfaßten 30 *Ju 87* der I./StG 77 unter Oberstleutnant Schwarzkopf. Am 2. September setzten sich diese Angriffe fort. Am 3. September erwies sich ein Angriff zweier deutscher Zerstörer gegen die letzten polnischen Kriegsschiffe als wirkungslos. Daraufhin wurden Stuka angefordert. Aber nur die 11 *Ju 87 B* der 4./186. waren noch verfügbar, alle anderen Stukaverbände wurden beim Heer gebraucht. Sie griffen an. Eine *Ju 87* wurde von polnischer Flak abgeschossen, aber die beiden letzten polnischen Schiffe, der Minenleger ›Gryf‹ (2250 t) und der Zerstörer ›Wicher‹ (1520 t) wurden vernichtet.

Trotz des verzweifelten Widerstands der Polen, die immer noch eine Hilfe von seiten Englands und Frankreichs erhofften, drangen die deutschen Truppen, unterstützt von ihrer fliegenden Artillerie, den Stuka, unaufhaltsam weiter vor. Als dann die Sowjets den Polen noch in den Rücken fielen, war das Ende Polens nicht mehr aufzuhalten. Der Ring der deutschen Truppen um Warschau schloß sich bald. Am 24. September begann dann das Bombardement Warschaus durch etwa 240 Stuka und Transportflugzeuge *Ju 52*, um den Sturm der 10. Armee und der 3. Armee vorzubereiten. Da die Stuka keine Brandbomben werfen konnten, wurden aus den seitlichen Ladeluken der *Ju 52* die Brandbomben ziellos auf die unglückliche Stadt geworfen. Am 25. 9. wurden 72 t Brandbomben und 486 t Sprengbomben auf Warschau geworfen. Am 28. 9. kapitulierte Warschau, am 29. 9. die Festung Modlin, am 1. Oktober die polnischen Marineverbände auf Hela und am 6. Oktober 1939 der Rest. Der »Blitzkrieg« in Polen war beendet. Der Sturzbomber hatte seine Probe bestanden. Eins stand fest: die Zielsicherheit war bedeutend größer als beim Horizontalbomber. Die *Ju 87* hatte sich in ihrer Konstruktion als besonders widerstandsfähig und robust erwiesen. Es war manchmal wirklich ein Wunder, wenn die von Flaksplittern zerfetzten Maschinen mit teilweise abgerissenen Leitwerken und riesigen Löchern in den Tragflächen zurückkehrten. Die gefälschten Aufnahmen der deutschen Propaganda von *Ju 87* mit angeblich abgeschossenen Fahrwerken, in Wahrheit retouchierte Aufnahmen aus Spanien, wären wirklich nicht notwendig gewesen.

Für die Stuka trat nun eine Ruhepause ein, die zur Auffrischung des Personals und zu Ergänzung und Ersatz der beschädigten Flugzeuge benutzt wurde. In Dessau arbeitete man inzwischen an der Weiterentwicklung der *Ju 87*. Insbesondere war man sich klar, daß die Reichweite vergrößert werden mußte. So entstand die Version *Ju 87 R-1*, die auf jeder Seite einen 300 Liter-Zusatzbehälter unter der Tragfläche erhielt, der im Notfall abgeworfen werden konnte. Dadurch wurde der Treibstoffvorrat von 480 auf 1080 Liter erhöht, was eine Verlängerung der Reichweite auf 1250 km bedeutete.

Außerdem arbeitete man an einer verbesserten *Ju 87 B*, der Version B-2. Diese erhielt den 1200 PS Jumo 211 D, die Zelle wurde weiter strukturell verstärkt, die Ablenkgabel für die Bombe unter dem Rumpfträger wurde vergrößert, um größere Kaliber werfen zu können. Die Rumpflängsträger wurden verstärkt. Dadurch stieg das Rüstgewicht auf 3190 kg und das Abfluggewicht auf 4330 kg. Die Reichweite ging auf 750 km zurück. Bei Weserflug lief die Produktion reibungslos weiter. Vom 1. 9. bis 31. 12. 1939 wurden 204 *Ju 87 B* ausgeliefert, so daß die Jahresproduktion 577 Maschinen betrug. Eine *Ju 87 R-2* mit zwei 300 Liter-Zusatztanks befand sich bereits in der Erprobung. Die Version C-1 mit Klappflügel und Landehaken für den Trägereinsatz wurde arbeitsmäßig vorbreitet, ist aber nie durchgeführt worden. Die bereits erwähnte Trägergruppe 186 flog normale *Ju 87 B-1*.

Rechte Seite:
Das obere Bild wurde von der deutschen Propaganda als Beweis veröffentlicht, wie widerstandsfähig die Stukas waren. Darunter das echte unretouchierte Bild, das 1939 noch in Spanien aufgenommen worden war.

Die einzige Junkers Ju 87 C, die für den Einsatz auf dem Flugzeugträger *›Graf Zeppelin‹* vorgesehen war, der aber nie fertiggestellt wurde.

Junkers Ju 87 C mit beigeklappten Tragflächen. Der Landehaken am Heck ist gut zu erkennen.

Ju 87 B-2 der Träger-gruppe 186.

Tr.Gr. 186: Einteilung zum technischen Dienst.

Schulbetrieb bei der Tr.Gr. 186. Im Hintergrund eine Do 17 der Gruppe.

Ju 87 B-2 mit Abzeichen der Tr.Gr. 186.

8. Frankreich braucht Sturzbomber. Weserübung

Die Berichte über die Erfolge der Stuka drangen natürlich auch ins Ausland. Es ist aber interessant, daß vor dem Westfeldzug 1940 nur Frankreich Konsequenzen aus diesen Berichten zog. Eine französische Einkaufskommission fuhr in die USA, dem einzigen Land, das außer Deutschland Sturzbombererfahrung besaß. In den USA war man aber nicht gewillt, modernstes Material auszuführen, so bot man den Franzosen die reichlich vorhandenen Curtiss *SBC-3* an, die zum Teil durch *SBC-4*, teils aber auch durch die moderneren Vought *SB2U-1/2* ersetzt werden sollten. Neunzig *SBC-3* und *SBC-4* wurden an die Franzosen verkauft. Die Maschinen wurden überholt und erhielten französischen Flugzeuganstrich und wurden zur Abholung bereit gestellt. Der alte französische Flugzeugträger Béarn sollte sie abholen. Dazu sollte es aber nicht mehr kommen.

Nach dem Cossack-Zwischenfall vom 16. 2. 1940 war klar zu erkennen, daß Großbritannien jederzeit bereit war, die norwegische Neutralität beiseite zu fegen. Fünf Tage später wurde General von Falkenhorst zum Leiter eines Arbeitsstabes ›Weserübung‹ ernannt. Am 1. März unterzeichnete Hitler die erste operative Weisung für die Besetzung Dänemarks und Norwegens. Am 26. 3. besprach Hitler mit Großadmiral Raeder das Unternehmen ›Weserübung‹, die Landung in Dänemark und Norwegen noch vor dem Westfeldzug durchzuführen. Am 7. April 1940 liefen die ersten Kriegsschiffgruppen zur ›Weserübung‹ aus, die am 9. 4. begann.

Den ersten Stuka-Angriff flog die I./StG 1 von Kiel-Holtenau aus. Der heftige Widerstand der Norweger bei der Einfahrt in den Oslo-Fjord konnte nicht gebrochen werden. Um 10.59 Uhr erhielt Hauptmann Hozzel den Befehl, mit seinen Stuka die Festungsgeschütze von Akerhus und Oskarsborg niederzukämpfen. Dreißig *Ju 87 R-1* stürzten sich auf die angegebenen Ziele. Der größte Teil der Geschütze konnte zum Schweigen gebracht werden. Zwischen dem 16. und 19. April fanden dann die alliierten Landungen im Raum Namsos und Andalsnes statt. Die I./StG 1 wurde nach Oslo verlegt und flog von dort Einsätze gegen vereinzelte Widerstandsnester in diesem Raum. Bald wurde die Gruppe dann weiter nach Norden nach Stavanger verlegt. Die Norweger verteidigten den Platz hartnäckig und konnten erst durch Fallschirmjäger niedergekämpft werden. Die Männer der I./StG 1 wurden im Strandhotel untergebracht, in dem vorher englische Offiziere gewohnt hatten, die ihre gepackten Koffer der Eile halber nicht mehr hatten mitnehmen können. Bereits am nächsten Tag flog die Gruppe einen Einsatz im Raum Bergen. Dann ging es zurück nach Drontheim. Von hier aus flogen die *Ju 87 R-1* teilweise bis nach Narvik, daneben aber auch bewaffnete Aufklärung über der Nordsee. Eine Staffel unter Leutnant Schiller traf dann auf einem solchen Flug etwa 100 km nordwestlich von Drontheim einen englischen Zerstörer. Schiller stürzte als erster, gefolgt von Feldwebel Reisner, dessen Bombe dicht neben der Bordwand saß. Der dritte Mann, Unteroffizier Wenzel, konnte dann seine Bombe genau auf den Zerstörer setzen, der schnell sank.

Aber auch die anderen Maschinen der I./StG 1 konnten ähnliche Erfolge verbuchen. Die tief eingeschnittenen Fjorde, in denen die englischen und französischen Schiffe operieren mußten, entwickelten sich zu wahren Todesfallen.

Die Zerstörer und Fla-Korvetten waren den Angriffen der Stuka, die Hauptmann Hozzel sehr geschickt einsetzte, trotz ihrer Fla-Waffen nahezu schutzlos

Weserübung 1940: Für den Norwegen-Einsatz wurden die mit zwei 300-Liter-Zusatzbehältern Ju 87 R-1 eingesetzt. Maschinen der 1./StG.1 in Oslo-Fornebu.

Weserübung: Ju 87 R-1 der I./StG 1 auf dem Flugplatz Varnes im April 1940. Auf der unteren Aufnahme auch Ju 52, die für Nachschub sorgten.

Oben Ju 87 R-1 der I./StG 1 landet nach dem Einsatz in Varnes, Mai 1940. Unten: Diese Ju 87 der I./StG 1 wurde am 2. 6. 1940 über dem Beisfjord bei Narvik von englischer Flak abgeschossen.

Auf dringende Bitte Frankreichs stellte die US-Navy Anfang 1940 größere Stückzahlen Curtiss SBC-4 bereit. Auf dem unteren Bild werden SBC-4 für die Abgabe an Frankreich vorbereitet.

Unten: Ein Teil der SBC-4 hatte, wie man sieht, schon französischen Tarnanstrich erhalten. Zur Ablieferung kamen sie nicht mehr. England übernahm die Maschinen. Oben: Eine SBC-4, nunmehr ›Cleveland‹ genannt, der Royal Navy.

ausgesetzt. Es stellte sich heraus, daß es sich bei dem von der Kette unter Leutnant Schiller versenkten Schiff um den britischen Zerstörer ›Afridi‹ der Tribal-Klasse (1820 t), ein Schwesterschiff der ›Cossack‹ gehandelt hatte. Der Zerstörer gehörte zu einem Konvoy mit Geleitschutz, der am 3. Mai von der Gruppe Hozzel gefaßt wurde. Der französische Zerstörer ›Bison‹ (2435 t) wurde in Brand geworfen und mußte versenkt werden. ›Afridi‹, Führerschiff der 4. Destroyer-Squadron hing etwas zurück und wurde dann von Schillers Kette gefaßt. Es sollten nicht die letzten Opfer von Hozzels Gruppe sein. Am 5. Mai tauchte der ehemalige polnische Zerstörer ›Grom‹ und der Flottillenführer ›Faulknor‹ vor Narvik auf und begannen die deutschen Stellungen zu beschießen. Die Gruppe Dietl forderte Stuka an. Die ›Grom‹ erhielt einen Volltreffer auf die Torpedorohre. Die Torpedos gingen hoch und zerrissen das Schiff, das mit 65 Mann unterging. Die ›Faulkner‹ entkam und nahm die Überlebenden der ›Grom‹ an Bord. Aber auch die mit acht 10,2 cm Flak und einem 4 cm Flak-Vierling ausgerüsteten Geleitboote der ›Black Swan‹-Klasse (1250 t) erwiesen sich gegen die Stuka als ungenügend bewaffnet. Die ›Black Swan‹ selbst wurde am 26. und 27. April laufend von Stuka angegriffen, erhielt einen Volltreffer, konnte aber schwer beschädigt entkommen. Das Schwesterschiff ›Bittern‹ wurde am 30. April so schwer getroffen, daß es vom Zerstörer ›Juno‹ versenkt werden mußte. Anfang Juni verließen die letzten englischen und französischen Truppen Norwegen.

So erfolgreich die deutschen Sturzbomber waren, so wenig erfolgreich waren ihre englischen Gegenspieler, die Blackburn ›Skua‹. Sie waren auf den Flugzeugträgern HMS ›Ark Royal‹ und ›Glorious‹ eingesetzt, aber auch im äußersten Norden der schottischen Küste waren ein oder zwei Squadrons stationiert. Da aber ihre Ziele immer an den Grenzen ihrer Reichweite lagen, war die Kampfreserve zu gering, um wirklich effektiv angreifen zu können. Viele ›Skua‹ erreichten ihren Absprungplatz wegen Treibstoffmangel nicht mehr und gingen über der Nordsee verloren. Einen der längsten Flüge führten zwei Verbände von je zwölf ›Skua‹ am 10. April 1940 aus. Die Maschinen waren auf den Orkney-Inseln gestartet und griffen das bereits einen Tag vorher von den Deutschen besetzten Bergen an. Von den Trägern aus wurden hauptsächlich Angriffe gegen Stavanger, Drontheim und Narvik geflogen. Hierbei machte sich immer wieder die geringe Bombenkapazität und die Triebwerksschwäche unangenehm bemerkbar. So wurden die ›Skua‹ bereits 1940 aus dem Frontdienst gezogen und dienten nur als Übungsflugzeuge bei den Fliegerschulen der Royal Navy.

Ähnlich erging es den ›Chesapeake‹ des Fleet Air Arm. Bei diesem Typ handelt es sich um den amerikanischen Sturzbomber Vought *SB2U-2*, der bereits geschildert wurde. Wenn dieser Typ auch kein besonders erfolgreiches Flugzeug war, so stellte er doch gegenüber der ›Skua‹ eine erhebliche Verbesserung dar. Von diesem Typ bestellte die französische Aero-Navale eine nicht genau bekannte Stückzahl, die wie die Curtiss *SBC-4* überholt und mit französischem Anstrich versehen werden sollten. Beide Bestellungen wurden nach dem Zusammenbruch Frankreichs von Großbritannien übernommen. Die Curtiss *SBC-4* wurde zur ›Cleveland‹, und die Vought *SB2U-2* zur ›Chesapeake‹. Sie wurden an England mit englischer Bewaffnung und Funkausrüstung geliefert. Beide Typen erwiesen sich aber bereits 1940 für den Frontdienst gegen Deutschland als unzureichend und wurden nur bei Schulverbänden verwendet. Dies hatte auch seinen Wert, denn dafür wurde in England Lieferkapazität für das Jäger-Programm Lord Rothermeres frei.

Rechte Seite:
Auch die von Frankreich bestellten Sturzbomber SB2U-1 übernahm die Royal Navy. Oben SB2U-1 des USMC, darunter derselbe Typ als ›Chesapeake‹ der Royal Navy.

U.S.MARINES

9. Feldzug im Westen: Triumph der Stuka

In der Nacht vom 9. zum 10. Mai 1940 legten deutsche Flugzeuge Minensperren vor der belgischen und holländischen Küste. Dies war der Auftakt zur deutschen Offensive im Westen, die am 10. Mai 1940 morgens um 5.35 Uhr begann. Im Rahmen der drei Heeresgruppen A, B und C waren die Luftflotten 2 (Kesselring) im Norden und 3 (Sperrle) eingesetzt, die über insgesamt 3834 Flugzeuge verfügten. Davon waren 1482 Bomber, hiervon 320 Stuka. Die verbündeten englischen und französischen Luftstreitkräfte verfügten über insgesamt 2372 Flugzeuge. Dazu kamen noch 132 holländische und 180 belgische Flugzeuge, so daß die Gegner insgesamt über 2584 Flugzeuge verfügten. Die deutsche Luftüberlegenheit war also gegeben. Zwei Faktoren waren für einen schnellen Erfolg maßgebend: Die Bomber- und Stuka-Verbände der Luftflotte 2 waren von Generalleutnant Keller, einem alten Nachtflugspezialisten aus dem I. Weltkrieg, für Nachtstart im Verband getrimmt worden. Dadurch konnten die deutschen Bomber und Stuka bereits im ersten Morgengrauen über den belgischen und holländischen, z. T. auch über den französischen Flugplätzen erscheinen und jede aktive Luftverteidigung im Keim ersticken. Nur wenige Flugzeuge kamen dort überhaupt noch vom Boden weg. Dies war aber nur für den Anfangserfolg entscheidend. Wesentlicher war, daß aus dem in Polen eingesetzten Verband des ›Fliegerführers zbV‹ das VIII. Fliegerkorps unter Wolfram von Richthofen entstanden war, das mit seinen massierten Stuka-Verbänden immer an den Schwerpunkten der Offensive eingesetzt wurde und jeden feindlichen Widerstand zerbrach. Das Heulen der Motoren und der Flugzeugsirenen, der Erfindung Udets, wurde zum Signal für den Zusammenbruch der Verteidigung und den Durchstoß der deutschen Panzerdivisionen durch die gegnerischen Stellungen. Das StG 2 ›Immelman‹ zerschlug belgische Truppenansammlungen, die zum Gegenangriff bereitgestellt worden waren. Bei Moerdijk unterstützten Stuka die Operationen der Fallschirmjäger. Vor Walcheren wurde der holländische Zerstörer ›Jan van Galen‹ durch Stuka vernichtet. Am 14. Mai wurde das Kanonenboot ›Johan Maurits van Nassau‹ vor dem Zuiderseedeich vernichtet. Ebenfalls in Holland wurde das englische Flak-Geleitboot ›Valentine‹ außer Gefecht gesetzt. Am 16. und 17. ereilte die Schwesterschiffe ›Winchester‹ und ›Westminster‹ das gleiche Schicksal. Am 19. Mai folgte die ›Whitley‹.

Das VIII. Fliegerkorps aber schlug eine Bresche nach der anderen für die Panzerdivisionen der Generale Guderian und Reinhardt. Die Stuka flogen bis zur Erschöpfung von Menschen und Maschinen. Ein Beispiel gab das StG 77 am 13. Mai. Oberst Schwarzkopf flog mit seinen Männern an diesem Tage 200 Einsätze im Raum Donchery. Am 14. Mai ging die 2. Panzerdivision über die Maas. Und wie sah es bei den französischen Sturzbombern aus? Sie gingen einen Opfergang. Am 10. Mai stand die Marine-Escadrille AB 2 mit zwölf Loire-Nieuport *LN 401* in Berck fertig zum Einsatz, die AB 4 mit neun *LN 411* in Cherbourg-Querqueville. Drei Flugzeuge wurden noch am 12. Mai ausgeliefert. Die Ereignisse der ersten Tage des deutschen Angriffs führten dazu, daß die ›Armée de l'Air‹ die Marine um Hilfe bat. So erhielten die AB 2 und die mit Vought *SB2U-2* ausgerüstete AB 1 den Auftrag, die Brücken und Schleusen bei Walcheren und in Zuid-Beverland zu zerstören. Curtiss *H 75* und Poetz *P 631* gaben Geleitschutz. Die Unternehmung wurde ohne jede deutsche Gegenwehr erfolgreich durchgeführt. Dieser

Das unstabile Verhalten des Sturzbombers Loire-Nieuport LN 40 zwang zum Einbau zusätzlicher vertikaler Seitenflossen am Leitwerk. In dieser Ausführung kam die LN 40 zum Einsatz.

Startbereite LN 40 der Escadrille AB 2, darunter Kopfstand einer LN 40 nach deutschem Stukaangriff auf französischen Flugplatz.

Weserflughalle 1 des Bremer Werks nach einem britischen Luftangriff am 30. Juni 1940. Die Splitterwirkung auf die im Bau befindlichen Ju 87 war verheerend.

Angriff vom 16. 5. wurde am nächsten Tag von den beiden Staffeln wiederholt. An diesem Tag stürzte am Morgen eine *LN 411* der AB 4 ins Meer. Es war der erste Totalverlust der AB 4. In der folgenden Nacht griffen drei *LN 401* wieder Walcheren an. Dabei wurde eine Maschine von deutscher Flak abgeschossen.
Am 19. 5. erreichte die Panzergruppe Kleist Abbéville. Das Drama von Dünkirchen warf seine Schatten voraus. An diesem Tag flogen zwanzig *LN 401* und *LN 411* der AB 2 und AB 4 zum Angriff auf deutsche Panzerverbände bei Berlaimont in der Nähe von Aulnoye. Es kam zu einer Katastrophe, da der erbetene Jagdschutz nicht zur Stelle war. Zehn Maschinen, meist *LN 411*, wurden abgeschossen. Zwei Besatzungen fielen, das Schicksal der anderen ist unbekannt.
Am nächsten Tag wurde es noch schlimmer. Am Morgen traf in Berck, wo die AB 2 und AB 4 stationiert waren, der Befehl ein, alle verfügbaren Flugzeuge auf die Brücke bei Origny-Sainte-Benoite, die über den Oise-Sambre-Kanal führte, anzusetzen. Es war nicht mehr viel verfügbar. Ganze drei *LN 401* standen noch einsatzbereit. Dazu kamen noch 11 Vought. Eine englische ›Hurricane‹-Squadron sollte den Geleitschutz übernehmen. Die ›Hurricane‹ kamen nicht, die schnelleren Vought flogen weiter, gerieten aber einer deutschen Staffel von zwölf *Bf 109E* in die Fänge. Fünf Vought wurden sofort abgeschossen, zwei weitere wurden beschädigt. Nur zwei entkamen dem Massaker und warfen ihre Bomben ohne Erfolg auf Origny. Die Messerschmitt *Bf 109E* waren schon abgeflogen, als endlich die armen drei *LN 401* über Origny ankamen. Die drei stürzten sich auf das Ziel. Der Marine-Flugmeister Hautin konnte die Brücke zum Einsturz bringen, wurde aber von leichter Flak abgeschossen. Es gelang ihm, der Gefangenschaft zu entgehen und die französischen Linien zu Fuß zu erreichen. Die beiden anderen Maschinen kehrten beschädigt nach Berck zurück. Ergebnis der beiden Unternehmungen: bei 23 Einsätzen 11 Maschinen abgeschossen, elf weitere schwer beschädigt! Ähnlich verliefen auch die weiteren Einsätze der französischen Sturzbomber. Es wurde laufend weiter nach Süden verlegt. Die *LN 401* und *LN 411* wurden dann gegen die Italiener eingesetzt und gingen zum Teil in den Alpen verloren. Am 23. Juni erhielten die restlichen Besatzungen Befehl, sich über Korsika nach Bône in Nordafrika abzusetzen. Nicht alle kamen an. Am 14. Juli 1940 existierten noch zwölf Maschinen. Dann wurden AB 2 und 4 auf *Martin 167* umgerüstet und die 12 Maschinen in Karouba abgestellt. Dort wurden sie am 8. November 1942 während der alliierten Landungen in Nordafrika durch Bomben zerstört.
Das Ergebnis des Norwegen- und des Frankreich-Feldzuges war für die Alliierten deprimierend: Weder die französischen noch die englischen Sturzbomber hatten sich als wirksame Waffen bewährt. Es gab nur noch deutsche und amerikanische Sturzbomber.
Der Siegeszug der deutschen Stuka aber setzte sich unaufhaltsam fort. Am 27. Mai begann die Operation ›Dynamo‹, die Evakuierung der englischen Truppen aus dem Kessel bei Dünkirchen. Bereits am 23. 5. waren die I. und III. Gruppe des StG 2 ›Immelmann‹ unter Hauptmann Hitschhold und Hauptmann Brücker mit zusammen 40 Maschinen auf die Schiffe vor der Küste angesetzt worden. Am 26. Mai war Calais Schwerpunkt der deutschen Stuka-Angriffe. Das StG 77 unter Major Graf Schönborn und das StG 2 unter Major Dinort griffen an, dann nahm die 10. Panzerdivision Calais. Auch die Angriffe auf die Schiffe vor der Küste waren erfolgreich, brachten aber auch den Verlust von acht *Ju 87*. Der Zerstörer ›Wessex‹, das Geleitboot ›Vimiera‹ und der ehemalige polnische Zerstörer ›Burza‹ gingen verloren. Das französische Kanalschiff ›Côte d'Azur‹ wurde durch Stuka versenkt. Am 27. und 28. behinderte schlechtes Wetter die Lufteinsätze. Aber am 29. 5. setzte das große Schiffsterben bei Dünkirchen ein: der französische Zerstörer ›Grenade‹ wurde von Bomben geradezu zerrissen, ›Mistral‹ wurde schwer beschädigt. Der ganz neue englische Zerstörer ›Jaguar‹ wurde schwer beschädigt, ebenso das Geleitboot ›Verity‹. Die Trawler ›Calvi‹ und ›Polly Johnson‹ wurden versenkt. Zwei Raddampfer ›Fenella‹ und ›Crested Eagle‹, mußten wegen schwerer Treffer aufgegeben werden. Es folgten am 1. Juni das Minenräumboot ›Skipjack‹ und der Zerstörer ›Keith‹. Ihnen folgte der Zerstörer ›Basilisk‹, ›Ivanhoe‹ wurde beschädigt, das Kanonenboot ›Mosquito‹ versenkt, es folgte der Zerstörer ›Havant‹. Als dann die Transporte auf die Nacht verlegt wurden, blieben die Evakuierungsschiffe unbelästigt. Der deutsche Vormarsch in Frankreich ging nun weiter. Immer wieder zerschlu-

Feldzug im Westen 1940: Oben das Bodenpersonal arbeitete fast pausenlos, um die Maschinen für den nächsten Einsatz fertig zu machen. Unten: Bei den laufend notwendigen Verlegungen hingen die Besatzungen die Kisten mit ihren eigenen Sachen einfach in den Bombengehängen auf und flogen damit zum nächsten Einsatzhafen.

Oben Ju 87 B-1 mit dem Abzeichen der IV./StG 77. Unten Ju 87 B-2 der 9./StG 2 beim Munitionieren der starren Waffen.

Während des Westfeldzuges 1940 feierten die Stukas täglich neue Triumpfe. Sie zerschlugen feindliche Bereitstellungen, rückwärtige Verbindungen und verhinderten, daß sich feindliche Widerstandsnester bilden konnten.

gen Stukaverbände die Punkte, an denen die französischen Truppen versuchten, Widerstand zu leisten. Am 20. Juni bat die französische Regierung um einen Waffenstillstand, der dann am 22. Juni in Compiègne unterzeichnet wurde. Die Deutschen beherrschten das gesamte Küstengebiet von Holland bis hinunter zur Biscaya. In England rechnete man bereits ziemlich fest mit einer deutschen Landung auf der Insel. Vorläufig aber bechränkte sich Hitler auf die Ernennung eines ›Kanalkampfführers‹ in der Person des Obersten Johannes Fink, Kommodore des Kampfgeschwaders 2. Die Gruppen des VIII. Fliegerkorps hatten längs der Kanalküste zwischen Cherbourg und Dieppe neue Flugplätze bezogen. Sie sollten in der Hauptsache die Aufgabe lösen, die dem ›Kanalkampfführer‹ gestellt worden war: die Sperrung des Ärmelkanals für die britische Schiffahrt. Ihr sollte dann die Ausschaltung des britischen ›Fighter Command‹ folgen. Beide Ziele sollten der Vorbereitung einer eventuellen deutschen Landung in England dienen. Am 2. Juli erließ das Oberkommando der Wehrmacht eine Weisung, die besagte, »der Führer habe entschieden, daß unter bestimmten Voraussetzungen eine Landung in Großbritannien in Frage kommen könne.« Am gleichen Tage waren an der Kanalküste folgende Stuka-Verbände aufmarschiert:

— im Pas de Calais das II. Fliegerkorps unter General Loerzer mit der II./StG 1 und der IV. (Stuka)/LG 1,
— das VIII. Fliegerkorps unter General von Richthofen mit dem StG 77, das in Flers lag, dem StG 2 ›Immelmann‹ in Falaise und dem Rest des StG 1 in Cherbourg. Im weiteren Verlauf der nun anlaufenden Operationen kam noch das StG 3 dazu.

Das erste Unternehmen gegen die britische Schiffahrt wurde ein voller Erfolg: 90 *Ju 87 B-1* des StG 2 ›Immelmann‹ griff den vom Atlantik kommenden Geleitzug O. A. 168 vor Portland an. Das Flak-Hilfsschiff ›Foylebank‹ hatte trotz seiner acht 10,2 cm, zwei 4 cm Vierling und vier 2 cm Flak keine Chance. Nur eine *Ju 87* ging verloren. Vier Schiffe des O. A. 168 mit zusammen 16000 BRT wurden versenkt, neun weitere wurden beschädigt, der Hafen von Portland und zwei dort liegende Schiffe wurde schwer getroffen. Die Engländer reagierten mit der Maßnahme nur noch kleine Geleitzüge in den Kanal einfahren zu lassen und diese jeweils durch sechs Jäger schützen zu lassen. So kam es nicht mehr zu großen Erfolgen, abgesehen vom 20. Juli 1940, als die II./StG 1 unter Hauptmann Keil den Geleitzug ›Bossum‹ im Raum Dover angriff, wobei ein Kohlendampfer versenkt, ein zweiter beschädigt und der Zerstörer ›Brazen‹ versenkt wurde. Deutsche Verluste traten nicht ein. Der britischen Admiralität wurden die Verluste aber zu hoch, und so wurde der Geleitzugverkehr im Raum Dover eingestellt.

Etwa um diese Zeit verließ in Dessau das Musterflugzeug einer verbesserten Serie *Ju 87* die Endmontage. Nach gründlichen strukturellen und aerodynamischen Änderungen war eine *Ju 87*, als D-1 bezeichnet, entstanden, die schon rein äußerlich nur noch schwach an die *Ju 87 B* und *Ju 87 R* erinnerte. Als Triebwerk kam der 1350 PS starke Jumo 211 F zum Einbau. Die Kühlung wurde anders angeordnet, die Maschine erhielt Tropenausrüstung und eine aerodynamisch günstigere Kabinenverkleidung mit flachem Auslauf und Walzenlagerung für ein MG 81 Z. Die Bombenlast betrug maximal 1400 kg. Die zukünftige Entwicklung zum Schlachtflugzeug deutete sich durch die Möglichkeit der Aufhängung von Waffenbehältern WB 81 (je sechs MG 81) statt Bomben an den Flächenträgern an. Das Rüstgewicht stieg von 3190 kg bei der B-2 bis auf über 4700 kg, das Fluggewicht auf 5700 kg. Auch die Abmessungen änderten sich etwas. Die Spannweite betrug jetzt 13,80 m, die Länge 11,50 m. Die *JU 87 D-1* erreichte eine Höchstgeschwindigkeit von 410 km/h. Die *Ju 87 D-1* ging erst in die Werkserprobung und anschließend nach Rechlin. Der Serienbau begann aber erst im Spätherbst 1940.

Die laufendern Angriffe der deutschen Luftwaffe im Raum Dover führten schließlich dazu, daß die britische Admiralität die Basis Dover aufgab. Entscheidend für diesen Entschluß war die Tatsache, daß die Stuka sich jetzt besonders auf die Bombardierung von kleineren Kriegsschiffen, insbesondere Zerstörern, spezialisierten. Zerstörer konnten nur noch nächtliche Unternehmungen durchführen. Beide Seiten griffen jetzt zu neuen Methoden. Am Kanal waren auf deutscher Seite die ersten Ortungsgeräte ›Freya‹ mit einer Reichweite von 1200 km eingetroffen. Die Engländer stellten die neuen Zerstörer der ›Hunt‹-Klasse mit starker Flakbewaffnung in Dienst, die Transportschiffe bekamen Sperrballons und Flak-Bewaffnung. So glaubten die Engländer, deutschen Stuka-Angriffen begegnen zu können. Die Rechnung ging aber wegen der›Freya‹-Geräte nicht auf. Der »neue« Geleitzug C. E. 8 lief unbehindert von Folkestone bis zur Themse. Am 7. 8. lief er mit Westkurs aus Southend aus, passierte nachts Dover und geriet vor die Rohre deutscher Schnellboote, die drei Schiffe versenkten und zwei beschädigten.

Im Morgengrauen griffen einige *Ju 87* des StG 1 den Geleitzug, der jetzt, da er nach Westen lief, C. W. 9 hieß, an. Dabei gingen zwei *Ju 87* verloren. Vor der Isle of Wight griffen dann 57 *Ju 87* in niedriger Höhe an und gerieten nun in Schwärme englischer Jäger. Und jetzt zeigte sich zum ersten Mal die Schwäche eines Stuka-Verbandes, der keinen Jagdschutz hatte. Die I./StG 3 verlor drei Maschinen, eine weitere kam gerde noch nach Hause, die I./StG 2 und die III./StG 2 verloren je eine Maschine. Am schlimmsten erging es der II./StG 77. Von etwa 25 Maschinen wurden drei abgeschossen und weitere fünf schwer beschädigt. Richthofen jagte 82 Stuka nach Weymouth, wo sich Schiffe versammelt hatten. Auch hier bissen sich die Stuka die Zähne aus. Sie mußten sich mit zahlreichen ›Hurricane‹ und ›Spitfire‹ herumschlagen und kamen nur wenig zum Werfen. Die Jäger des JG 26 konnten nur wenig für die langsamen *Ju 87 B* tun. Die *Bf 109 E* war fast 200 km/h schneller als die *Ju 87*, zu denen die englischen Jäger immer wieder durchbrachen. Von 82 *Ju 87* wurden acht abgeschossen. Es war für die Gegner zwar unmöglich, die Stuka im Sturzangriff abzuschießen, aber der gefährliche Punkt kam für sie beim Hochziehen, wo die Besatzung durch den Andruck nur teilweise kampffähig war. Trotzdem beunruhigten die Stuka-Angriffe die Engländer sehr stark. Man stellte fest, daß die englischen Schiffsverluste 35 % der eingesetzten Einheiten betrugen. Der letzte Stuka-Angriff auf einen Geleitzug fand am 12. 8. 1940 statt, als 22 *Ju 87 B-1* der IV. (Stuka)/LG 1 unter Hauptmann von Brauchitsch vor der Themsemündung eine Schiffsansammlung angriffen und zwei Schiffe trafen. Vom 2. Juli bis 12. August hatten die Briten in diesem Raum 24000 BRT Schiffsraum verloren.

In dieser für die Engländer gefährlichen Phase begann nun die Luftoffensive gegen England mit Göring's ›Adlertag‹ am 13. 8. 1940. Es ist der Zeitraum, der von den Engländern als ›Battle of Britain‹ bezeichnet wird. In dieser Phase des Luftkrieges sollte sich zeigen, daß die *Ju 87* den Forderungen eines modernen Luftkriegs nicht mehr gewachsen war.

Die Ju 87 B befand sich während des Frankreichfeldzuges auf dem Höhepunkt ihrer Wirkungskraft. Das sollte sich jetzt ändern.

10. Schlacht um England: Niederlage der Stuka

Der ›Adlertag‹ nahm für die Stuka einen nicht gerade glücklichen Verlauf. Gegen 17.00 Uhr startete das StG 77 unter Major Graf Schönbern mit 52 *Ju 87 B* zum Angriff auf den Raum Portland. Den Jagdschutz hatte das JG 27 unter Oberstleutnant Ibel übernommen. Durch eine falsche Wetterprognose flogen die Stuka zu hoch, die Wolkendecke verhinderte jede Sicht. Die Bomben blieben in den ETC hängen und mußten wieder mit nach Hause genommen werden. Inzwischen hatte das britische ›Fighter Command‹ etwa 70 Jäger herangeholt, die jetzt die *Bf 109 E* des JG 27 in Luftkämpfe verwickelten, so daß die *Ju 87* praktisch ohne Jagdschutz flogen. Sie wurden von 15 ›Spitfire‹ der 609. Squadron gefaßt. Fünf *Ju 87* wurden abgeschossen. Die II./StG 1 und die IV(Stuka)/LG 1 verstärkt durch eine Gruppe des StG 3 griffen unter Jagdschutz durch das JG 26 die Flugplätze Detling und Rochford an. Es waren insgesamt 86 Maschinen, aber die auf Rochford angesetzten Maschinen erreichten ihr Ziel nicht, sie fanden den Platz wegen geschlossener Wolkendecke überhaupt nicht. Erfolgreicher war der Angriff auf Detling um 17.15 Uhr. Die *Ju 87* erlitten keine Verluste, aber der relative Erfolg war unbefriedigend. In Detling war kein Jägerplatz! Hier standen nur eine Menge Übungsflugzeuge Avro ›Anson‹ der 500. Squadron, leichte zweimotorige Flugzeuge in der Art der deutschen *Fw 58* ›Weihe‹. Der Platz wurde von Bomben umgepflügt und 22 ›Anson‹ zerstört.

Am 14. 8. verhinderte das Wetter größere Aktionen. Der 15. 8. wurde aber einer der heißesten Tage der Luftschlacht um England. Um 11.30 Uhr erschienen die I./StG 1 unter Hauptmann Keil und die IV.(Stuka)/LG 1 mit Jagdschutz über der Küste von Kent und griffen die Flugplätze Lympne, Manston und Hawkinge an. Lympne wurde ein voller Erfolg: der Platz war für zwei Tage außer Gefecht gesetzt. Weitere 40 *Ju 87* der I./StG 1 und der II./StG 2 flogen Angriffe gegen den Raum Portland. Es traten keine Verluste ein, da das britische ›Fighter-Command‹ diesen Angriff als Ablenkungsmanöver ansah und keine Jäger in diesem Raum einsetzte. Von deutscher Seite war an diesem Tage ein ziemlich starker Jagdschutz durch ZG 2, JG 27 und JG 53 erfolgt, der sich als äußerst wirksam erwies.

Am nächsten Tage, dem 16. 8., flog das StG 2 einen Angriff gegen den Flugplatz Tangmere, der bereits ein böses Vorzeichen für den kommenden Tag war: Der Erfolg eines weitgehend zerstörten Fugplatzes und 14 zerstörte Fugzeuge wurde durch den Verlust von neun Totalverlusten und drei beschädigten *Ju 87* nicht gerechtfertigt. Der Erfolg der Zerstörung der Radarstation Ventnor durch fünf *Ju 87* ohne Verluste konnte über den Verlust des StG 2 nicht hinwegtäuschen. Ein guter Erfolg war der Angriff auf die Naval Air Base in Gosport. Hier wurden neben Torpedoflugzeugen des Typs ›Albacore‹ und Jagdzweisitzern ders Typs Blackburn ›Roc‹ auch eine ganze Anzahl der unglücklichen Marine-Sturzbomber ›Skua‹ am Boden zerstört. Man hatte in Gosport anscheinend noch nicht begriffen, daß Krieg war, denn die Maschinen standen säuberlich ausgerichtet in Reihen auf dem Rollfeld, ein gefundenes Fressen für die Stuka!

General von Richtofen hatte die Verluste des StG 2 bei Tangmere bereits mit Stirnrunzeln kommentiert. Diese Verluste stimmten ihn sehr bedenklich. Der nächste Tag sollte seine Bedenken hundertprozentig bestätigen. Am Nachmittag des 17. August 1940 schickte er vier Stuka-Gruppen zum Angriff auf Gosport, Thorney Island, Ford und die Radarstation von Poling. Es gelang, die Radarstation bei Poling

Ernst Udet, Generalluftzeugmeister der Luftwaffe, war der Mann, der die Stuka-Idee gegen alle Widerstände durchsetzte und dann ihren Niedergang erleben mußte (Udet links mit Generalstabschef der Luftwaffe, Jeschonnek).

Links Oberst Oscar Dinort.

Daneben: Oberst Walter Sigel.

Bereits bei den ersten Einsätzen der Stukas über England zeigte sich, wie verwundbar der Stuka gegenüber feindlichen, starken Jagdverbänden war. Ju 87 B-2 auf dem Rückflug nach dem Einsatz.

Die Erprobung des neuen Sturzbombers Brewster XSBA-1 (oben) befriedigte nicht. Unten: Die verbesserte Ausführung XSB2A-1 führte zu einem Serienauftrag, der aber erst zwei Jahre später zum Tragen kam.

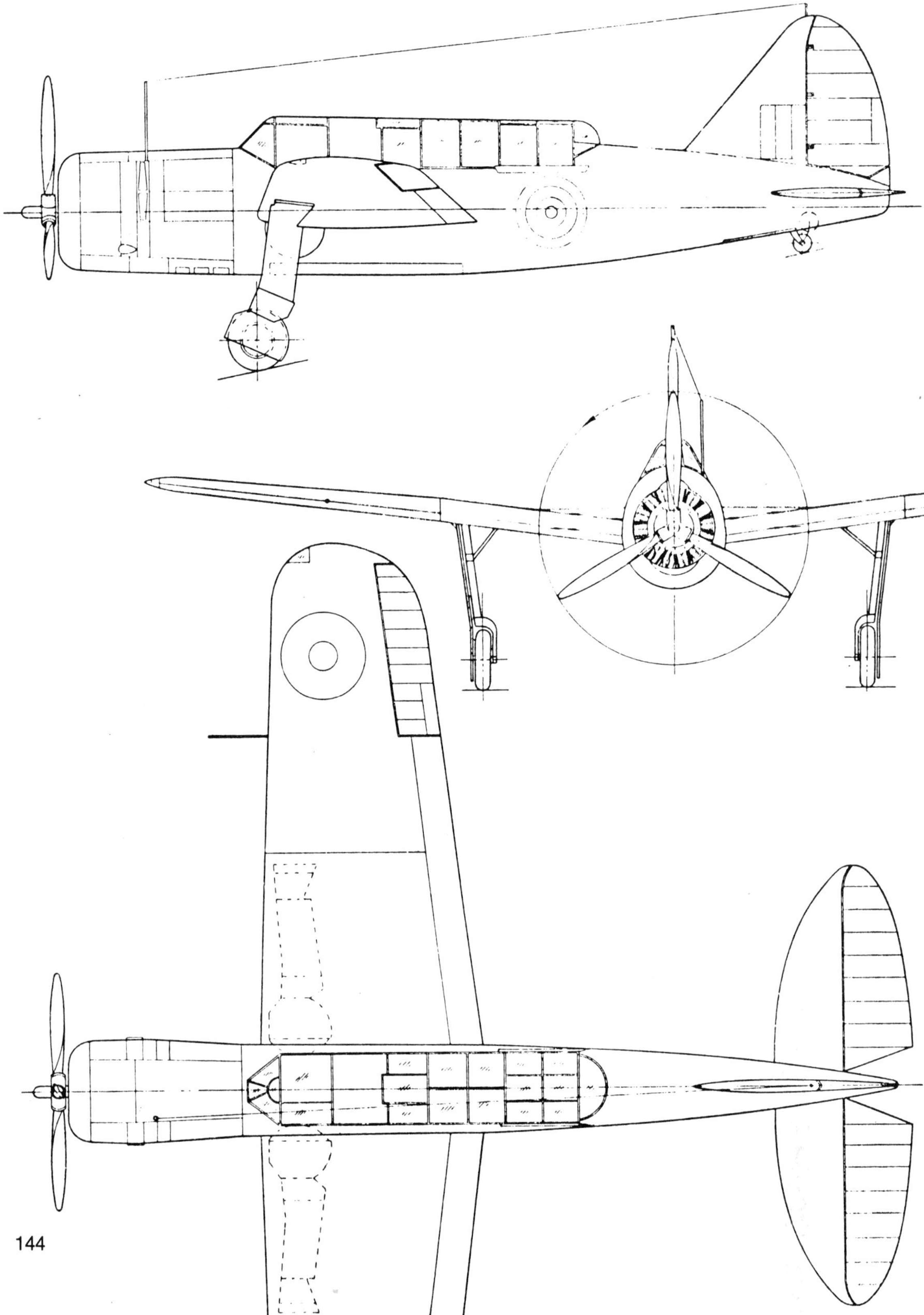

schwer zu beschädigen, als aber die Maschinen der I./StG 77 unter Hauptmann Meisel hochzogen und sich zum Abflug sammeln wollten, wurden sie von ›Spitfire‹ und ›Hurricane‹ der 152. und 43. Squadron gefaßt und gnadenlos abgeschossen. Von 28 Maschinen wurden zwölf, darunter der Gruppenkommandeur abgeschossen. Sechs weitere Machinen erreichten total zerschossen nur mit Mühe den eigenen Flugplatz. Nicht ganz so schlimm erging es der II. und III. Gruppe des StG 77 über Thormes Island und Ford: aber immerhin wurden von insgesamt 57 eingesetzten Maschinen 14 abgeschossen und weitere acht beschädigt. Richthofen zog sofort die Konsequenzen: am 19. August wurden die Überlebenden 220 *Ju 87* aus dem Raum Cherbourg abgezogen und in den Pas de Calais verlegt. Für die Stuka war die Schlacht um England beendet!

Da man immer noch hoffte, die englische Luftwaffe zerschlagen zu können, verblieben die Stuka-Verbände noch in Frankreich, um für eine eventuelle Invasion in England zur Verfügung zu stehen. Einsätze über England gab es aber nicht mehr. Erst im Spätherbst kam es noch einmal zu Stuka-Einsätzen über dem Kanal. Am 1. November 1940 griff die I./StG 1 Schiffe an der Themsemündung bei Margate an. Am 8. 11. flog die 3./StG 3 und am 11. 11 die 9./StG 1 Angriffe im gleichen Gebiet. Insgesamt wurden bei diesen Unternehmungen sieben Schiffe versenkt und weitere beschädigt. Aufgrund dieser Erfolge wurde am 14. 11. die ganze III./StG 1 unter Hauptmann Mahlke auf Schiffsziele in der Themsemündung angesetzt. Aber diesmal setzte das britische ›Fighter Command‹ mehrere Squadrons ›Spitfire‹ auf die Stuka an. Diese richteten ein wahres Gemetzel unter den Stuka an: etwa 25 % der eingesetzten *Ju 87 B-2* wurde abgeschossen, viele andere kamen zerschossen im Heimathafen an. Damit war der klare Beweis erbracht, daß der Stuka zu schwerfällig und zu langsam war und daß auch starker Jagdschutz die Stuka nicht gegen Feindjäger abdecken konnte. Die Stuka-Verbände wurden nach und nach aus Frankreich abgezogen. Sie sind im Westen nie wieder eingesetzt worden.

Obwohl also bereits feststand, daß der Stuka keine wirksame Waffe mehr war, verschloß man vor dieser Tatsache die Augen. Man hoffte, daß die neue *Ju 87 D* eine solche Verbesserung darstellte, daß der Stuka wieder eine vollwertige Waffe werden würde. Das Jahr 1941 schien dann diese Annahme zu bestätigen. Die Produktion der *Ju 87* wurde gesteigert, wie die graphische Darstellung der Ausführung der Lieferpläne von Weserflug beweist. Bereits im Jahre 1941 hatte Weserflug insgesamt 579 *Ju 87* ausgeliefert.

In den USA waren Navy und Marine Corps von der Wirksamkeit der Sturzbomber weiterhin überzeugt. Aber man hatte die Entwicklung in Europa beobachtet und zog die Konsequenzen: Neue moderne Sturzbomber mit hoher Geschwindigkeit wurden in Auftrag gegeben. Die Entwicklung der Douglas *SBD* war im Gange. Anfang Dezember brachte Curtiss die neue ›Helldiver‹ *XSB2C-1* heraus. Er ging aber noch im Dezember 1940 zu Bruch. Erst 1942 wurde die Entwicklung weitergeführt.

In den Vereinigten Staaten gab es damals eine ganze Menge Menschen, die trotz der unbestreitbaren Erfolge der Sturzbomber in Europa durchaus nicht von ihrem Wert überzeugt waren. So entschied noch im Frühjahr 1941 ein Senatsausschuß unter Vorsitz des späteren Präsidenten Harry S. Truman, daß die US Navy Sturzbomber nicht in größerer Stückzahl bestellen sollte und die Mittel dafür gekürzt werden sollten. Aber die Navy kehrte sich an diese Empfehlung nicht, da sie trotz fehlender Kampferfahrung vom Wert des Sturzbombers überzeugt war. Diese Einstellung sollte sich nur zu bald als richtig erweisen.

Als Konkurrenzentwurf zu der abgestürzten ›Helldiver‹ Curtiss *XSB2C-1* hatte die Firma Brewster jetzt eine Weiterentwicklung ihrer *SBA-1*, die von der Naval Aircraft Factory in Serie gebaut wurde, in Arbeit. Es war der Prototyp *XSB2A-1*, Marine-Nr. 1632, der 1941 fertiggestellt wurde und in Erprobung ging. Vorläufig flog die Navy auf ihren Flugzeugträgern noch die Doppeldecker Curtiss *SBC-3* und *SBC-4* neben den Eindeckern Vought *SB2U-1* bis *SB2U-3*. Die Douglas *SBD-1* Dauntless wurde vorläufig nur beim US Marine Corps geflogen.

Links: Dreiseitenansicht Brewster SB2A-1, britisch ›Buccaneer‹.

Stukas im Mittelmeer: Nachdem sich die Stukas über England als unbrauchbar erwiesen hatten, kamen sie im Mittelmeerraum zu neuen Erfolgen.

11. Stuka im Mittelmeerraum

Die deutsche Luftwaffe hatte, wie geschildert, die Stuka aus Frankreich abgezogen. Es wurde aber bald ein neuer Einsatzraum für sie gefunden. Der Stuka hatte sich als geeignete Waffe gegen Schiffsziele bewährt. Er hatte nur aufgeben müssen, als landgestützte Jäger die Schiffe schützen konnten. Wo gab es Schiffsziele, bei denen mit Jagdabwehr von Land aus nicht gerechnet werden mußte?
Hitler beschäftigte sich bereits mit der Planung eines Feldzuges gegen die Sowjetunion. Inzwischen aber hatten die Italiener in Nordafrika eine Niederlage nach der anderen erlitten. Dann hatten sie das Abenteuer eines Angriffs auf Griechenland begonnen, bei dem sie einen Rückschlag nach dem anderen einstecken mußten. Die englische Flotte beherrschte das Mittelmeer. So entschloß sich Hitler, im Mittelmeerraum einzugreifen. Bereits am 12. November 1940 unterzeichnete er die Weisung Nr. 18, die Vorbereitungen für einen Angriff aus Bulgarien heraus gegen Griechenland befahl, um Voraussetzungen für den Einsatz der Luftwaffe im Mittelmeer gegen die englischen Stützpunkte im östlichen Mittelmeer zu schaffen, von denen aus die rumänischen Ölfelder bedroht werden konnten.
Am 9. 12. 1940 überrannten die englischen Truppen in Nordafrika die Italiener in der Cyrenaika und drangen schnell in westlicher Richtung vor. Am nächsten Tage erhielt General Geisler den Aufttrag, mit einem neu aufzustellenden X. Fliegerkorps nach Sizilien und Süd-Italien zu verlegen. Am 13. 12. erfolgte die Weisung Nr. 20 für das ›Unternehmen Marita‹, den Angriff auf Griechenland. Am 18. folgte bereits die Weisung Nr. 21 für das ›Unternehmen Barbarossa‹, den Angriff auf die Sowjetunion. Der italienische Zusammenbruch in Nordafrika veranlaßte Hitler dann am 9. Januar 1941 den bedrängten Italienern Heeresverbände zu Hilfe zu schicken. Inzwischen war aber das X. Fliegerkorps bereits aktiv geworden und mit ihm die Stuka.
Die Engländer hatten, um ihre Seeherrschaft im Mittelmeer zu sichern, ihren neuesten Flugzeugträger, die ›Illustrious‹ (23000 t, 40 Flugzeuge) ins Mittelmeer verlegt. Auf sie konzentrierte sich das Interesse des X. Fliegerkorps.
General Geisler und besonders sein Stabschef Oberstleutnant Harlinghausen, der sich seit Spanien zum Spezialisten für Schiffsbekämpfung entwickelt hatte, erkannten klar, daß man erst die Träger-Jagdflugzeuge ausschalten mußte, wenn man die anderen Schiffe der englischen Flotte im Mittelmeer bekämpfen wollte. Geislers Korps bestand aus 120 Bombern, meist *Ju 88 A-5*, 40 Jägern *Bf 109 E-7*, 20 Aufklärern *Ju 88 D-2* und 150 Stuka *Ju 87 R-2*. Harlinghausen und Geisler hatten berechnet, daß man einen Flugzeugträger, auch wenn er ein Panzerdeck wie die ›Illustrious‹ hatte, versenken könne, wenn man mindestens vier Volltreffer anbringen könnte. So wurden die Besatzungen der II./StG 2 ›Immelmann‹ einem intensiven Training an einer Träger-Attrappe unterzogen. Das Ergebnis dieses Trainings war, daß es möglich sein mußte, vier Volltreffer zu erzielen. Das Training für den Angriff auf den Flugzeugträger war Anfang Januar 1941 abgeschlossen. Jetzt mußte nur noch der Träger kommen. Und er kam. Bereits am 9. Januar 1941 stellten Fernaufklärer fest, daß aus Gibraltar ein Geleitzug zur Versorgung Maltas unterwegs war. Es handelte sich um die Operation ›Excess‹, die vorsah, daß dieser Geleitzug von der ›Force H‹, einem gemischten Flottenverband, bei dem sich der Flugzeugträger ›Ark Royal‹ befand, geschützt werden sollte. Ein zweiter Verband aus Richtung Alexandria, bei dem sich die ›Illustrious‹

befand, sollte in der Straße von Sizilien den ersten Verband treffen. Eine Nebenoperation war die Aktion eines weiteren Verbandes mit dem Flugzeugträger ›Eagle‹ gegen die Inseln im Dodekanes. Bis ins Morgengrauen des 10. 1. lief ›Excess‹ reibungslos. Die ›Force H‹ lief nach Gibraltar zurück. Jetzt trafen zwei italienische Zerstörer zufällig auf den zweiten Verband, der von Admiral Cunningham geführt wurde. Es entwickelten sich Kämpfe zwischen den Engländern und italienischen Torpedofliegern, bei denen Jagdzweisitzer Fairey ›Fulmar‹ von der ›Illustrious‹ eine maßgebende Rolle spielten. Um 12.30 Uhr meldeten die englischen Radargeräte einen von Norden kommenden stärkeren Flugzeugverband. Es waren 43 *Ju 87 R-2* der II./StG 2 unter Major Enneccerus und der I./StG 1 unter Hauptmann Hozzel. Die letzteren hatten sich als Schiffsspezialisten bereits in Norwegen bewährt. Die *Ju 87* machten keinen Fehler. Sie flogen in 4000 m Höhe und änderten ständig die Flughöhe, um die Flak zu verunsichern, lösten sich dann in Schwärme auf und suchten sich die Ziele aus. Zehn Flugzeuge griffen die Schlachtschiffe wegen ihrer starken Flakbewaffnung an, die dadurch abgelenkt wurden. Einige ›Fulmar‹, die noch von der ›Illustrious‹ starten konnten, wurden von *Bf 110 C* der III./ZG 26 unter Hauptmann Kaschka abgedrängt. Alle übrigen 33 *Ju 87* stürzten sich auf den Flugzeugträger. Admiral Cunningham hat diesen Angriff nach dem Kriege selbst sehr anschaulich geschildert: »Diese vollkommen neue Angriffsmethode der Stuka war so interessant, daß keine Zeit zur Angst blieb, und niemand zweifelte daran, daß wir es hier mit Experten zu tun hatten. Sie bildeten einen großen Kreis über der Flotte und gingen, wenn sie ihre Angriffsposition erreicht hatten, einzeln zum Sturzflug über. Wir konnten die Geschicklichkeit und Präzision des Ganzen nur bewundern. Der Bombenabwurf erfolgte aus allernächster Nähe, und manche Piloten fingen ihre Maschine so tief ab, daß sie niedriger als in Schornsteinhöhe über das Flugdeck der ›Illustrious‹ hinwegflogen. Der ganze Angriff dauerte 6 1/2 Minuten. Sechs Volltreffer trafen den Träger, drei Bomben schlugen dicht neben der Bordwand ins Wasser. Als die *Ju 87* abflogen, war das Schiff ein Trümmerhaufen. Das Steuer war blockiert, die Aufzüge zerstört, die Decks aufgerissen und verwüstet, die Bewaffnung zerschlagen. Zwei weitere Angriffe mit je 13 bzw. 14 Maschinen blieben aber ohne Erfolg. Der Träger wurde nach Malta geschleppt. Am nächsten Tage griff die II./StG 2, von einer *He 111 H-3* mit Spezial-Schiffsortungsgeräten geführt, Cunninghams Verband noch einmal an, wobei der Kreuzer ›Southampton‹ (9300 t) versenkt wurde. Obwohl weitere Angriffe der Stuka auf Malta erfolgten und es ihnen gelang, die Jäger auf Malta außer Gefecht zu setzen, gelang es ihnen nicht die notdürftige Reparatur der ›Illustrious‹ zu verhindern. Sie wurde immer wieder von Bomben getroffen, aber am 23. Januar konnte der Träger mit eigener Kraft ganz langsam fahrend Malta verlassen. Er erreichte Alexandria, wurde dann später in den USA repariert, war aber ein ganzes Jahr außer Gefecht gesetzt.

Diese Erfolge trugen dazu bei, daß die deutsche Luftwaffenführung weiter auf den Wert des Stuka vertraute und die Produktion weiterlief. Anfang Februar wurde dann auch das deutsche Afrika-Korps unter Generalleutnant Rommel den Italienern in Lybien zu Hilfe geschickt. Mit ihm wurde ein aus 20 Zerstörern *Bf 110* und etwa 50 *Ju 87 R-2* bestehender Luftwaffenverband ›Fliegerführer Afrika‹ nach Lybien verlegt. Chef des Verbandes wurde Generalmajor Stephan Fröhlich, ein gebürtiger Österreicher. Die Stuka gehörten sämtlich zum StG 2 ›Immelmann‹.

Die Italiener, die von ihrem Sturzbomber *SM 85* nicht befriedigt waren, erbaten die Überlassung von Stuka. Als erster italienischer Verband wurde die 96. Gruppo BT (Bombardamento a Tuffo = Sturzbomber) mit *Ju 87 B-2* ausgerüstet. Später kamen noch die 97., 101., 102. und 103. Gruppi dazu. Diese Verbände wurden sowohl auf dem Balkan wie auch im übrigen Mittelmeerraum eingesetzt.

Diese erhöhten Anforderungen trafen zeitlich mit einer Fertigungskrise für die *Ju 87* zusammen. Die Anlagen von Weserflug in Bremen waren wiederholt das Ziel englischer Bombenangriffe gewesen. Zwei davon waren so schwer, daß man bei Weserflug von »einer schweren Fertigungskatastrophe« sprach. Die Fertigung ging zurück. Dies umsomehr, als Junkers sich seit Anlaufen der *Ju 87 D* nicht mehr an der Fertigung beteiligt hatte. Wegen der Bombengefährdung verlangte das RLM am 18. Juli 1941 die Verlegung von 2/3 der Gesamtproduktion der *Ju 87*

Wenn die Stukas auch bei den Einsätzen über Malta Verluste einstecken mußten, so erzielten sie doch gegen englische Flottenverbände erhebliche Erfolge.

Ju 87 B-2 beim Auftanken.

Bordfunker hilft Piloten beim Einstieg in die Ju 87.

Ju 87 B-2 mit italienischem Geleitjäger Macchi MC 200.

Bodenpersonal beim Anwerfen des Motors.

Oben und unten: Die Ausbildung der italienischen Besatzungen für die Ju 87 erfolgte auf deutschen Maschinen auf der Stuka-Schule Graz.

Oben Picchiatelli der 97. Gruppo auf dem Rückflug aus Griechenland. Unten Picchiatello der 97. Gruppo mit Geleitjäger Fiat CR 42 der 75. Squadriglia nach der Schlacht bei Cap Teukte 28. 11. 1940.

nach Berlin-Tempelhof. Dieser offiziellen Forderung war bereits eine Besprechung zwischen Direktor Feilcke von Weserflug und Oberstingenieur Reidenbach am 10. Juli vorausgegangen, bei der Feilcke eine Erhöhung der Ausbringung wegen der Luftangriffe als unmöglich bezeichnet hatte. Am 26. 8. 1941 nahm die Weserflug-Direktion detailliert zur Verlegungsforderung Stellung und nannte Kosten und Vorbedingungen. Siehe Anhang. Der Umzug nach dem Flughafen Berlin-Tempelhof erfolgte relativ schnell. Weserflug zog in die Hallen 3—7, während der Lufthansa nur die Hallen 1 und 2 verblieben. Es ist klar, daß unter diesen Umständen eine Erhöhung der Ausbringung so gut wie unmöglich war. Was nun folgte, schildert der Werksbericht wörtlich: »In diesem Zusammenhang platzte — anders läßt sich das nicht ausdrücken — am 23. 2. 1942 für uns eine Bombe. Herr Milch kam mit seinen Herren vom Amt in unser Werk und verlangte von uns in einer geheimen Konferenz, an der von unserer Seite aus nur der Betriebsführer Feilcke, Herr Stapelfeldt und Herr Thiedemann teilnahmen, die Aufholung aller Rückstände und die Neueinstellung auf ein noch erhöhtes Programm für *Ju 87* bis zum 1. Mai 1942. Bei Nichterfüllung dieser Forderung wurde uns schwerste Strafe angedroht.«

Junkers stellte 300 Mann zur Verfügung; russische Kriegsgefangene und russische weibliche Arbeitskräfte wurden in das Programm eingespannt. Aus anderen Programmen wurden alle gelernten Facharbeiter herausgezogen und ins Ju 87-Programm eingebaut. Was fehlte, wurde durch ›freiwillige‹ Überstunden ausgeglichen. Am 2. Mai 1942 konnte Direktor Feilcke, Milch die Erfüllung seiner Forderungen melden.

Bei der Royal Navy sah man der Zukunft sorgenvoll entgegen. Das Auftauchen der Stuka und ihre Erfolge in bezug auf ›Illustrious‹ und ›Southampton‹ schufen eine neue Lage im Mittelmeer. Die ›Southampton‹ war mit 10000 t das bisher größte Kriegsschiff, das nur durch Flugzeuge vernichtet wurde! In England selbst behauptete man nach den Ereignissen vom August 1940 der Stuka sei wertlos. Admiral Cunningham und seine Männer waren vom Gegenteil überzeugt. Die Zukunft sollte ihnen fürs erste recht geben. Cunningham selbst schrieb: »Die deutschen Stuka waren für uns eine ständige Bedrohung.« Es kam noch schlimmer: sie stellten über einen gewissen Zeitraum die gesamte britische Überlegenheit im Mittelmeerraum in Frage.

Am 22. Februar 1941 begann das deutsche Afrika-Korps seine Operationen mit dem Vorstoß der 5. leichten Division über dem Raum El Agheila hinaus. Am 2. März verlegte die 12. deutsche Armee nach Bulgarien und mit ihr das VIII. Fliegerkorps unter General von Richthofen auf die neuen Einsatzhäfen Plovdiv und Sofia. Dazu gehörten drei Stuka-Gruppen mit insgesamt etwa 150 *Ju 87 B-2*. Der Staatsstreich in Belgrad warf Hitlers Pläne vorerst über den Haufen. ›Barbarossa‹ wurde zurückgestellt. Weisung Nr. 25 kam heraus: »Blitzfeldzug gegen Jugoslawien in Verbindung mit Angriff auf Griechenland.« Der Balkanfeldzug begann am 6. April 1941 morgens um 5.15 Uhr. Die Luftoffensive wurde von der Luftflotte 4 unter General der Flieger Löhr, früher Oberbefehlshaber der österreichischen Fliegertruppe bis 1938, durchgeführt, dem das VIII. Fliegerkorps unterstellt war. Belgrad wurde gleich am ersten Tage mehrere Male von *Ju 87* und *Ju 88* bombardiert. Wie in Polen und Frankreich waren die Stuka stets zur Stelle, wenn sich irgendwo ein Widerstandsnest bildete, das die Heeresverbände aufhielt. Am 30. April war der Balkanfeldzug beendet. Die Stuka hatten sich wieder bewährt.

Am 20. Mai 1941 begann dann die Luftlandung auf Kreta. Die englische Luftaufklärung hatte kleine Geleitzüge in Richtung Kreta entdeckt. Cunningham schickte erst die ›Force C‹ mit Kreuzern und Zerstörern auf den Weg. Sie sollte am nächsten Morgen bei Heraklion stehen. Die ›Force E‹ hatte den Flugplatz Scarpanto beschossen, auf dem die III./StG 2 unter Hauptmann Brücker lag. Sie sollte mit ihren drei Zerstörern zur ›Force C‹ stoßen. Diese wurde am Morgen des 21. 5. von deutschen Aufklärern entdeckt. Brücker startete sofort nach Eingang der Meldung mit seiner Gruppe. Um 12.45 Uhr griffen die Stuka die ›Force C‹ an. Der Zerstörer ›Juno‹ (1690 t) wurde versenkt. In der Zwischenzeit flogen die beiden anderen Gruppen des StG 2 laufend Unterstützungsangriffe für die Fallschirmjäger auf Kreta. Am 22. 5. wurde der Zerstörer ›Greyhound‹ (1335 t) von acht *Ju 87* des StG 2 angegriffen. Eine 250-kg-Bombe und zwei 50-kg-Bomben brachten sie binnen vier Minuten zum Sinken. Um 16.00 Uhr sank der Kreuzer

›Gloucester‹ (9900 t). Um 16.45 Uhr wurde das Schlachtschiff ›Valiant‹ von einem Jabo der I./LG 2 zum Stoppen gebracht, der Kreuzer ›Fiji‹ (8000 t) um 19.15 Uhr auch von einem Jabo mit einer 500-kg-Bombe versenkt. Vier Tage darauf traf Cunninghams Flotte der nächste harte Schlag. Die II./StG 2 unter Major Enneccerus sollte an diesem Tage nach Nordafrika verlegen. Per Zufall entdeckte dieser auf dem Überflug einen von Zerstörern gesicherten Flugzeugträger. Eneccerus stürzte sich als erster seiner Gruppe sofort auf dieses heißbegehrte Ziel. Eine *Ju 87* nach der anderen folgte. Der Träger wurde mehrmals getroffen, das Flugdeck schwer beschädigt, die Backbordwand aufgerissen. Der Träger konnte mit kleinster Fahrt Alexandria erreichen, war aber für die nächste Zeit kampfunfähig. Es stellte sich heraus, daß es das Schwesterschiff der ›Illustrious‹, die ›Formidable‹ (23000 t) gewesen war. Cunningham hatte jetzt nur noch den aus dem Jahre 1918 stammenden Träger ›Eagle‹ zur Verfügung. Die II./StG 2 erlitt bei diesem Angriff keine Verluste.

Am 28. 5. begann die Evakuierung der britischen Truppen aus Kreta. Die I. und III./StG 2 griffen die sichernden Kriegsschiffe vom frühen Morgengrauen an. Der Zerstörer ›Hereward‹ (1340 t) wurde versenkt, der Zerstörer ›Decoy‹ schwer beschädigt. Der Kreuzer ›Dido‹ erlitt schwere Treffer, bei denen hohe blutige Verluste eintraten. Der Kreuzer ›Orion‹ (7030 t) erhielt ebenfalls mehrere Treffer. Die Verluste sollen 260 Tote und 280 Verwundete betragen haben.

Bei allen diesen Angriffen war nur eine *Ju 87* abgeschossen worden. Für das Sturzkampfgeschwader 2 war der Kampf im Mittelmeer bis dahin ein Erfolg.

Balkanfeldzug und Kreta-Unternehmung waren beendet. Jetzt konnte sich Hitler endlich dem Unternehmen ›Barbarossa‹ zuwenden. Er hatte sich in dieses Unternehmen verbissen ohne zu berücksichtigen, daß eine Weiterführung der Operationen im Mittelmeer mit verstärktem Einsatz Chancen, insbesondere auf das Öl des Nahen Ostens, geboten hätte, die gar nicht abzuschätzen gewesen wären.

Das VIII. Fliegerkorps wurde sofort nach Abschluß der Kämpfe um Kreta nach Polen verlegt. Am 10. Juni 1941 begann der endgültige Aufmarsch der fliegenden Verbände für den Angriff auf die Sowjetunion.

Wie schwach die Stukawaffe inzwischen geworden war, wird durch folgende Tatsachen bewiesen. Der Bestand an *Ju 87* bei Kriegsausbruch betrug 366 *Ju 87*. September—Dezember 1939 lieferte Weserflug 204 Maschinen, im Jahre 1940 579 und im ersten Halbjahr 1941 321. Dies sind 1104 *Ju 87*. Den Bestand vom 1. 9. 39 hinzugerechnet ergeben sich 1470 fabrikneue Maschinen. Am 22. Juni 1941, dem Beginn des Unternehmens ›Barbarossa‹ waren an der Ostfront 290 *Ju 87* einsatzbereit, in Afrika und im Mittelmeerraum 120. Die Zahl der reparierten Maschinen dürften sich mit den an die Schulen abgegebenen Maschinen etwa die Waage halten. Damit ergibt sich für die Zeit vom 1. 9. 1939 bis zum 22. 6. 1941 ein Verlust von 1060 Maschinen. Man darf den Verlust an friedensmäßig ausgebildeten Besatzungen wohl ebenso hoch ansetzen. Das bedeutet, daß in diesem Zeitraum die Stukawaffe das Zweieinhalbfache ihres ursprünglichen Bestandes verloren hatte. Die an der Ostfront eingesetzten Stuka waren wie folgt verteilt: Bei der Heeresgruppe Mitte-Luftflotte 2 das gesamte StG 77 und das VIII. Fliegerkorps mit Teilen des StG 1 und StG 2, soweit diese nicht im Mittelmeerraum eingesetzt waren. Dazu kam die IV. (Stuka) LG 1, die zum Einsatz gegen die arktischen Häfen Murmansk und Archangelsk vorgesehen und dem Fliegerführer Kirkenes (Luftflotte 5) unterstellt war.

Rechte Seite: Ju 87 B-2 über Jugoslawien, 9. April 1941.

Oben Ju 87 B-2 der I./StG 2 in Sofia 1941. Darunter Ju 87 R-2 aufgetankt und mit Bomben beladen vor dem Einsatz.

Ju 87 B als Versuchsträger zur Erprobung des Schleudersitzes, der bei Heinkel entwickelt wurde. Hier der erste Abschuß.

Ju 87 als Versuchsträger für Schleppverfahren: Ju 87 mit abgenommener Luftschraube im Tragschlepp unter Heinkel He 111 H.

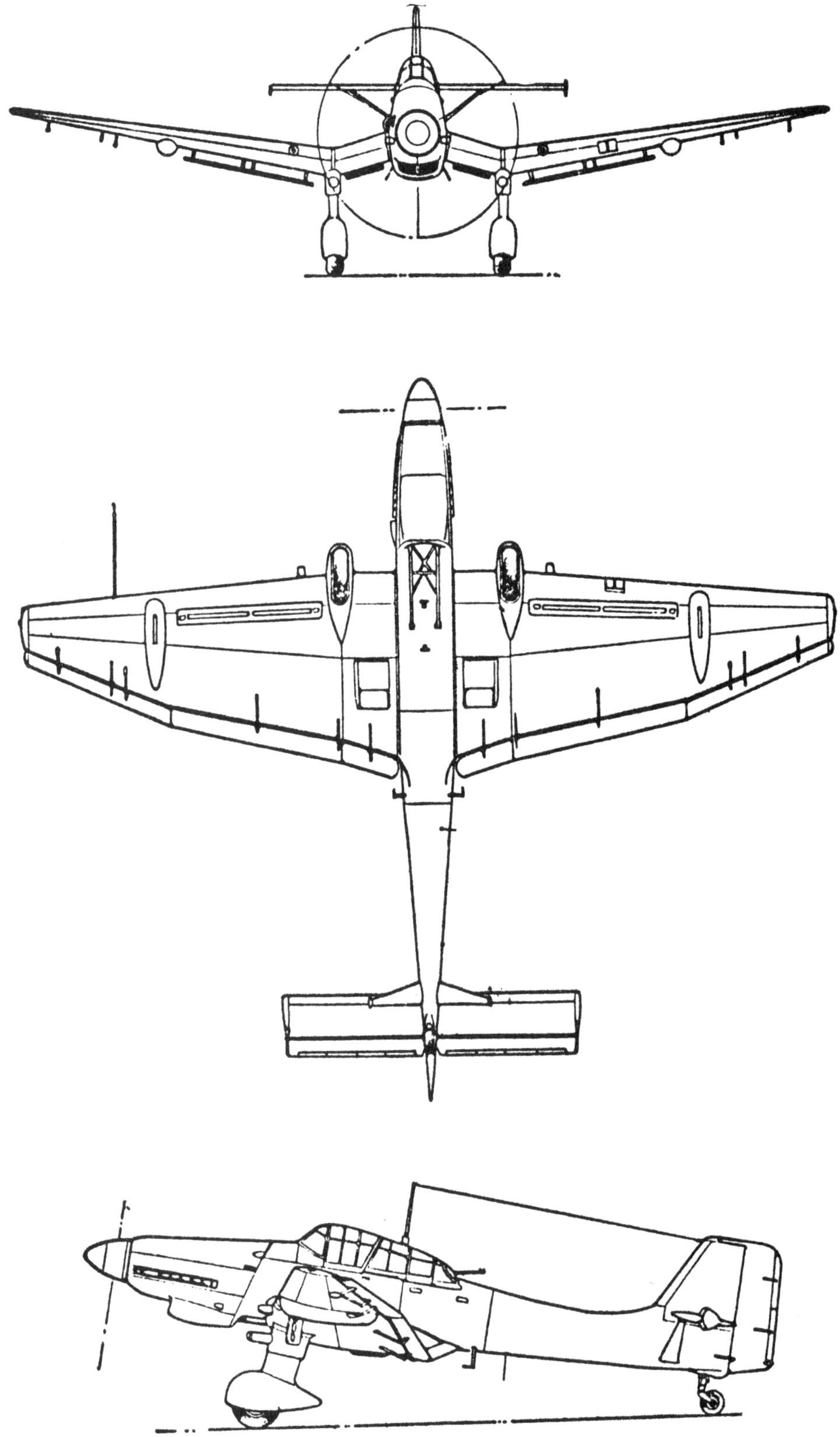

Dreiseitenansicht Junkers Ju 87 D-1.

Oben Seitenansicht einer der ersten Ju 87 D-1. Unten Ju 87 D-1 Kabine mit Abwehrbewaffnung MG 81 Z.

Führer- und Schützenraumüberdachung

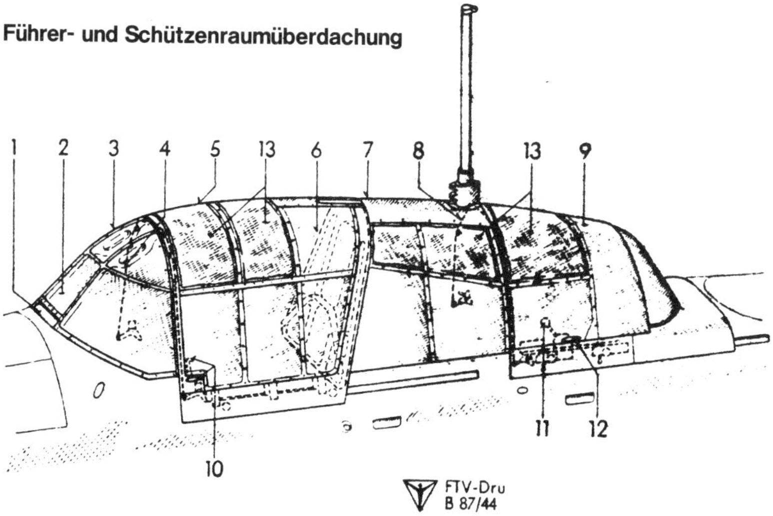

1 Spülluftklappe
2 Hauptsichtscheibe (Panzerglas)
3 Vorderes festes Dach
4 Seilzug für Notabwurf
5 Schiebedach über Führersitz
6 Überschlagspant
7 Festes Dach über Schützensitz
8 Seilzug für Notabwurf
9 Schiebedach über Schützensitz
10 Handgriff zum Entriegeln des Schiebedaches über Führersitz außen und innen
11 Handgriff zum Entriegeln des Schiebedaches über Schützensitz von innen
12 Handgriff zum Entriegeln des Schiebedaches über Schützensitz von außen
13 Gardinen

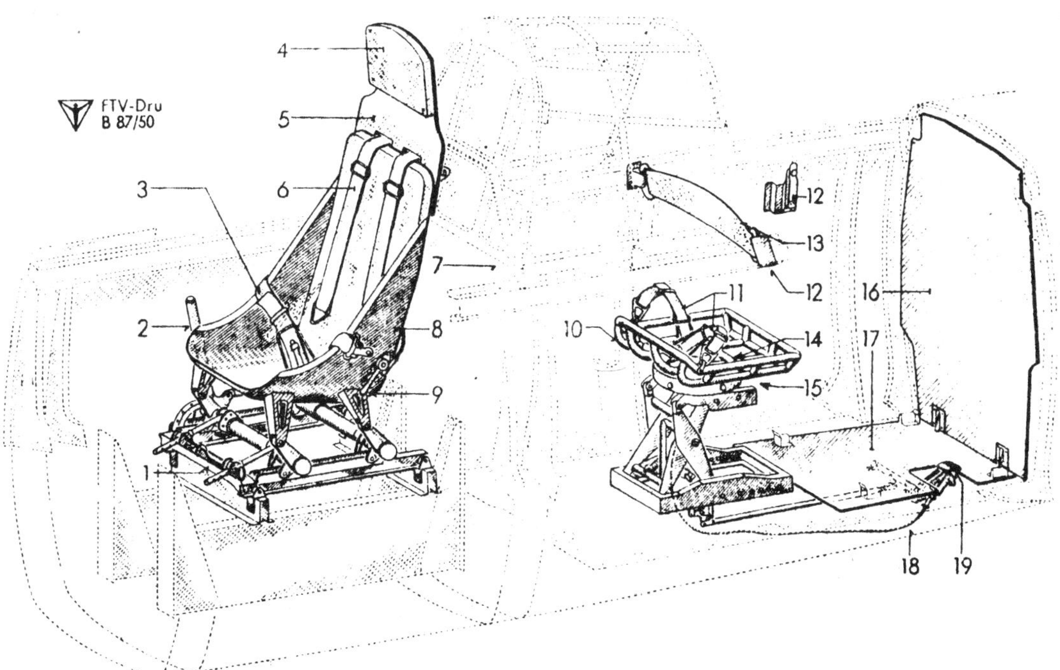

Führer- und Funkersitz der Ju 87 D.

1 Festlegestift
2 Handhebel
3 Bauchgurt
4 Kopfpolster
5 Kopfschutz-Panzerplatte
6 Schultergurt
7 Überschlagspant
8 Gepanzerter Führersitz
9 Hebel zum Verstellen des Schultergurtes
10 Schützensitz
11 Bauchgurt
12 Halterung für Brustlehne
13 Brustlehne
14 Auslösung für Fußtritt
15 Verriegelungsknopf
16 Panzerplatte am Hilfsspant hinter Spant 5
17 Panzerplatte auf dem Fußboden
18 Bowdenzug
19 Fußhebel zum Verstellen des Schützensitzes

Linke Seite:
Die aerodynamisch günstigere Frontverglasung der Ju 87 D und Blick auf Instrumentenbrett.

1 Preßluftflasche
2 Preßluft-Außenbordanschluß PLA 6
3 Lafette
4 Vordere MG-Lagerung
5 Hintere MG-Lagerung
6 Lagerbock für vordere MG-Lagerung
7 Hülsenableitung
8 Flaschenlagerung
9 MG 17
10 Kühlrohr
11 Verkleidung
12 Kappe mit Pappscheibe
13 Vollgurtkasten
14 Lagerung für Vollgurtkasten
15 Leergurtgliederkasten
16 Hülsenfangbeutel
17 Ziellinienprüferrohr
18 Zentralfülleitung

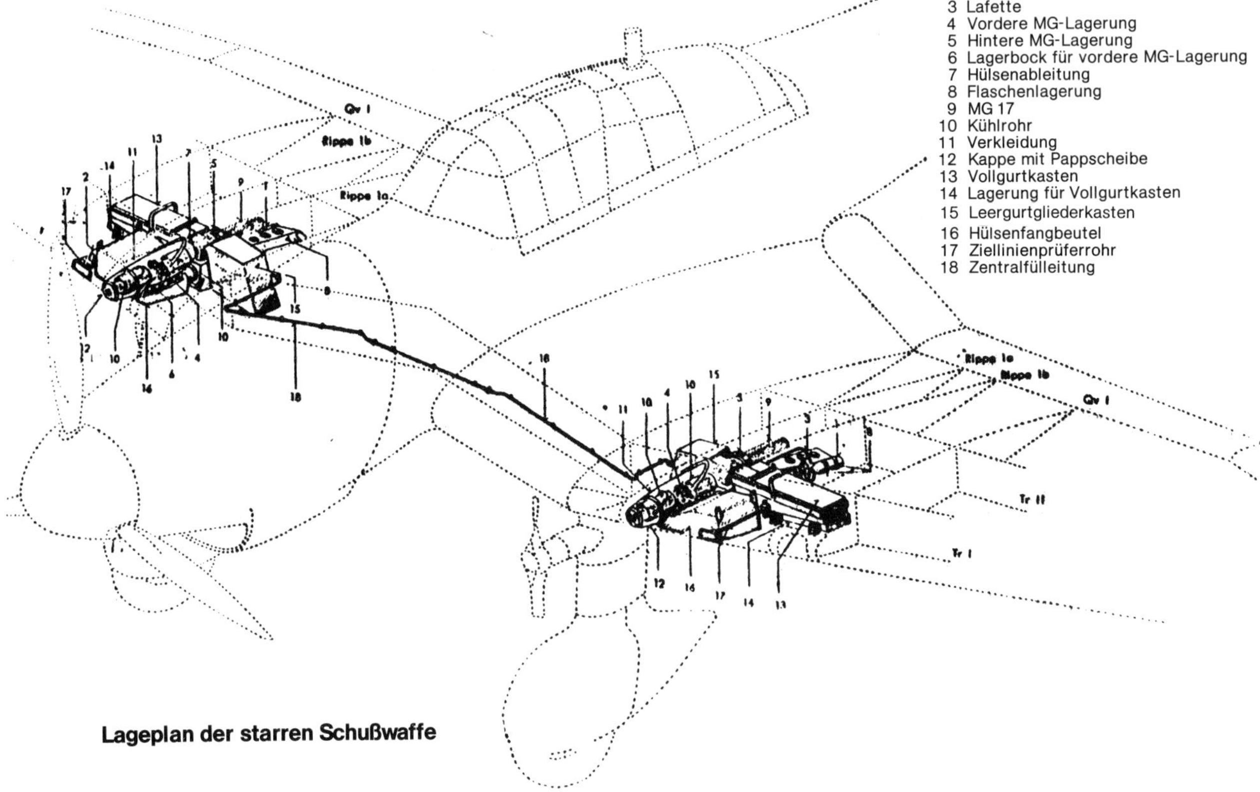

Lageplan der starren Schußwaffe

Lageplan der beweglichen Schußwaffe

1 Panzerschild
2 Zurrung
3 Gleitschinenlafette
4 Visierarm
5 MG 81 Z
6 Hülsenschlauch
7 Gurtführungsschlauch 81
8 Gurtkastenlagerung
9 Gurtkasten rechts
10 Hülsen- und Leergurtsack
11 Gurtkasten links
12 Visierhalterung
13 Bordtasche
14 Schußabweiser

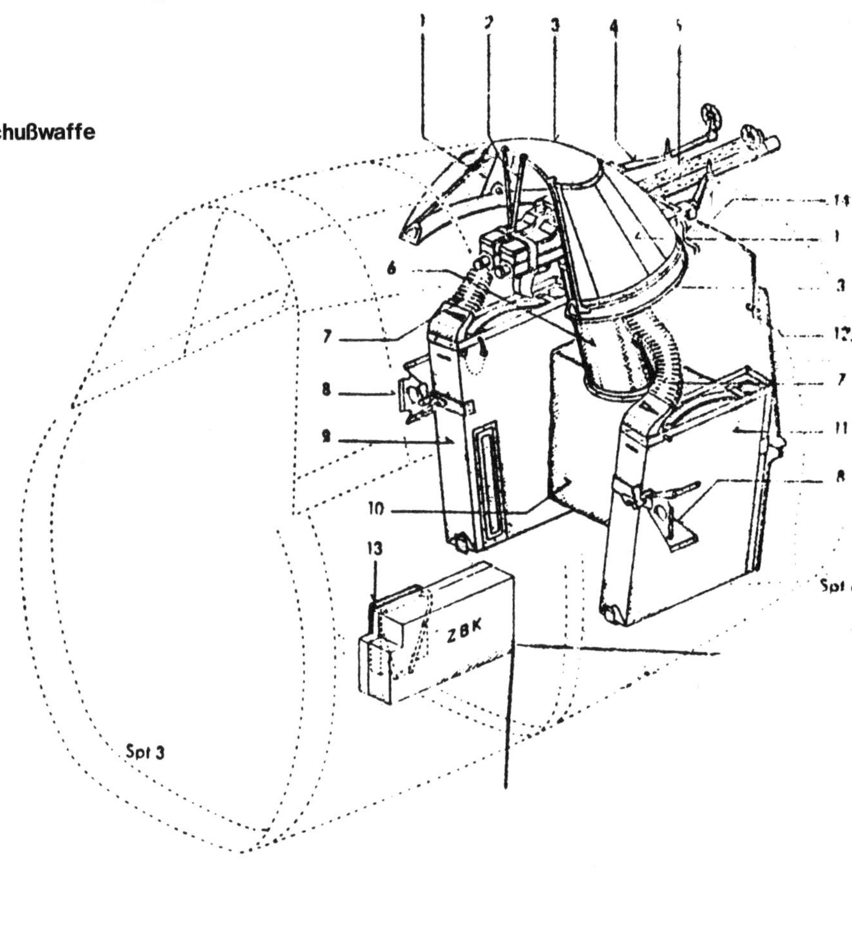

12. Unternehmen »Barbarossa«

Inzwischen zog im Fernen Osten langsam das große Unwetter auf. Am 2. Juli beschloß der japanische Kronrat, im Norden (also gegen die UdSSR) den Kampf einzustellen, nach Süden aber aktiver zu werden. Sollte man dabei, d. h. bei der Besetzung Süd-Indochinas auf den Widerstand der USA und Großbritanniens stoßen, so würde man notfalls auch einen Krieg mit diesen in Kauf nehmen.
Von nun an gingen Verhandlungen zwischen USA und Japan hin und her. Die Japaner waren bereits zum Angriff entschlossen und arbeiteten nur noch auf Zeitgewinn, um ihre Vorbereitungen für den Angriff abschließen zu können.
In der Sowjetunion schien sich die Kette der ›Blitzkriege‹ nach dem bisherigen Muster fortzusetzen. Das StG 77 führte den ersten Angriff am Bug und ermöglichte durch wirksame Unterstützung den Übergang der 17. ud 18. Panzer-Division über den Fluß. Bei Brest-Litowsk zerschlug das StG 1 zusammen mit dem KG 3 die Festungsanlagen. Am 30. 6. fiel die Festung. Dann kamen die Kesselschlachten, eine nach der anderen. Die Stuka kamen nicht zur Ruhe. Wegen ihrer geringen Reichweite und des schnellen Vordringens der Panzerverbände waren sie laufend zur Verlegung gezwungen. Die I. und II./StG 1 verlegten in einem Monat 560 km nach Osten. Ende Juli wurde das VIII. Fliegerkorps an den Nordabschnitt der Ostfront in den Raum Leningrad verlegt.
Am 6. September beschloß der japanische Kronrat den Krieg gegen die USA und ihre Verbündeten, falls man auf dem Verhandlungswege bis zum 10. Oktober die gesetzten Ziele nicht erreichen konnte, nämlich freie Hand in Südostasien.
Am 8. September stellten sich die Truppen der Heeresgruppe Nord zum Angriff auf Leningrad bereit, der am 11. 9. beginnen sollte. Die Vorbereitung dafür sollten die Stuka der Luftflotte 1, das VIII. Fliegerkorps, übernehmen. Im Hafen von Leningrad lagen nämlich zwei alte Schlachtschiffe, die ›Oktjabrskaja Revoluzia‹ (23256 t) und die ›Marat‹ (23606 t), dazu der schwere Kreuzer ›Kirow‹ (8000 t). Insbesondere die zweimal zwölf 30,5-cm-Geschütze der beiden Schlachtschiffe, aber auch die neun 18-cm-Geschütze der ›Kirow‹ verhinderten oft den Durchbruch der deutschen Infanterie durch die sowjetischen Stellungen.
Am 11. und 12. wogten die Kämpfe hin und her. Sowjetische Gegenangriffe, zum Teil mit den neuen Panzern T 34, die den deutschen Panzern III und IV absolut überlegen waren, konnten nur mit Stuka-Unterstützung abgewehrt werden. Jetzt sollte das StG 2 ›Immelmann‹ unter Oberstleutnant Dinort die schweren Geschütze der Kriegsschiffe ausschalten.
Am 16. September griffen die Stuka, jetzt schon die neuen *Ju 87 D-1*, der III./StG 2 zum ersten Mal die ›Marat‹ an. Der Kommandeur der Gruppe, Hauptmann Steen, stürzte zusammen mit Hauptmann Klaus hinunter. Ein Volltreffer (500 kg) und einige andere Nahtreffer konnten aber das Schiff nicht zum Sinken bringen. Dann trafen auf dem Einsatzhafen Tyrkowo der Gruppe panzerbrechende Bomben PC 1000 ein. Alle drei Gruppen des StG 2 wurden nun mit diesen Bomben beladen und flogen dann zum Angriff in die Hölle, die ihnen die gutschießende sowjetische Flak bereitete. Die ›Marat‹ erhielt drei Volltreffer aus nur 300 m Höhe und wurde durch eine riesige Detonation zerrissen. Das andere Schlachtschiff erhielt nur wenige Treffer. Beim Angriff auf die ›Kirow‹ wurde Hauptmann Steen abgeschossen und stürzte dicht neben dem Schiff ins Wasser, das im gleichen Augenblick von seiner Bombe getroffen

Oben Ju 87 B-2 des StG. 77 im Osten. Unten Maschine des gleichen Verbandes im Flug über den Balkan.

wurde. Die ›Kirow‹ erlitt schwere Schäden. Auch der schwere Kreuzer ›Maksim Gorkij‹ erlitt schwere Schäden. Trotzdem mußte am 25. 9. der Angriff auf Leningrad eingestellt werden, da die Panzergruppe 4 abgezogen werden mußte und so die Kräfte nicht mehr ausreichten. In der Zeit vom 22. 6. bis 27. 9. hatte die Stukawaffe 146 Stuka mit ihren Besatzungen verloren. Am 7. Oktober 1940 setzte im Osten Schneefall ein. ›General Winter‹ stoppte den deutschen Vormarsch 18 Kilometer vor Moskau. Die Stuka, die keine Winterausrüstung besaßen, mußten aus der Front gezogen oder zurückverlegt werden.

Ju 87 B-2trop beim Angriffsflug gegen Bir-el-Gobi am 22. 11. 1941 (Nordafrika).

Die deutschen Fronten im Nord- und Mittelabschnitt erstarrten in Eis und Schnee. Nur im Süden an der Krimfront war die 11. Armee unter ihrem neuen Oberbefehlshaber General von Manstein offensiv. Auch die 17. Armee kam noch vorwärts, ebenso die 6., die am 24. 10. Charkow und Bjelgorod nahm.
In Japan war ein neues Kabinett unter dem bisherigen Kriegsminister General Tojo gebildet worden. Am 1. Dezember 1941 entschied sich der japanische Kronrat endgültig für den Krieg gegen USA, Großbritannien und die Niederlande, nachdem die Oberbefehlshaber von Heer und Marine sich dafür ausgesprochen hatten. Daß die Militärs bereits vorher zum Krieg entschlossen waren, beweist die Tatsache, daß die Flotte bereits Anfang November begonnen hatte, in der Hitokappu-Bucht ein Angriffsgeschwader für den Angriff auf Pearl Harbour zusammenzuziehen. Bereits am 26. November war diese Flotte ausgelaufen. Das Gros des Verbandes bildeten sechs Flugzeugträger: ›Akagi‹, ›Kaga‹, ›Syokaku‹, ›Zuikaku‹, ›Hiryu‹ und ›Soryu‹. Neben 79 Jägern, 40 Torpedoflugzeugen und 104 leichten Bombern hatten diese insgesamt 132 Sturzbomber Aichi *D3A-1* an Bord. Bei den Amerikanern erhielten sie später, wie alle im Pazifik eingesetzten Flugzeuge, Code-Namen. *D3A-1* wurde zu ›Val‹ (Anmerkung: In diesem Code bedeuteten männliche Vornamen Jagd- oder Zerstörerflugzeuge, weibliche Vornamen Kampfflugzeuge aller Art). Dem Verband, der vom japanischen Flottenchef Admiral Yamamoto geführt wurde, gehörten neben den Flugzeugträgern zwei Schlachtschiffe, zwei schwere Kreuzer, ein leichter Kreuzer, 9 große Zerstörer, 8 Tanker und 3 Uboote an. Von der Hitokappu-Bucht fuhr die Kampfgruppe bei völliger Funkstille elf Tage, erst mit Ostkurs, gedeckt durch Sturm und Nebel, dann in südöstlicher Richtung. Dann klarte das Wetter auf.
Daß die Amerikaner nicht ganz ahnungslos waren, beweist die Tatsache, daß bereits am 27. November die Außenbefehlshaber von US Army und US Navy, sowie der US Army Air Force von Washington aus Kriegswarnung erhalten hatten. Da in Hawaii kein Flugzeugträger lag, verfügte der dortige Marinebefehlshaber neben der Schiffs- und Küstenflakartillerie nur über die Air Group Nr. 21 des US Marine Corps auf Ewa. Diese bestand aus den folgenden Squadrons: VMS-1 = 24 *SB2U-3*, VMB-2 = 19 *SBD-1*, VMF-2 (Jäger) = 15 *F4F-3*, 13 *F3F-2*, 1 *SNJ-3* und VMJ-2 = 3 *J2F-4*, 1 *JRS-1*, 1 *JO-2*, 2 *R3D-2*, 2 *SBD-1* und 1 *SB2U-3*. Alle Flugzeuge außer den *SB2U-3* und den *SBD-1* waren veraltet. So sah es auf Hawaii aus. Die Japaner waren schon unterwegs.
Im Mittelmeer entwickelte sich der Krieg mehr und mehr zu einem Kampf um die Geleitzüge: die Engländer bekämpften die deutsch-italienischen Geleitzüge mit dem Nachschub für die deutsch-italienischen Truppen in Nordafrika, die Deutschen und Italiener den englischen Nachschub für Malta. Da die Tätigkeit der deutschen Luftwaffe in der Sowjetunion durch den extrem harten Winter, wofür die Luftwaffe so gut wie nicht vorbereitet war, stark eingeschränkt war, befahl Hitler am 5. 12. 1941, die Luftflotte 2 unter Generalfeldmarschall Kesselring vom Mittelabschnitt der Ostfront abzuziehen und nach Lybien und Sizilien zu verlegen.
Über die Ausstattung der Italiener mit *Ju 87*, die sie ›Picchiatelli‹ nannten, wurde bereits berichtet. Inzwischen war auch eine Sturzbomberschule in Foggia eingerichtet worden, die von Oberst Peltz geleitet wurde. Die zur 96. Gruppo gehörende 239. Squadriglia erhielt die ersten *Ju 87 B-1*. Sie wurde in Lybien stationiert und schlug sich dort gut. Unter anderem gelang es der Staffel, die nie mehr als zehn Flugzeuge besaß, am 28. Juni 1941, den australischen Zerstörer ›Waterhen‹ zu versenken. Ein anderer australischer Zerstörer, die ›Defender‹, wurde am 11. Juli vor Sidi Barani versenkt. Bis zum November 1941 hatten weder italienische noch deutsche Stuka irgendwelche größeren Erfolge im Mittelmeerraum. Dann kam das II. Fliegerkorps im Verbande der Luftflotte 2 in diesen Raum, wo Kesselring nun den Oberbefehl über II. und X. Fliegerkorps übernahm. Die *Ju 87* des II. Fliegerkorps belegten den Fugplatz Castelvetrano auf Sizilien. Ende Dezember 1941 verfügte Kesselring über insgesamt 425 Flugzeuge. Darunter befanden sich die *Ju 87 R-2* des StG 3 und die Ergänzungsgruppe des StG 1. (Man war schon gezwungen, Schulverbände zum Frontdienst heranzuziehen!) Die Aufgabe Kesselrings bestand darin: Malta mußte ausgeschaltet werden, damit Luft- und Seetransporte der Italiener mit dem Nachschub für die Truppen in Lybien, insbesondere mit Treibstoff, nicht mehr gestört werden konnten.
Dann zündete die Zeitbombe in Fernost.

Auch die Picchiatelli der italienischen Luftwaffe erwiesen sich als schlagkräftige Waffe im Mittelmeerraum.

Picchiatelli der 209. Squadriglia über dem Mittelmeer, darunter eine Ju 87 R-2 des gleichen Verbandes auf dem Rückflug vom Angriff auf Malta.

Oben Aichi D3A1-Staffel vor dem Abflug zum Flugzeugträger. Unten das Flugbild der D3A1 zeigt die Ähnlichkeit mit Heinkel-Typen.

Am 7. 12. 1941 morgens um 6.00 Uhr startete der japanische Angriffsverband, darunter 51 Sturzbomber D3A1, nördlich der Insel Oahu, von den Flugzeugträgern nach Pearl Harbour. Eine zweite Welle mit 81 Sturzbombern folgte.

13. Pearl Harbour: Japans Sturzbomber greifen an

In den frühen Morgenstunden des 7. Dezember 1941 saß in Pearl Harbour auf Hawaii ein Armee-Techniker an einem Radargerät und überprüfte es gerade, als er merkwürdige ›Pips‹ entdeckte, erst einen, dann mehr. Er informierte sofort seinen Vorgesetzten, der ihm aber empfahl, dies lieber zu vergessen! Bald danach beobachteten einige Frühaufsteher im blendenden Sonnenschein am blauen Himmel etwa 25 Flugzeuge über Ford Island. Es war 7.00 Uhr. Ein Matrose blinzelte hinauf, konnte aber nur das Glänzen des Metalls in der Sonne sehen. In diesem Augenblick brummten von See her weitere Flugzeuge in niederiger Höhe heran. Im nächsten Augenblick heulte der erste der hochfliegenden Sturzbomber Aichi *D3A1* herunter, dem die anderen in kurzen Abständen folgten. Die Katastrophe von Pearl Harbour begann. Die Aichi setzten zuerst die Naval Air Station der US Marine auf Ford Island außer Gefecht. Die dort stationierten amerikanischen Sturzbomber kamen gar nicht mehr vom Boden weg. Die veralteten Boeing-Doppeldecker, die einzigen Jäger auf Hawaii, hatten gegen die neuen japanischen Mitsubishi *A6M1* überhaupt keine Chance. Die in zwei Wellen angreifenden japanischen Trägerflugzeuge, darunter 132 Sturzbomber machten ganze Arbeit! General Marshall's warnender Funkspruch aus Washington lag noch da, während die Generale und Admirale auf Pearl Harbour noch schliefen, bis sie durch die Detonationen der Bomben und Torpedos der Japaner geweckt wurden. 2844 Mann fielen auf Hawaii. Die meisten Schlachtschiffe der Pazifikflotte waren entweder versenkt oder beschädigt, aber... die Amerikaner hatten Glück im Unglück: alle vier Flugzeugträger der US Navy, › Saratoga‹, ›Lexington‹, ›Yorktown‹ und ›Enterprise‹ befanden sich nicht in Hawaii! Die Amerikaner erkannten ihre Chance. Der Krieg im Pazifik, der nun begann, sollte beweisen, daß Schlachtschiffe und Kreuzer nur noch als Geleitschutz für die Flugzeugträger gebraucht wurden. Den Angriff führten Sturzbomber, Torpedoflugzeuge und Unterseeboote. Dabei sollten sich die Sturzbomber als die wirksamere Waffe erweisen.

Natürlich waren die amerikanischen Trägerverbände im Augenblick noch zu schwach, um sofort offensiv zu werden. Vor allem war ihre Flugzeugausstattung noch nicht genügend modernisiert. Der Bestand der Träger an Sturzbombern war folgender:

Träger	Verband	Stückzahl	Baumuster
›Saratoga‹	VB-3	19	Vought *SB2U-2*
	VB-3	21	Curtiss *SBC-3*
›Lexington‹	VB-2	19	Vought *SB2U-1/-2*
	VS-2	21	Curtiss *SBC-4*
›Yorktown‹	VB-5	22	Douglas *BT-1*
	VS-5	20	Curtiss *SBC-3*
›Enterprise‹	VB-6	17	Douglas *BT-1*
	VS-6	18	Curtiss *SBC-3*

Das bedeutet, daß nur insgesamt 157 Sturzbomber der US Flotte zur Verfügung standen, von denen über die Hälfte, nämlich 80, veraltete Doppeldecker waren.

Aber der nächste Schlag der Japaner folgte bereits wenige Tage später. Die 25. japanische Armee landete in Khota Baru im Nordteil von Malaya. Darauf liefen das britische Schlachtschiff ›Prince of Wales‹, der Schlachtkreuzer ›Repulse‹ und vier Zerstörer aus Singapur aus, um die Landungsflotte anzugreifen, und wurden von einem japanischen Uboot entdeckt. Am Morgen des 10. 12. entdeckte das 22.

Bei dem Angriff auf Pearl Harbour wurden neben anderen Kriegsschiffen 6 Schlachtschiffe versenkt und drei weitere schwer beschädigt. 188 US-Flugzeuge wurden am Boden zerstört oder abgeschossen. Die Japaner verloren nur 29 Flugzeuge, darunter 15 Sturzbomber.

Ju 87 D-3, S7+JN, des StG 3 auf Einsatz im Mittelmeerraum wartend.

Angehöriger des Bodenpersonals des StG 2 auf dem Bug einer Ju 87 D-3 mit dem Abzeichen der Fliegergruppe Afrika sitzend.

Rechte Seite: Ju 87 D-3 der 7. Staffel des StG 3 kehren vom Angriff auf feindliche Panzer-Bereitstellungen im Tiefflug zurück.

japanische Fliegergeschwader die Schiffe und versenkte das Schlachtschiff und den Schlachtkreuzer. Die Unglückswelle für die USA war noch nicht zu Ende. In der Woche vor Weihnachten eroberten die Japaner nach Vorbereitung durch Sturzbomberangriffe und Artillerie der Kriegsschiffe die Insel Wake. Jetzt begann die amerikanische Rüstungsmaschinerie langsam anzulaufen. Aber sie brauchte einige Zeit, bis sie auf vollen Touren lief. Solange mußten die Amerikaner im Pazifik und Südostasien kurztreten.

Am 17. Dezember begann die 11. deutsche Armee unter General von Manstein zum ersten Mal den Angriff auf die Krimfestung Sewastopol. Wieder waren es die Sturzbomber *Ju 87 D* des VIII. Fliegerkorps, die die schwere Artillerie mit ihren Angriffen verstärken sollten. Ja, sogar die alten *Hs 123* der II. (Schl.)/LG 2 wurden hier noch eingesetzt, um sowjetische Widerstandsnester zu zerschlagen. Aber der Angriff mußte abgebrochen werden,als am 28. und 29. 12. 1941 die Sowjets im Rücken der Deutschen auf Kertsch landeten.

Die Ausbringung an *Ju 87* hatte im Jahre 1941 eine Rekordhöhe von 651 Maschinen allein durch Weserflug gebracht. Die Verluste der Luftwaffe in der Sow jetunion (vom Beginn des Ostfeldzuges bis zum Jahresende 1941 über 170 *Ju 87*) brachten es aber mit sich, daß die ins Mittelmeer verlegten I./StG 1 und II./StG 2 immer noch die *Ju 87 R-2* flogen. Für die Ostfront war inzwischen die neue Baureihe *Ju 87 D-2* entwickelt worden, die sich von der *Ju 87 D-1* nur durch einen verstärkten Sporn unterschied, da diese Version für den Schlepp von Lastenseglern vorgesehen war. Es wurde nur eine geringe Anzahl dieser Maschinen gebaut, die sich aber beim Nachschub und der Versorgung abgeschnittener Verbände gut bewährten. Aufgrund der Erfahrungen mit der *Ju 87 D-1* wurde dann ein Rüstsatz mit verstärkter Panzerung für Besatzung, Motor und Kühler bereitgestellt, durch den die *Ju 87 D-1* zur Version *Ju 87 D-3* wurde. Für die Bekämpfung von Schiffszielen arbeitete man in Dessau an der Entwicklung eines Torpedoflugzeuges aus der *Ju 87 D*. Zu diesem Zweck wurde die *Ju 87 D*, Werknr. 2292, mit einem Lastenträger für 750 kg oder 905 kg Torpedos ausgerüstet. Soweit bekannt, ist nur diese eine Maschine mit dem Kennzeichen BK + EF gebaut und erprobt worden. Die Ergebnisse scheinen nicht befriedigt zu haben, denn ein Serienbau erfolgte nicht.

Als sich 1942/43 bei der Ausbildung der Stuka-Piloten die Ausfälle häuften, entschloß man sich, eine Schul-Ausführung der *Ju 87 D* zu schaffen. Eine Anzahl *Ju 87 D* erhielt Doppelsteuerung, was eine Änderung des Führerraumes notwendig machte. Alle Bordwaffen wurden ausgebaut. Die so entstandene Schulmaschine wurde als *Ju 87 H* bezeichnet und hat sich recht gut bewährt.

Die für England und die USA niederschmetternden Erfolge der japanischen Sturzbomber führten jetzt zur Aktivierung des Sturzbomberprogramms in den USA, da in England dafür keinerlei Vorbedingungen gegeben waren. Alle diese Programme kamen aber erst im Laufe des Jahres 1942 zum Tragen. Der Sturzbomber Brewster *SB2A-1* ›Bruccaneer‹ (brit. ›Bermuda‹) wurde, obwohl der englische Auftrag bereits im Juli 1940 erteilt worden war, erst im März 1942 der Erprobung durch die Royal Air Force unterzogen. Obwohl dieser Typ nicht ganz den Erwartungen entsprach, wurde die Serienfertigung wegen des Engpasses an Sturzbombern freigegeben, die aber erst im Herbst 1942 anlief. Etwas früher, nämlich im Juni 1942 lief die Fertigung des Sturzbombers Vultee *TBV-1* (brit. ›Vengeance‹) an. Hiervon waren bereits Ende 1941 1900 Stück, 1200 für England und 700 für die USA in Auftrag gegeben worden. Die Maschine hatte folgende technische Daten: Spannweite 14,63 m, Länge 18,12 m, Höhe 4,67 m. Leergewicht 4672 kg, Fluggewicht 7439 kg. Höchstgeschwindigkeit 449 km/h, Marschgeschwindigkeit 370 km/h. Reichweite 3220 km, Gipfelhöhe 6800 m. Die Bewaffnung bestand aus sechs 12,7 mm MG, die Bombenlast betrug maximal 907 kg. Die Maschine ist ausschließlich in Südostasien, vornehmlich in Birma eingesetzt gewesen, erfreute sich aber beim fliegenden Personal keiner besonderen Beliebheit.

Von dem bereits bei der US Navy und den US Marines eingeführten Sturzbomber Douglas *SBD* entstand im Frühjahr 1942 die neue Version *SBD-3*, von der 252 Stück gebaut wurden. Diese Version sollte im Sommer 1942 ihre Leistungsfähigkeit unter Beweis stellen.

Vorläufig waren aber die Japaner immer noch die Stärkeren. Am 19. 2. stieß ein japanischer Trägerverband, aus 4 Flugzeugträgern, zwei Schlachtschiffen

Oben Brewster SB2A-1 beim Sturzangriff, darunter derselbe Typ als ›Bermuda I‹ bei der Royal Air Force in Burma eingesetzt.

Auch der Sturzbomber Vultee A-31 der US Army Air Force wurde unter der Bezeichnung ›Vengeance‹ bei der Royal Air Force in Burma eingesetzt. (Oben A-31, unten ›Vengeance‹.)

Der Sturzbomber Chance-Vought SB2U-1 war 1940 noch auf ›*Saratoga*‹, 1941 nur noch als Aufklärer auf einigen Trägern eingesetzt. Hier eine Maschine der VB-3 auf ›*Saratoga*‹.

und drei Kreuzern betehend, unter Führung von Vizeadmiral Nagumo von Palau aus gegen Port Darwin in Nordaustralien vor. 188 Flugzeuge, hauptsächlich Sturzbomber *D3A1*, führten einen Luftangriff auf den Hafen durch, bei dem elf Transporter und ein US-Zerstörer versenkt wurden. Bereits acht Tage später schlug die japanische Marine erneut zu. Entscheidend war hierbei der Einsatz der japanischen Sturzbomber gegen die über keine Träger verfügende alliierte Flotte unter Führung des holländischen Konteradmirals Karel Doorman. Von seinen 5 Kreuzern und 9 Zerstörern wurden 2 Kreuzer und 3 Zerstörer durch Sturzbomber versenkt. Der Rest konnte entkommen, aber der Weg für die Landung der Japaner auf Java war damit frei. In den folgenden Wochen vernichtete der japanische Trägerverband einen Kreuzer, vier Zerstörer, zwei Kanonenboote und einen großen Flottentanker. Zwei weitere Kreuzer, die zwei japanische Transporter versenkten, wurden dann selbst vernichtet. Dann aber begannen die Amerikaner mit Vorstößen kleiner Trägerverbände gegen die japanischen Flottenverbände. Anfang März versanken durch Bomben amerikanischer *SB2U-2* vor Neu-Guinea zwei japanische Transporter, acht weitere wurden beschädigt. Dann verschwanden die amerikanischen Träger wieder.

Die deutschen Sturzbomber, die im Verbande des II. Fliegerkorps über Malta eingesetzt waren, erzielten bald die erwünschte Wirkung, zumal sich der 37. Stormo der Regia Aeronautica mit seinen Picchiatelli erfolgreich an der Bombrdierung der Insel beteiligte. Die Italienische Marine konnte den Nachschub für die deutsch-italienischen Streitkräfte jetzt ohne Verluste durchbringen. Aber auch in Afrika wurden jetzt die Stuka aktiv: die II./StG 3 unterstützte Rommels am 26. Mai begonnene Offensive, das Unternehmen ›Theseus‹, äußerst wirkungsvoll. Dabei flogen hier immer noch alte *Ju 87 R-2*. Ein Engländer

berichtete darüber: »Die Stuka kamen jeden Morgen so pünktlich, daß man die Uhr danach stellen konnte, und es war jedesmal die Frage, wen sie als nächsten aufs Korn nehmen würden.« Am 3. Juni zerschlug das StG 3 unter Oberstleutnant Sigel die befestigten Stellungen bei El Gazala. In diesen Kämpfen und denen bei dem von den Freien Franzosen verteidigten Bir Hacheim verlor das StG 3 binnen einer Woche 14 Maschinen. Solange waren nie mehr als 70 *Ju 87* gleichzeitig im Einsatz gewesen. Jetzt wurden 100 Stuka zusammengezogen, denen es dann gelang, Bir Hacheim sturmreif niederzukämpfen. Dann zerschlugen Panzer und das StG 3 die Verteidigungsstellungen um Tobruk. Auch hier beteiligten sich wieder Picchiatelli der 209. Squadriglia. Obwohl die Ju 87 eigentlich schon eine veraltete Waffe war, erzielte sie auch 1942 ungeheure Wirkungen. Alan Moorehead schrieb in seinem Buch ›The Desert War‹ (Der Wüstenkrieg) wörtlich: »Es ist sinnlos, wenn sich die Militärexperten ereifern und behaupten, der Stuka sei eine Fehlkonstruktion und sehr verwundbar gewesen. Man frage die Feldtruppe!« Generalfeldmarschall Kesselring schrieb: »Die Briten haben den Stuka ebensosehr gefürchtet wie die Deutschen ihn schätzten.« Bei der Bekämpfung der beiden Versorgungsgeleitzüge für Malta, ›Harpoon‹ und ›Vigorous‹, bewiesen deutsche und italienische Sturzbomber ihr Wirksamkeit. Am 15. 6. griffen 17 *Ju 87 R-2* der 102. Gruppo ›Harpoon‹ an und erzielten Treffer auf einem Kreuzer und einem Transporter. Mittags griffen zehn *Ju 87* der 102. Gruppo noch einmal an und trafen zwei Transporter. Zwei Picchiatelli gingen verloren. Die II./StG 3 griff mit 40 Maschinen an und versenkte den Frachter ›Aagtekirk‹, den Kreuzer ›Hermione‹, die Zerstörer ›Airedale‹, ›Hasty‹ und ›Nestor‹ und zwei weitere Frachter. Vom ganzen Convoy ›Vigorous‹ erreichte kein Schiff Malta. Die II./StG 3 verlor ein Flugzeug. Im August 1942 kam dann die Schlacht um den Geleitzug ›Pedestal‹, an der die italienische 102. Gruppo und die I./StG 3 maßgebend beteiligt waren. Den größten Erfolg errang dabei die I./StG 3, die mit zwei Treffern den britischen Flugzeugträger ›Indomitable‹ außer Gefecht setzte. Den Picchiatelli blieben größere Erfolge versagt — trotz ihres vollen Einsatzes, wie ihre Verluste bewiesen. Von 14 Frachtern des Geleitzuges erreichten nur fünf den Hafen von Malta. Es waren die letzten großen Erfolge deutscher und italienischer Sturzbomber im Mittelmeer. Ende 1942 gab es in diesem Raum nur noch sechzig einsatzbereite *Ju 87*, 10 auf Sizilien, 20 in Tunesien und 30, die den Rückzug Rommels nach der Niederlage bei El Alamein deckten. Wie 1940/41 im Westen mußte nun im Mittelmeerraum der Stuka dem Jagdbomber weichen.

Gegen die Sowjetunion aber bewiesen die *Ju 87 D*, daß der Stuka hier immer noch eine wirksame Waffe war. Am 8. Mai 1942 begann die 11. deutsche Armee unter Generalfeldmarschall von Manstein das Unternehmen ›Trappenjagd‹, die Vernichtung der sowjetischen ›Krim-Front‹. Die Zusammenarbeit zwischen Manstein und dem inzwischen zum Generaloberst beförderten Wolfram von Richthofen, dem Chef des VIII. Fliegerkorps, ist von Manstein in seinen Erinnerungen wiederholt erwähnt worden. Bis zum 18. Mai 1942 war das Gros der sowjetischen Heeresgruppe vernichtet. Auch bei der Kesselschlacht um Charkow, Ende Mai, bewährten sich die *Ju 87 D*.

Linke Seite oben und Mitte: Die Picchiatelli der 209. Squadriglia kämpften bis zum Abfall Italiens als zuverlässige Verbündete der deutschen Stukas im Mittelmeerraum. – Unten: Zwei Ju 87 D-3 der 7./StG 1 rollen nach der Rückkehr vom Feindflug zu den Abstellplätzen.

Oben Douglas SBD-3 beim Sturzangriff. Die durchlöcherten Bremsklappen sind gut zu erkennen. Unten Chance-Vought SB2U-2 ›Vindicator‹.

14. Midway: Die »Dauntless« bringt die Wende

Der Sommer 1942 brachte den Japanern den ersten Rückschlag. Ihre Absicht, auf Midway zu landen und mit allen Kräften ihrer Flotte die Amerikaner zur Entscheidungsschlacht zu zwingen, schlug fehl.
Der japanische Flottenchef Admiral Yamamoto hatte seine Falle für die Amerikaner gut aufgebaut. Schon in den ersten Junitagen hatten die Amerikaner aber bereits Fühlungshalter in der Luft, die den amerikanischen Flottenchef Admiral Nimitz auf dem laufenden hielten.
Als die beiden Flotten einander näher kamen, eröffneten fünf amerikanische Torpedoflugzeuge den Kampf. Sie wurden alle von den japanischen Jägern *A6M1* ›Zero‹ abgeschossen. Dann griffen Douglas *SBD-2* und *SB2U-2* an. Fünfzehn wurden von den *A6M1* abgeschossen. Dabei zeigte sich, daß die *SB2U-2* veraltet waren. Von der nächsten Welle von 27 *SB2U* wurden 13 abgeschossen. Am Tage darauf erhöhte sich die amerikanische Verlustliste um weitere 15 Torpedoflugzeuge *TBD-1*. Auch die Scout-Bomber der Träger ›Hornet‹ und ›Enterprise‹ kamen nicht durch den japanischen Jägerschirm. Nur der japanische Kreuzer ›Mikuma‹ wurde so schwer getroffen, daß er später sank. Jetzt setzte Nimitz seine beste Waffe ein, die Sturzbomber *SBD-2*. Sie griffen massiert die japanischen Flugzeugträger an, mit durchschlagendem Erfolg: die Japaner verloren vier Flugzeugträger, ›Akagi‹ gesunken nach zwei Volltreffern,›Kaga‹ nach vier, ›Soryu‹ nach drei. Die ›Shokaku‹ sank zwar nicht, wurde aber für längere Zeit außer Gefecht gesetzt. Aber auch die Amerikaner verloren einen Träger, die ›Yorktown‹. Das Schiff war durch Bomben beschädigt worden und geriet vor die Torpedorohre eines japanischen Uboots. Trotz der schweren Verluste hatten aber die Amerikaner ihr Ziel erreicht. Die Landung auf Midway mußte von den Japanern aufgegeben werden. Das technische Ergebnis aber war: Torpedoflugzeuge und leichte Bomber hatten versagt, nur die Sturzbomber waren ausschlaggebend für den Erfolg gewesen.
Inzwischen war Richthofens VIII. Fliegerkorps schon wieder vom Süden in den Raum Kursk verlegt worden, um die Sommeroffensive zu unterstützen. Richthofen war zum Luftflottenchef aufgerückt, das VIII. Fliegerkorps wurde jetzt von Generalleutnant Fiebig geführt. Noch immer schufen die Stuka die Voraussetzungen für die Durchbrüche durch die feindlichen Stellungen. Aber schon traten auch hier im Osten Verluste auf, als die sowjetischen Jäger der neuen Generation an die Front kamen. Jetzt zeigte sich auch hier, daß die *Ju 87* den erhöhten Anforderungen nicht mehr gewachsen war. Trotzdem erreichte das VIII. Fliegerkorps, daß das XIV. Panzerkorps bis zur Wolga bei Rynok, nördlich von Stalingrad, vorstoßen konnte.
Die Erfolge der Douglas *SBD-1* bis *SBD-3* bei Midway und bei Landeunternehmen im Raum Neuguinea (hier versenkten sechs *SBD* einen Kreuzer binnen weniger Minuten) und Tulagi, führten dazu, daß weitere verbesserte Versionen entwickelt wurden. Die *SBD-4* erhielt neben anderen Verbesserungen Radar-, Such- und Ortungsgeräte sowie neue Verstelluftschrauben. Im Herbst 1942 begann die Auslieferung der nächsten Serie *SBD-5*, die sich von *SBD-4* nur durch das stärkere Triebwerk Wright 1820-66 mit einer Startleistung von 1200 PS unterschied. Diese Serie wurde noch bis Ende 1943 gebaut, insgesamt 3025 Stück. Sie wurde sowohl von der Navy wie auch von den Marines geflogen und hatte nachweislich die niedrigste Verlustrate von allen amerikanischen Flugzeugen, die im Pazifik und

Oben die erste Serienausführung der ›Dauntless‹ SBD-1, die bereits 1941 bei US-Navy und USMC eingeführt wurde, darunter die verbesserte SBD-3.

Bereits 1941 bestellte die US-Navy zwei Musterflugzeuge des verbesserten Typs XSB2D-1, die aber erst 1943 zur Auslieferung kamen und der Ablehnung verfielen.

in Südostasien eingesetzt waren. Die *SBD-5* hatte folgende technische Daten: Spannweite 12,65 m, Länge 10,06 m, Höhe 3,94 m. Leergewicht 3028 kg, Fluggewicht 4924 kg. Die Höchstgeschwindigkeit lag bei 406 km/h, die Marschgeschwindigkeit bei 232 km/h. Die Reichweite betrug 1794 km, die Gipfelhöhe 7405 m. Die Bewaffnung bestand aus zwei 12,7-mm-MG und zwei 7,9-mm-MG. Die Bombenlast lag bei 1021 kg. Damit war die Höchstgeschwindigkeit der *SBD-5* um 75 km/h und die Reichweite um rund 500 km höher als bei der *Ju 87 D*. Zu dieser Zeit arbeitete man bei Curtiss bereits an der Serienausführung des 1940 während der Erprobung abgestürzten Sturzbombers *SB2C-1*. Die Erprobung der verbesserten Ausführung *XSB2C-1* hatte gezeigt, daß dieses neue Flugzeug der Douglas *SBD-5* leistungsmäßig überlegen war und noch weiter verbessert werden konnte. Im Augenblick kam es aber darauf an, die Serie möglichst bald anlaufen zu lassen und dieses Flugzeug, das den Beinamen ›Helldiver II‹ tragen sollte, an die Pazifik-Front zu bringen. Dies sollte aber noch ein ganzes Jahr dauern, da sich immer wieder die Notwendigkeit von Änderungen zeigte. Bei Douglas wußte man von der Konkurrenz und versuchte, einen Nachfolger für die Serie *SBD* ›Dauntless‹ zu entwickeln. Der Entwurf stammte bereits aus dem Jahre 1941 und sah verschiedene Neuerungen wie Bugradfahrwerk, ferngelenkte Waffen und einen 2300-PS-Motor vor. Der Versuchstyp wurde als *XSB2D-1* ›Destroyer‹ bezeichnet.

Oben Ju 87 D-1 des StG 2 auf einem Flugplatz im Südabschnitt der Ostfront. Unten Ju 87 D-3 der ehemaligen I./StG 1, die in II./StG 3 umbenannt wurde.

Oben Ju 87 D-3 auf dem Rückflug an der Ostfront. Unten Ju 87 D-3 der III./StG 1 ebenfalls auf dem Rückflug vom Einsatz.

15. Die Ju 87 wird Panzerjäger und Nachtschlachtflugzeug

Während die Amerikaner im Pazifik langsam zur Offensive übergingen, bahnte sich in der Sowjetunion die große Wende zum Negativen für die deutsche Wehrmacht an. Am 10. September 1942 erreichte das XXXXVIII. Panzerkorps die Wolga hart südlich Stalingrad zwischen Jelschanka und Kuperosnoje. Die 62. und Teile der 64. Sowjetarmee bereiteten sich zur Verteidigung von Stalingrad vor. Das VIII. Fliegerkorps und darunter das StG 1 ›Immelmann‹ flog vier und mehr Einsätze täglich gegen Punktziele in dem verzweifelten Versuch, den fanatischen Widerstand der Verteidiger zu brechen. Am 4. Oktober berieten Armeegeneral Schukow und die zuständigen Armeeführer über die geplante Umfassungsoperation mit dem Ziel der Vernichtung der 6. deutschen Armee.

Dann kamen die Schläge hintereinander: 23. Oktober 1942 Durchbruch der Engländer bei El Alamein, 7./8. November: alliierte Landungen in Algerien und Tunesien, 19. November 1942 Beginn der sowjetischen Offensive im Raum Stalingrad.

Das StG 2 flog Einsatz auf Einsatz, vor allem gegen die durchgebrochenen sowjetischen Panzerverbände. Das Geschwader operierte so lange wie möglich im Kessel von Stalingrad, aber schließlich mußte man die *Ju 87* doch aus dem Kessel abziehen. Nur selten kamen die Stuka noch zu Erfolgen. Bei Morosowskaja war eine ganze sowjetische Panzerdivision durchgebrochen und bedrohte die Stadt, in der sich große deutsche Versorgungslager befanden. Der Kommodore des StG 2, Oberstleutnant Dr. Kupfer, jagte mit allen flugklaren Maschinen den Panzern entgegen. Der größte Teil des Panzerverbandes wurde außer Gefecht gesetzt. Die Gefahr für die Stadt war für einige Zeit gebannt. Bei diesen Kämpfen waren die ersten *Ju 87* der Serie D-5 zum Einsatz gekommen. Das Triebwerk war wie bei allen *Ju 87 D* der Jumo 211 J mit 1420 PS. Die Maschine hatte aber eine auf 15 m vergrößerte Spannweite und ein absprengbares Fahrwerk, um bei Notlandungen die Überschlagsgefahr bei ungünstigem Boden zu verringern, und ein Fluggewicht bis maximal 5900 kg. Ausrüstung mit Schneekufen war möglich.

Auf der Suche nach einer Waffe gegen die sowjetischen Panzermassen begann man im Sommer 1942 im Endmontagewerk Bernburg der Junkerswerke mit Versuchen, die *Ju 87* zum Panzerjäger umzufunktionieren. Eine *Ju 87 D-1* wurde mit zwei 3,7-cm-Flak 36 ausgerüstet, die unter den Flügeln außerhalb des Fahrwerks aufgehängt wurden. In den Erprobungsstellen Rechlin und Tarnewitz wurden Angriffe auf erbeutete T 28, KW I und T 34 durchgeführt. Es zeigte sich, daß die bei allen Panzern verhältnismäßig schwache Rückenpanzerung bei Sturzangriffen glatt durchschlagen werden konnte. Während die Panzerung an Turm, Front und Seiten beim T 34 45 bis 60 mm stark war, betrug die Panzerstärke der Decke maximal 20 mm. Es wurden nun einige *Ju 87 D-3* umgebaut und erhielten die Bezeichnung *Ju 87 G-1*. Sturzflugbremsen und Bombenträger wurden ausgebaut, so daß nur noch Bahnneigungsflüge möglich waren. Es zeigte sich, daß auch Schrägtreffer den Deckenpanzer durchschlugen. Als Munition wurde die bei der alten 3,7-cm-Pak 35/36 verwendete Panzergranate mit Kern benutzt. Zum Einsatz sollte diese neue Waffe aber erst 1943 kommen.

Am 31. Januar 1943 endete die Tragödie von Stalingrad mit der Kapitulation. Mitte bis Ende Februar begann sich die Lage an der Ostfront wieder zu stabilisieren. Oberstleutnant Otto Weiß baute einen Angriffsverband aus *Ju 87* und Schlachtflugzeugen

Der ›Kanonenvogel‹ Ju 87 G-1. Das untere Bild zeigt den Anbau der 3,7-cm-Flak 36 unter der Tragfläche.

Nordafrika 1941: Ju 87 B-2 der II./StG 2, darunter die Bf 109 E-4trop des Oberleutnants Franzisket von der I./JG 27.

Rechte Seite:
Oben Ju 87 D-1, DH+RG, mit Schleppkupplung für Lastensegler über Nordafrika. Unten Ju 87 D-1trop der 8./StG 3, S7+KS, Besatzung Unteroffizier Otto Eckhardt/Uffz. Herbert Wagner, die am 1. 11. 1942 in Nordafrika abgeschossen wurde.

Hs 129 auf. Ihm gehörte auch ein ›Versuchsverband für Panzerbekämpfung‹ an, der aus *Ju 87 G-1* und einer *Ju 88 P-1* bestand. Die letztere erwies sich als Fehlschlag. Die *Ju 87* waren im Raum Stalino stationiert und konnten bald beweisen, daß die ›Stuka‹ noch immer eine wirksame Waffe waren.
In Dessau arbeitete Professor Hertel an Projekten von schnelleren und leistungsfähigeren Sturzbombern. Besonders interessant war das Projekt *Ju 187*, das den generellen Aufbau der *Ju 87* mit verschiedenen aerodynamischen Verbesserungen verband. Die Maschine sollte einen 1750 PS Jumo 213 und eine Bewaffnung von einem MG 151/20 und einem MG 131 erhalten. Mit einer Bombenlast von 700 kg sollte eine Höchstgeschwindigkeit von 500 km/h erreicht werden. Die *Ju 187* und ein zweites Projekt mit BMW 801 wurden im Windkanal getestet, von GL/C aber abgelehnt.
Um die Fertigung der *Ju 87* erhöhen zu können und sie gleichzeitig vor Bombenangriffen zu sichern, wurde von Weserflug in Trencin in der Slowakei ein weiteres Werk für Endmontage und Einflug eingerichtet. Die in Bremen, Lemwerder und Berlin-Tempelhof fertiggestellten Großbauteile wurden auf dem Schienenwege dorthin transportiert, zusammengebaut und nach dem Einflug an die Luftwaffe abgeliefert.
War die *Ju 87 G-1* bereits der erste Schritt der *Ju 87* vom Sturzbomber zum Schlachtflugzeug gewesen, so verlief die weitere Entwicklung ebenfalls in dieser Richtung. Da die *Ju 87* für Tageseinsätze zu langsam geworden war, war ihr Einsatz nur noch als Nachtschlachtflugzeug möglich. So entstand aus der *Ju 87 D-5* die *Ju 87 D-7* mit Flammvernichtern für den Nachteinsatz und Einbau von zwei MG 151/20 im Flügelknick anstatt der bisherigen MG 17. Ihr folgte dann noch eine *Ju 87 D-8*, die nach Fortfall der Sturzflugbremsen als reines Nachtschlachtflugzeug angesehen werden muß.
Im März 1943 konnte die Heeresgruppe Süd, nunmehr unter Führung von Generalfeldmarschall von Manstein noch einige Erfolge erzielen. Am 15. 3. fiel Charkow wieder in deutsche Hände, am 21. 3. Bjelgorod. Kursk, um das sich die Front im großen Bogen zog, blieb in sowjetischer Hand. An diesen Operationen war die jetzt von Richthofen geführte Luftflotte 4 und mit ihr das VIII. Fliegerkorps maßgebend

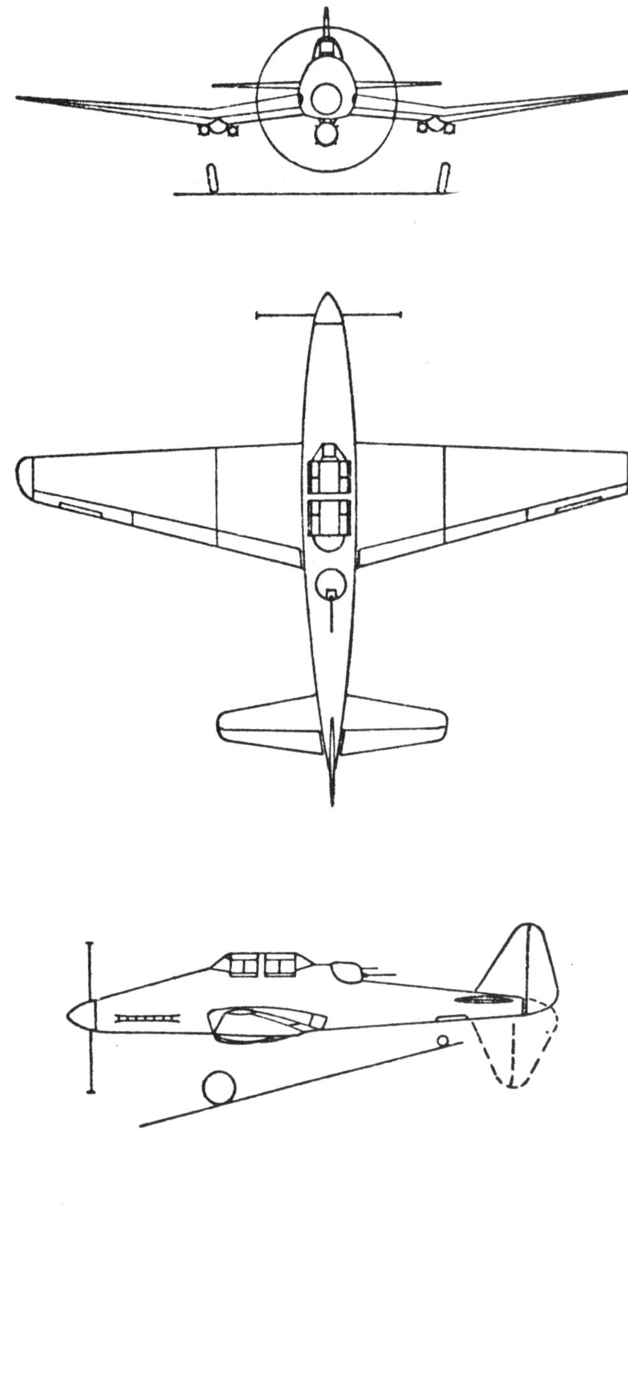

Rißzeichnung Ju 187.

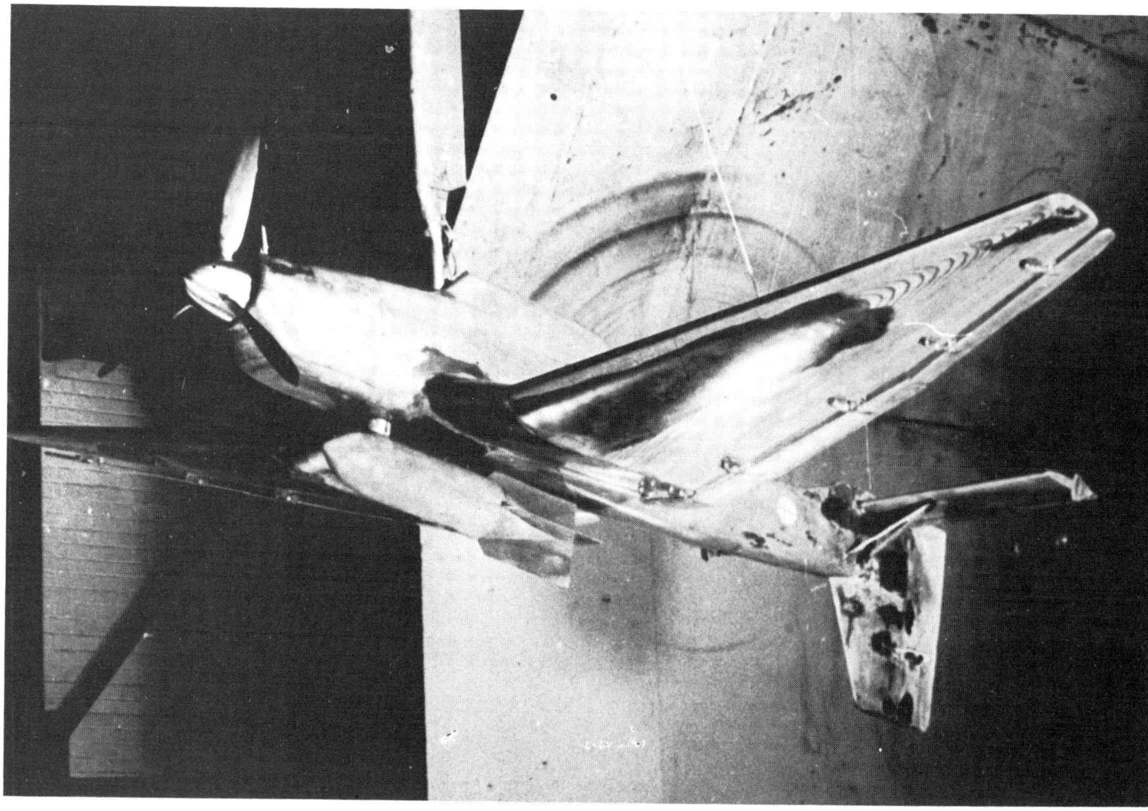

Modelle geplanter Weiterentwicklungen der Ju 87 im Windkanal. Oben Ju 187, unten Junkers-Sturzbomber mit BMW 801,

Oben Großreihenbau der Ju 87 D bei Weserflug im Flughafen-Berlin-Tempelhof. Weserflug war der Hauptlieferant für die Ju 87. Rechte Seite: Oben Fertigung in Berlin-Tempelhof, unten im Werk 5 Lemwerder.

Eine Ju 87 D, Werk-Nr. 2292 wurde zum Torpedoflugzeug umgebaut. Das obere Bild zeigt die Maschine bei der Truppenerprobung mit Kennzeichen BK+EF.

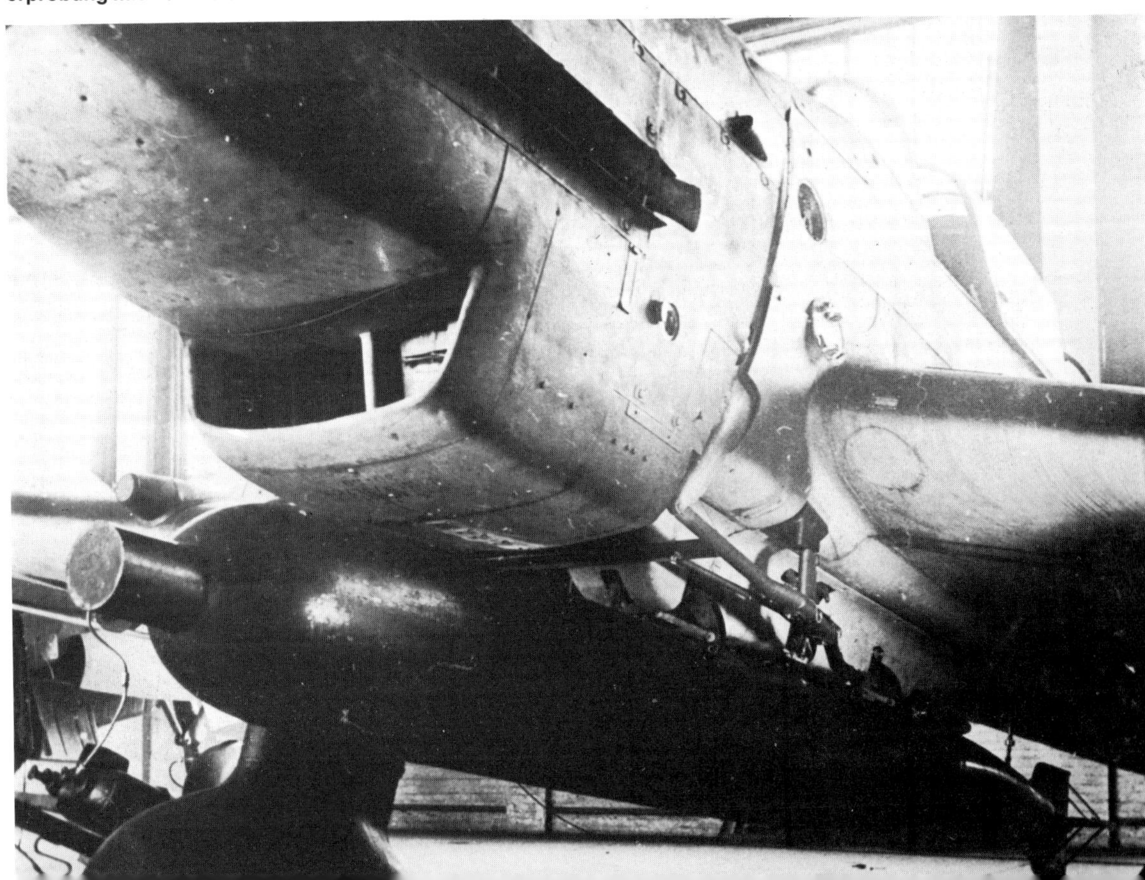

Ju 87 D mit auf der Tragfläche aufgebauten Behälter für Agenten, die hinter der feindlichen Front abgesetzt wurden.

Ju 87 B mit dem ›Dobbas‹, einem Sperrholzbehälter für Nachschubgüter zum Transport nach Plätzen, auf denen Transportflugzeuge nicht landen konnten.

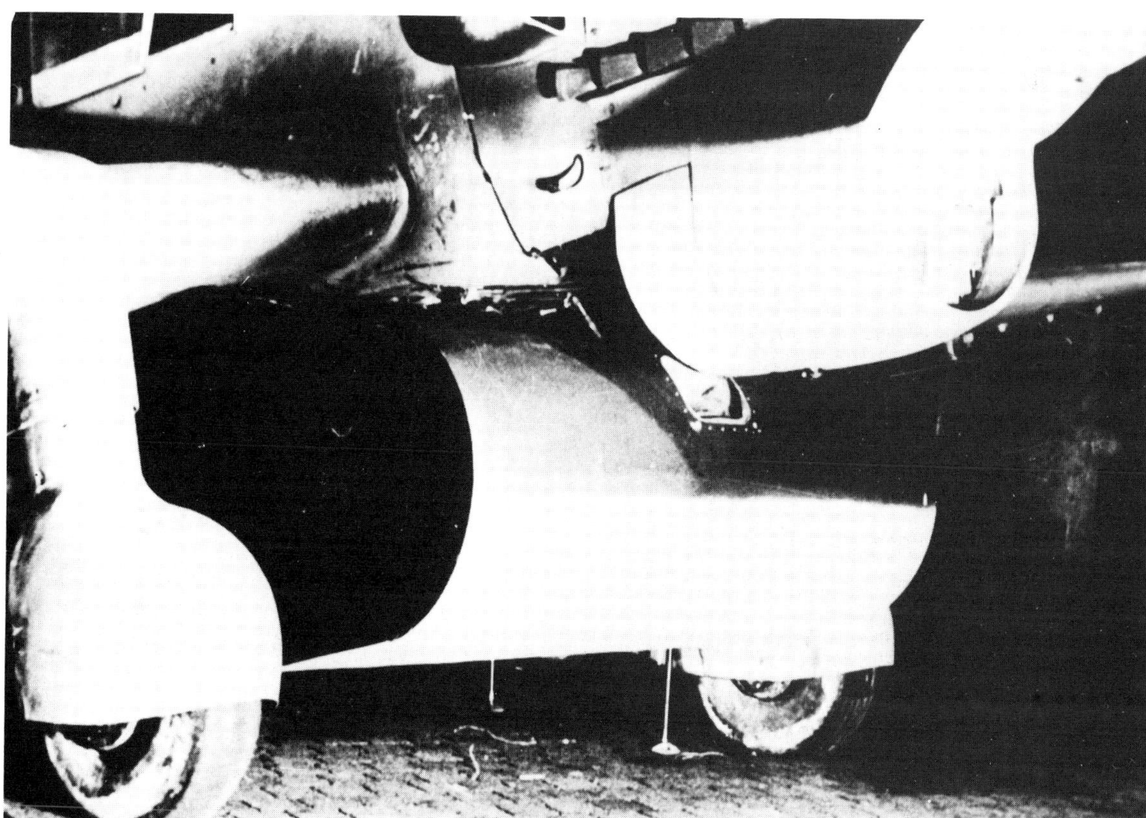

beteiligt. Kursk sollte das Ziel der letzten großen deutschen Offensive werden. Am 12. und 13. Mai kapitulierte die Heeresgruppe Afrika unter Generaloberst von Arnim. Die letzten Stuka des StG 3 hatten sich noch nach Italien absetzen können. Der italienische Zusammenbruch deutete sich bereits am 11. 6. an, als die Insel Pantelleria, und mit ihr die dort stationierten Picchiatelli, kampflos vor den Alliierten kapitulierten. Am 5. Juli 1943 begann das Unternehmen ›Zitadelle‹, der deutsche Angriff auf den Frontbogen von Kursk. Dazu waren 14 Gruppen Schlachtflieger zusammengezogen worden. Zu ihnen gehörten neben den neuen *Hs 129* und *Fw 190 F* auch die *Ju 87 D-5* und *Ju 87 G-1* des StG 1 und des StG 2. Es war geplant, die sowjetischen Fla-Waffen erst durch die Stuka außer Gefecht setzen zu lassen und dann die ›Kanonenvögel‹ auf die Panzer anzusetzen. Aber die sowjetischen Flakbatterien stellten sich darauf ein und warteten, bis alle *Ju 87* in der Luft waren. Die langsamen *Ju 87* erlitten durch Flak und Feindjäger bei Kursk starke Verluste, setzten aber doch zahlreiche Panzer außer Gefecht. Am 13. Juli mußte ›Zitadelle‹ wegen der bedrohlichen Situation im Raum Orel abgeblasen werden. Dazu kam noch erschwerend, daß die Alliierten im Rahmen ihrer Operation ›Husky‹ am 10. Juli in Sizilien gelandet waren. Es ließ sich nicht leugnen, daß der ›Stuka‹ in Europa keine schlagkräftige Waffe mehr war. Dazu trug auch bei, daß Engländer und Amerikaner sich an ihn gewöhnt hatten. General Pile, der Chef der englischen Flakverbände, schrieb darüber: »Die Wirkung dieses Sturzbombers war in der Tat hauptsächlich eine moralische, und dagegen konnte man durch richtige Ausbildung etwas unternehmen. Beim Kommando der Fliegerabwehr hatten wir eine Sturzbomberschule, wohin wir alle Bedienungsmannschaften der leichten Flak schickten. Hier wurde ihr Selbstvertrauen soweit gestärkt, daß sie sich jedem Stuka der Welt gestellt hätten.«

Am 8. September 1943 schloß Italien einen Separat-Waffenstillstand mit den Alliierten. Einen Tag später landeten die Alliierten auf Sizilien. In aller Eile wurden deutsche Luftwaffenverbände in den Mittelmeerraum verlegt, darunter das StG 3 und die StGr. 151. Das StG 3 kam erst nach Griechenland und verlegte dann auf die Insel Rhodos. Die StGr. 151 kam nach Kroatien. Am 14. 9. besetzten britische Truppen die von den Italienern besetzte Insel Leros in der Ägäis. Hieraus entwickelten sich Kämpfe um die Inseln in der Ägäis. Am 12. 9. besetzten die Alliierten Rhodos. Das StG 3 bekämpfte wirksam die britischen Stellungen. Am 3. Oktober begann die Rückeroberung der ägäischen Inseln. Die Luftwaffe flog 300 Einsätze beim Angriff auf die Insel Kos, die Hälfte davon flogen *Ju 87 D-5*. Am nächsten Tage war Kos wieder in deutscher Hand. Die Stuka erzielten trotz schwerer Verluste Erfolge gegen die britische Flotte: die Kreuzer ›Penelope‹ und ›Carlisle‹ und mehrere andere Kriegsschiffe wurden außer Gefecht gesetzt. Ende November 1943 befanden sich alle ägäischen Inseln wieder fest in deutscher Hand. Es war der Schwanengesang der deutschen Stuka.

In der etwas verworrenen Lage des Herbstes 1943 im Mittelmeerraum war eine italienische Sturzbomberentwicklung fast untergegangen. Nach dem Mißerfolg der *SM 85* und *SM 86* wollte man bei Savoia-Marchetti ein vollkommen neues Konzept entwickeln: einen zweisitzigen, einmotorigen Sturzbomber, bei dem der Pilot liegend untergebracht war. Das Projekt lief unter der Bezeichnung *SM 93*. Da die Italiener kein geeignetes Triebwerk besaßen, wurde von deutscher Seite ein Daimler-Benz DB 605 zur Verfügung gestellt, der in 5800 m Höhe 1250 PS leistete. Zum Zeitpunkt des italienischen Waffenstillstandes befand sich die Maschine noch im Bau und wurde dann unter deutscher Kontrolle vollendet. Den Einflug besorgte Werkpilot Rosei, der bis zum 29. März 1944 16 Flüge mit einer Gesamtdauer von 6 Stunden und 40 Minuten durchführte. Die Maschine trug während dieser Zeit deutsche Hoheitsabzeichen. Die kriegerischen Ereignisse verhinderten den Abschluß der Erprobung dieses interessanten Flugzeuges. Die *SM 93* hatte folgende Abmessungen: Spannweite 13,90 m, Länge 10,93 m, Höhe 3,80 m. Flächeninhalt 31,10 qm. Das Leergewicht betrug 3560 kg, das maximale Fluggewicht 5500 kg. Die Maschine erreichte eine Höchstgeschwindigkeit von 542 km/h und hatte eine Landegeschwindigkeit von 122 km/h. Die Gipfelhöhe lag bei 8200 m, die Reichweite bei 1650 km. Als Bewaffnung trug die *SM 93* eine 2-cm-Kanone und drei 12,7-mm-MG. Die Bombenlast betrug maximal 820 kg. Der Erstflug fand am 31. Januar 1944 in Varese statt.

Die verbesserte Ju 87 D-5, die hauptsächlich bei Schlachtfliegerverbänden eingesetzt war.

Der Sturzbomber Savoia-Marchetti SM 93 wurde erst nach dem Waffenstillstand 1943 unter deutscher Kontrolle vollendet. Erstflug 31. 1. 1944. Testpilot Rosei meldete ausgezeichnete Flugeigenschaften, lehnte jedoch die Liegestellung ab.

Der Sturzbomber Breda Ba 201 kam über das Versuchsstadium nicht hinaus. Das untere Bild zeigt, daß die Bombe wie bei der Ju 87 aus der Bombenwanne des Rumpfes aus dem Propellerkreis herausgeschwenkt werden sollte.

16. Die »Dauntless« bereitet die Rückeroberung des Pazifik vor

Im Pazifik begann sich das Bild auch langsam zu ändern. Bei den Japanern hatte sich gezeigt, daß der Sturzbomber Aichi *D3A1* nicht mehr den Anforderungen des Trägerkriegs genügte. Bei Aichi fehlte die Verbindung zu Heinkel nach Deutschland. So entschloß sich die Marine, im Marine-Arsenal in Yokosuka einen neuen Sturzbomber zu entwickeln, der aber in Wirklichkeit ein Mehrzweckflugzeug sein sollte. Es entstand das Baumuster *D4Y1* ›Suisei‹ (Komet), im Pazifik-Code der Alliierten als ›Judy‹ bezeichnet. Dieser Typ, der nicht viel größer als der berühmte ›Zero‹-Jäger Mitsubishi *A6M1-5* war, wurde zuerst mit einem Reihenmotor Atsuta von 1100 PS gebaut. Dieser bewährte sich nicht sehr und wurde durch den 1400 PS Atsuta ersetzt. Der Bau dieser Reihenmotoren konnte aber mit dem Zellenbau nicht Schritt halten, so daß man später gezwungen war, auf einen Sternmotor Kinsei von 1400 PS zurückzugreifen, obwohl die Leistungen dieser Ausführung schlechter waren als die der Vorgänger. Die *D4Y1* ging bereits 1942 in den Serienbau. Aber erst als die *D4Y2* mit 1400 PS verfügbar wurde, konnte dieses Muster als Sturzbomber eingesetzt werden. Die 1100-PS-Version *D4Y1* wurde bis dahin nur als Aufklärer eingesetzt. Bis Kriegsende sind 2319 *D4Y1-3* gebaut worden, davon 1819 von Aichi, der Rest vom 11. Marine-Arsenal Hiro. Die Amerikaner hatten viel Ärger mit dem Nachfolgetyp für die Douglas *SBD* ›Dauntless‹. Die Produktion der Curtiss *SB2C-1* begann in den USA und Kanada im Juni 1942, aber in einem Jahr waren 900 Änderungen notwendig, bis die Maschine fronteinsatzfähig war.

Am 30. Mai 1943 begannen die Amerikaner mit der Rückeroberung der Luftherrschaft im Pazifischen Raum. An diesem Tage lief in Pearl Harbour der erste der neuen 25 000-t-Flugzeugträger ›Essex‹ ein und ankerte bei Ford Island. Dieses Schiff war die Verwirklichung der Träume einiger US Admirale, die zu den ersten amerikanischen Marinepiloten gehört hatten und jetzt mit Trägerverbänden Japan niederkämpfen wollten. Für diesen Kampf setzten Admiral Nimitz, CINCPAC (Commander in Chief Pacific Fleet), und sein Vertreter Vice-Admiral Towers zwei Trägerflotten ein, die Fünfte unter Admiral Spruance und die neue, im Aufbau befindliche Dritte unter Admiral Halsey. Im Verbande der Fünften sollte ein Spezialverband, die ›Task Force 58‹ unter Vice-Admiral Mitscher eine besonders wirkungsvolle Rolle spielen. Von Mai bis September 1943 kamen neue Träger dazu. Neben den großen 25 000-t-Trägern entstanden leichte 10 000-t-Träger. Die ersteren wurden als CVB (Carrier Vessel Big) und CVL (Carrier Vessel Light) bezeichnet. Am Rande sei erwähnt, daß Admiral Towers der zweitälteste US Marine Pilot war und Admiral Mitscher seinen Pilotenschein auch bereits 1915 gemacht hatte. Neben den bewährten Douglas *SBD* nahmen die neuen Träger den neuen Sturzbomber Curtiss *SB2C-1* an Bord. Als Torpedoflugzeug wurde der unglückliche *TBD-1* ›Devastator‹ von der neuen Grumman *TBF-1* abgelöst. Der neue ›Helldiver‹ *SB2C-1* hatte als Triebwerk einen Wright ›Double Cyclone‹ mit einer Startleistung von 1700 PS. Die technischen Daten waren folgende: Spannweite 15,17 m, Länge 11,17 m, Höhe 4,01 m, Flächeninhalt 37,9 qm, Leergewicht 4784 kg, Fluggewicht 7537 kg. Die Höchstgeschwindigkeit lag bei 475 km/h, die Marschgeschwindigkeit bei 254 km/h. Die Maschine hatte eine Reichweite von 3100 km und erreichte eine Gipfelhöhe von 8870 m. Die Bewaffnung bestand aus zwei 20-mm-Kanonen und zwei 7,9-mm-MG. Die normale Bombenlast betrug 907 kg. Im Laufe der Serienfabrikation wurde die Ma-

Die erste Ausführung des Sturzbombers D4Y2 ›Saiun (Farbige Wolke)‹ kam erst im Februar 1944 bei den Truk-Inseln zum Einsatz. Da der Nachbau des DB 601, ›Atsuta‹, auf Schwierigkeiten stieß, mußte bald das Triebwerk gewechselt werden.

Das Folgemuster D4Y3 wurde mit dem 1400-PS-Kinsei-Triebwerk ausgerüstet. Diese Ausführung trat im September 1944 bei den Kämpfen um die Marianen in Erscheinung. Später wurde D4Y3 als Nachtjäger und Kamikaze-Flugzeug verwendet.

Oben Douglas SBD-3 bei der Landung auf dem Deck eines Flugzeugträgers. Unten SBD-5 des USMC auf dem Rückflug vom Einsatz.

Oben Curtiss SB2C-1 ›Helldiver II‹. Spätere Versionen dieses Typs waren noch lange nach dem Kriege in Frankreich im Einsatz. Unten Curtiss SB2C-3 flogen bereits Trägereinsätze gegen das japanische Mutterland.

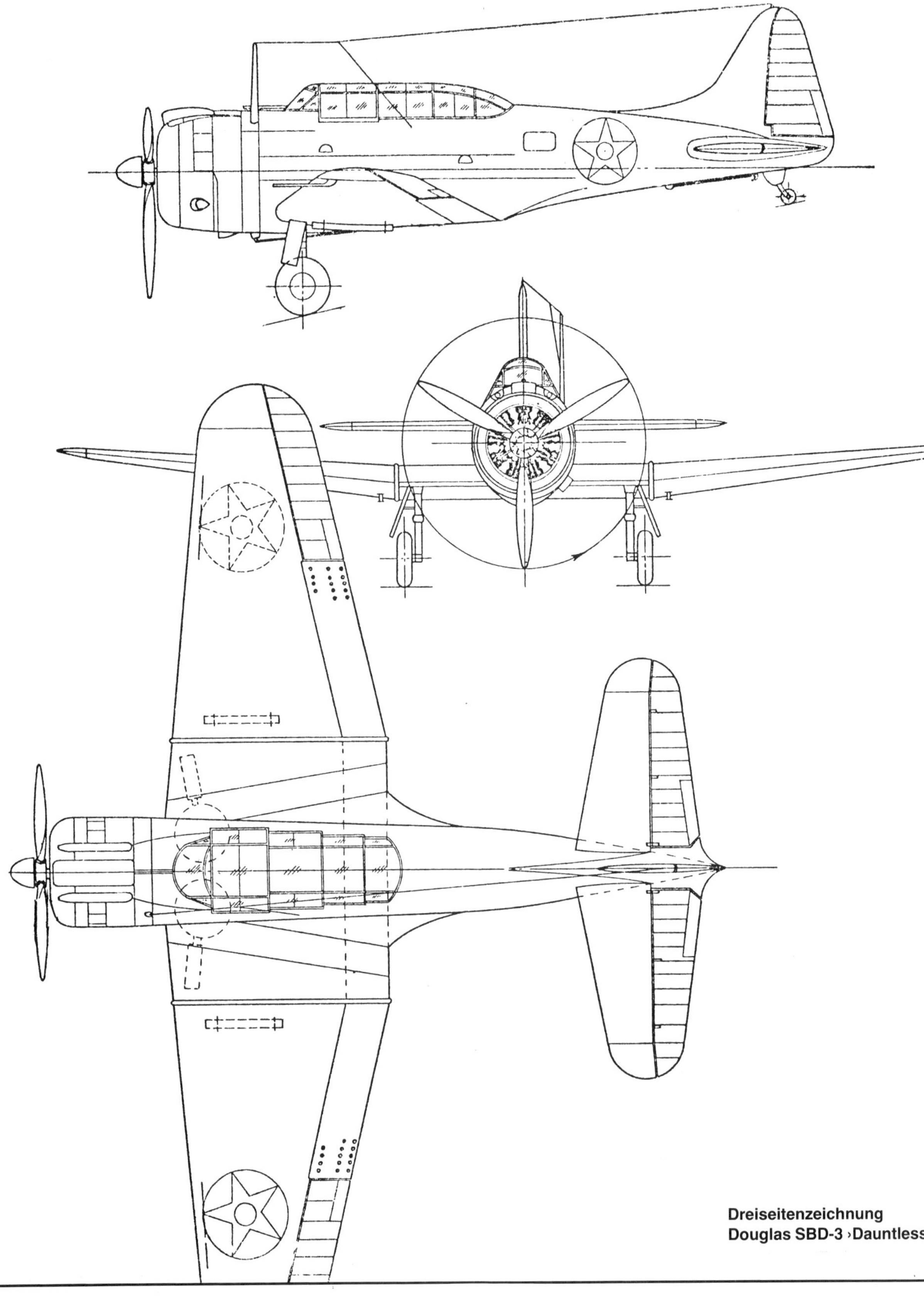

Dreiseitenzeichnung
Douglas SBD-3 ›Dauntless‹.

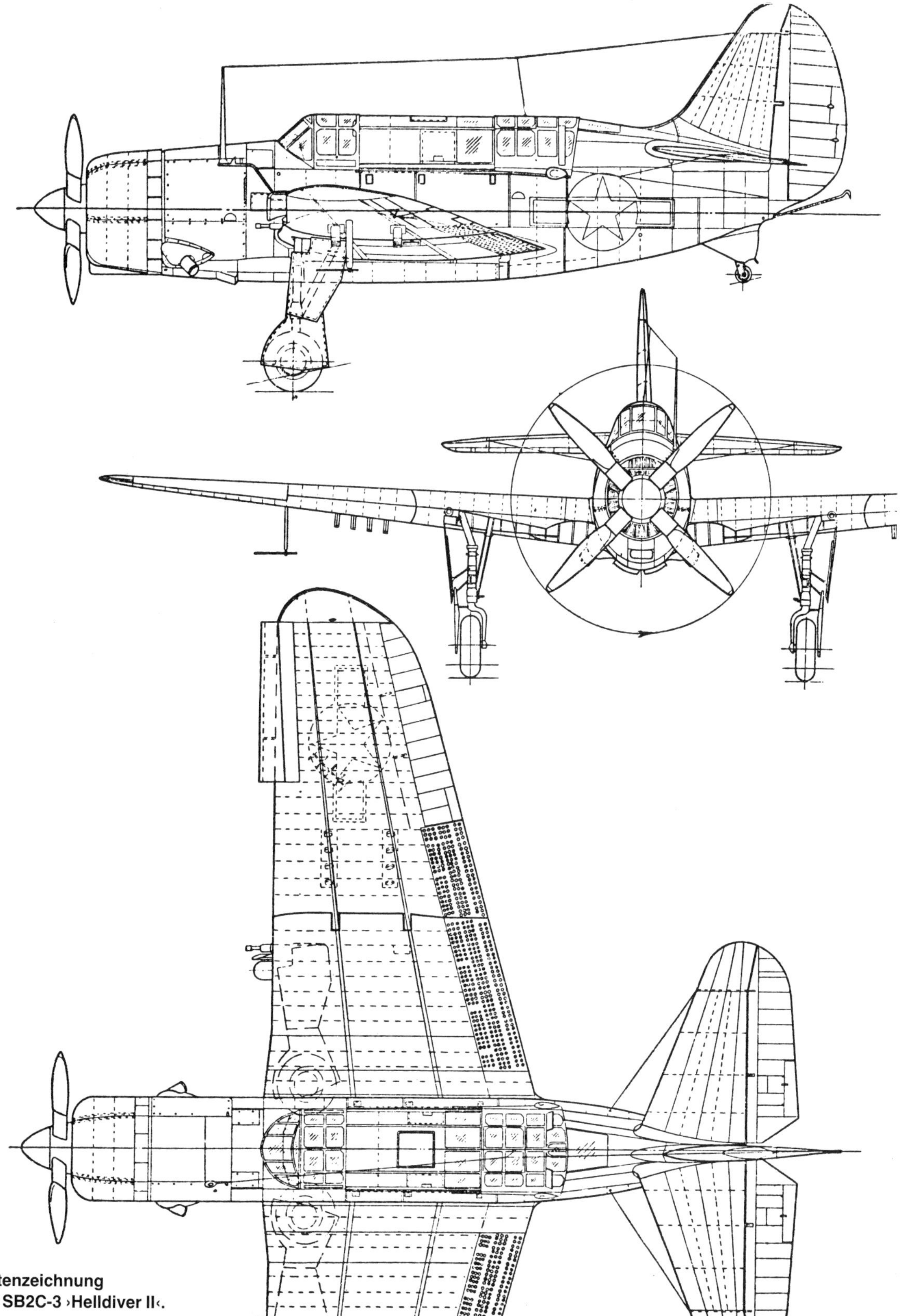

Dreiseitenzeichnung
Curtiss SB2C-3 ›Helldiver II‹.

schine immer wieder verbessert. Die meistgebaute Version war die *SB2C-4*. Im ganzen sind 7200 *SB2C* gebaut worden, von denen eine Reihe noch 1950 im Dienst stand.
Die neuen großen Träger sollten nun ihre Schlagfähigkeit unter Beweis stellen. Im August entschied Admiral Nimitz sich für das Test-Objekt Marcus-Inseln. Am 1. September griff ein Verband unter Rear-Admiral Pownall, bestehend aus den Trägern ›Yorktown‹, ›Essex‹ und ›Independence‹, zwei Kreuzern, einigen Zerstörern und einem Tanker Marcus an. Die *Air Group Five* (Fliegergruppe 5) unter Commander Flatley mit *SBD-5* und *TBF-1* griff unter Jagdschutz der neuen Grumman *F6F* ›Hellcat‹ an. Als der Abend nahte, war Marcus zu 80% zerstört. Über der Insel stand eine Rauchwolke, die etwa 2400 m hoch reichte. Marcus war das Muster, nach dem nunmehr die Amerikaner die Japaner aus einer Inselgruppe im Pazifik nach der anderen herausbombten. Sie nannten das »Inselspringen«. Nun kamen die nächsten drei Träger heran: die neue ›Lexington‹, ›Princeton‹ und ›Belleau Wood‹. Am 18. September griffen 190 Sturzbomber und Jäger Tarawa an. Aber die Japaner hatten ihren Flugplatz auf der Insel so gut getarnt, daß die Amerikaner ihn verfehlten und die Japaner am nächsten Tage wieder aktiv werden konnten. Am 5. Oktober griffen sechs Träger Wake an. Diesmal erwarteten die Japaner ihre Gegner bereits in der Luft: 27 japanische Jäger und sieben leichte Bomber waren bereits in der Luft. Die Amerikaner verloren zehn Jäger und zwei Sturzbomber. Es gelang aber den amerikanischen Sturzbombern *SBD-5*, einen Tanker und sämtliche Tanklager auf der Insel in Brand zu werfen. Im November 1943 begann dann der verlustreiche Kampf um die Gilbert- und Salomon-Inseln. Am 1. November erfolgte nach vorbereitenden Bombardements der japanischen Basen bei Buka Bonis die Landung von Einheiten des US Marine Corps auf Torokina. Am 5. und 11. November wurde dan Rabaul, die größte japanische Basis in diesem Raum, Opfer schwerer Angriffe amerikanischer Trägerflugzeuge. Bei dem Angriff am 11. 11. konnten zum erstenmal die neuen Curtiss *SB2C* ihre Wirksamkeit unter Beweis stellen. Von nun an sollten sie anstelle der alten *SBD* die führende Rolle der Sturzbomber im pazifischen Raum übernehmen. Bei der Eroberung der Gilbert-Inseln Tarawa und Makin im November und Dezember zeigte sich, daß auch massierte Sturzbomber-Angriffe nur dann Erfolg hatten, wenn eine vorherige sorgfältige Aufklärung das Erkennen der wahren Ziele garantierte. Als nach der Bombardierung des Strandes bei Bititu das Landegebiet für die Verbände des Marine Corps beobachtet wurden, schien es selbst aus niedriger Höhe, als ob dort unten alles umgepflügt und jeder Widerstand zerschlagen sei. Aber als die Landungsoperation begann, schlug den Marine-Infanteristen ein massiertes Feuer des Gegners entgegen, das zu Verlusten führte, die die Führung der amerikanischen Einheiten schwer schockte. Die Eroberung der Inseln konnte zwar erfolgreich abgeschlossen werden, die Verluste an Menschen standen in keinem Verhältnis zu dem Erfolg. Es war dringend notwendig, die zukünftigen Lande-Unternehmen sorgfältiger vorzubereiten. Das Ende des Jahres 1943 stand im Pazifik im Zeichen der Vorbereitung des weiteren Inselspringens in Richtung Japan.
In Europa wurde der Bombenkrieg gegen das deutsche Industrie- und Wirtschaftspotential laufend intensiviert. Auf alliierter Seite zeigte die Ernennung General Eisenhowers zum Oberstkommandierenden die kommende Invasion bereits an. Auf deutscher Seite signalisiert die Ernennung von Oberst Dr. Ernst Kupfer zum General der Schlachtflieger, dem auch die mit *Ju 87* ausgestatteten Gruppen unterstellt wurden, die Abkehr vom Stuka zum Schlachtflugzeug. Am 6. November 1943 kam Kupfer durch einen Unfall ums Leben. Sein Nachfolger wurde der bewährte Stuka-Kommandeur Oberst Hitschold. Der General der Schlachtflieger hatte aber nur die Dienstaufsicht über die Schlachtflieger und ihre Zusammenarbeit mit den anderen Waffengattungen, nicht aber die Regelung des Einsatzes. Hitschold erkannte richtig, daß die Rolle der *Ju 87* als Sturzbomber ausgespielt war. Nachdem 1943 noch 1672 *Ju 87* von Weserflug ausgeliefert worden waren, lief 1944 die Fertigung von weiteren 1012 Maschinen aus. Insgesamt sind 5709 *Ju 87* gebaut worden.
Ein großer Teil der letzten *Ju 87* waren die ›Kanonenvögel‹ *Ju 87 G-1*. Bei den Schlachtgeschwadern (SG) 1, 2, 3 und 77 war jeweils die ganze 10. Staffel mit dieser Version ausgerüstet, beim SG 2 die ganze III. Gruppe. Alle ab Herbst 1943 gelieferten *Ju 87 D-7* und *Ju 87 D-8* waren mit Flammenvernichtern am

Der Wintereinsatz im Osten stellte an fliegendes und Bodenpersonal härteste Anforderungen. Der Einzelstart einer Ju 87 D der III./StG 2 zeigt, wie schwach die deutsche Luftwaffe 1943/44 geworden war.

Ju 87 D-5, Werk-Nr. 1921, wurde als Musterflugzeug für die Nachtschlachtversion mit Auspuff-Flammdämpfer ausgerüstet. Darunter Ju 87 D-5 bei Weserflug fertig zum Einflug.

Oberst Hitschold wurde 1944 General der Schlachtflieger. Oberst Rudel vernichtete über 500 sowjetische Panzer.

Forli in Italien: Flugpark und Nachschubbasis für Stukas im Mittelmeer.

Die gegnerische Luftüberlegenheit zwang auch die Stukas zu Täuschungsmaßnahmen. Aufbau von Stuka-Attrappen an Waldrändern, um belegte Flugplätze vorzutäuschen.

Triebwerksauspuff ausgerüstet. Erfolgreichster Panzervernichter war seit Sommer 1943 Hauptmann Hans-Ulrich Rudel. Über ihn und von ihm ist bereits viel berichtet worden. Seine spektakulärste Leistung war aber wohl die Vernichtung von zwölf T-34 am 5. Juli 1943. Die ebenfalls die *Ju 87 G-1* fliegenden Piloten haben natürlich auch erhebliche Abschußzahlen an sowjetischen Panzern erzielen können, aber erreichten niemals die von ihm erreichte absolute Spitze von 519 sowjetischen Panzern. Die technischen Daten der *Ju 87 G-1* waren folgende: Triebwerk Jumo 211 J, Startleistung 1420 PS. Spannweite 15 m, Länge 11,50 m, Höhe 3,88 m, Flächeninhalt 33,6 qm, Rüstgewicht 3930 kg, Fluggewicht 5960 kg. Höchstgeschwindigkeit 396 km/h, Marschgeschwindigkeit 326 km/h, Landegeschwindigkeit 120 km/h, Gipfelhöhe 7360 m, Reichweite 1530 km. Bewaffnung zwei 3,7-cm-Flak 18 mit je sechs Schuß und ein bewegliches MG 81 Z für den Bordfunker.

Anfang 1944 begann für die *Ju 87* eine neue Entwicklungsphase. Schon Ende 1943 hatte der neue Oberbefehlshaber der Luftflotte 2, Wolfram von Richthofen, versuchsweise von den Italienern übernommene Doppeldecker Fiat *CR 42*, wahrscheinlich eingedenk der alten Doppeldecker *Hs 123*, nachts als Schlachtflugzeug einsetzen lassen. Wenn die Fiat auch nicht recht geeignet für diesen Zweck waren, das Prinzip schien Erfolg zu versprechen. Als am 22. Januar 1944 die 5. US Armee unter General Clark bei Anzio und Nettuno landete, forderte Richthofen eine Staffel *Ju 87 D-7* an. Oberst Hitschold hatte Bedenken gegen den Einsatz der *Ju 87* bei Nacht, da er die Leistungen der mit Radargeräten ausgerüsteten alliierten Nachtjäger nur zu gut kannte. Die Staffel hatte aber nachts recht gute Erfolge. Daraufhin wurde die Nachtschlachtgruppe 9 und später weitere aufgestellt.

Die Erfahrungen der Amerikaner bei der Eroberung der Gilbert-Inseln hatten sie gelehrt, daß eine amphibische Operation dieser Art intensiver vorbereitet werden mußte. Bei der nächsten Operation, der Landung auf den Marshall-Inseln, bewiesen die Amerikaner, daß sie gelernt hatten. Bei dieser Operation wurde die letzte Ausführung der bewährten Douglas *SBD-6* ›Dauntless‹ zum ersten Mal eingesetzt. Die Entwicklung der *SBD-6* wurde 1943 abgeschlossen und der Serienbau sofort auf diese neue Ausführung umgeschaltet. Als Triebwerk wurde der verbesserte Wright R-1820-66 eingebaut, der eine Startleistung von 1350 PS hatte. Die Maschine erhielt neu entwickelte Treibstoffbehälter, die bei Beschuß die Einschußlöcher selbsttätig schlossen und abwerfbare Zusatzbehälter. Bei einer Bombenlast von 912 kg hatte die *SBD-6* eine Reichweite von 1920 km. Dabei erreichte sie eine Höchstgeschwindigkeit von 419 km/h. Von dieser Version wurden insgesamt 450 Stück gebaut. Die *SBD-6* bildete eine gute Ergänzung zu den Curtiss *SB2C-4*, die sich jetzt im Einsatz befanden.

Am 4. Dezember 1943 stieß eine aus sechs Flugzeugträgern, darunter ›Yorktown‹, ›Lexington‹ und ›Essex‹ bestehende Trägergruppe gegen die Marshall-Insel Kwajalein vor, wo Aufklärungsflugzeuge Schiffsansamlungen der Japaner festgestellt hatten. Sturzbomber und Torpedoflugzeuge griffen überraschend an, versenkten einen Tanker, vier Transporter und zwei Kreuzer. An diesen Angriffen war hauptsächlich die *Air Group 5* beteiligt. Aber ganz ungeschoren sollten die Amerikaner nicht nach Hawaii zurückkommen. Auf dem Rückweg wurde der Verband von japanischen Torpedoflugzeugen angegriffen, denen es gelang einen amerikanischen Träger zu beschädigen. Das Schiff konnte aber, allerdings mit verringerter Fahrt, den Heimweg antreten. Die Flak der Geleitzerstörer, des Kreuzers ›Oakland‹ und der ›Yorktown‹ konnte mehrere Japaner abschießen.

Am 31. Januar 1944 erfolgte dann die Landung auf Kwajalein. Die Feuervorbereitung wurde von der *Task Force 58* durchgeführt. Bei Tarawa, einer Gilbert-Insel hatte man 3000 t Bomben abgeworfen. Die bei Kwajalein durchgeführte vorbereitende Bombardierung, überwiegend durch *SBD* und *SB2C-4*, ließ 15 000 t Bomben auf Kwajalein herabregnen. Man nannte diese Methode nach den Namen der verantwortlichen Admirale Spruance und Mitscher. Kwajalein, Roi und Namur erhielten ›Spruance Haircut‹ (Spruance-Haarschnitt), die restlichen Marshall-Inseln Taroa, Wotje, Mili und Jaluit den ›Mitscher Shampoo‹. Dann landeten Marine-Infanterie und Panzer. 75 % der japanischen Besatzung der Inseln waren bereits tot. Die Amerikaner landeten 54 000 Mann. In den Kämpfen, die bis zum 4. Februar 1944 dauerten, verloren die Amerikaner 2000 Mann. Die Japaner wehrten sich buchstäblich bis zum letzten

Oben SBD-5 des Marine-Corps, darunter SBD-6 der US-Navy über einem amerikanischen Insel-Stützpunkt im Pazifik.

Linke Seite: Curtiss SB2C-3, die von dem unten sichtbaren Flugzeugträger gestartet sind, auf dem Wege zum Angriffsziel im Pazifik.

Amerikanischer Curtiss SB2C-5, darunter ein ›Helldiver‹ der Royal Navy.

Mann. Nur 300 Japaner wurden, teilweise schwer verletzt, gefangengenommen. Es war ein Kennzeichen des pazifischen Krieges, daß so gut wie keine Gefangenen gemacht wurden. Die amerikanischen Sturzbomber hatten ihre Wirksamkeit hier zum ersten Mal in vollem Umfang unter Beweis gestellt.
Am 4. Februar eröffneten die Japaner eine Landoffensive in Burma, bei der sie aber keine Sturzbomber, sondern nur leichte und mittlere Bomber und Schlachtflugzeuge einsetzten, während die angegriffenen Engländer, die hier im Kampf standen, Sturzbomber Brewster ›Bermuda‹ und Vultee ›Vengeance‹ mit teilweise gutem Erfolg einsetzten.
Mitte Februar landeten die Amerikaner auf Green Island, 200 km östlich von Rabaul, und Neuseeländer auf Neu-Irland. In beiden Fällen hatten Sturzbomber von Flugzeugträgern aus die Landungsoperationen gut vorbereitet. Zur gleichen Zeit stieß Mitschers *Task Force 58* bis zur Truk-Inselgruppe, die zu den Karolinen gehörte, vor und griff mit Sturzbombern und Torpedoflugzeugen die dort befindlichen Ansammlungen japanischer Nachschub- und Sicherungsschiffe an. Die wenigen landgestützten Jäger der Japaner hatten gegen die amerikanischen ›Hellcat‹ wenig Chancen, da sie zum Teil noch Schwimmer-Jagdflugzeuge benutzten. Die Japaner waren nicht in der Lage gewesen, ihre Trägerverluste von Midway auszugleichen. Die amerikanischen Träger-Flugzeuge versenkten bei Truk etwa 200 000 BRT Schiffstonnage.
Über Deutschland fand vom 20. bis zum 25. Februar 1944 die ›Big Week‹ statt: Großangriff der 8. und 19. USAAF und der Royal Air Force auf die deutsche Flugzeugindustrie.
Am 23. Februar stießen amerikanische Trägerverbände noch weiter nach Westen vor. Auf den Marianen befanden sich die Nachschubzentren für die japanischen Stützpunkte auf den Inselgruppen im Pazifik. Seit der Eroberung von Guam durch die Japaner im Dezember 1941 hatte hier Ruhe geherrscht. Was an japanischen Schiffen dem amerikanischen Angriff auf Truk entkommen war, hatte sich nach den Marianen geflüchtet. Die Eroberung von Saipan und Tinian war erst für Juni 1944 geplant, aber Admiral Spruance war der Ansicht, ein früher Vorstoß könnte zumindest den Erfolg haben, den japanischen Nachschub erheblich zu stören. Ein Angriff wurde für den 22. Februar 1944 geplant, um die Stärke der japanischen Verteidigung zu testen. Spruance mußte nach Pearl Harbour zurück, so daß Mitscher Chef des Unternehmens wurde. Aber diesmal hatten die Amerikaner Pech. Die japanische Fernaufklärung entdeckte den Verband Mitschers frühzeitig. Er jagte sofort die Bordjäger hoch. Es entwickelte sich eine Luftschlacht über Saipan, die zu den größten gehörte, die bis jetzt stattgefunden hatten. Als am Abend der amerikanische Verband auf Heimatkurs ging, meldeten die Amerikaner: 5456 Einsätze, 2026 Tonnen Bomben geworfen (nur durch Sturzbomber), 32 Schiffe mit 45 000 BRT versenkt, 18 weitere beschädigt, 45 eigene Flugzeuge verloren — aber kein Schiff. Nur bei den vernichteten japanischen Flugzeugen rechneten sie zu hoch, man meldete 484 Feindflugzeuge vernichtet. Tatsächlich waren es nur 168, denn soviel Flugzeuge, wie die Amerikaner als Abschüsse meldeten, hatten die Japaner gar nicht zur Verfügung.
Ende Februar 1944 erfolgten noch amerikanische Landungen auf den Admiralitäts-Inseln, dann befahl Admiral Nimitz, CINCPAC, eine Kampfpause von vier Wochen, um die Flugzeug- und Personenverluste wieder aufzufüllen.
Der neue Schlag wurde ebenfalls von der *Task Force 58* ausgeführt. Es war eine Operation gegen die Palau-Gruppe, etwa 2600 km westlich von Truk. Das bedeutete, daß das Ziel weiter entfernt war als Tokio! Von Palau aus hatten die Japaner ihre erfolgreichen Operationen gegen die Philippinen und Neuguinea 1941 durchgeführt.
Der Vorstoß gegen Palau bedeutete einen Vorstoß in die Mitte eines japanischen Verteidigungssystems. So konnte es nicht ausbleiben, daß Mitschers Verband laufend beschattet wurde und die ersten Bordjäger den japanischen Stützpunkt in vollem Alarm vorfanden. Aber die amerikanische Luftüberlegenheit, möglich gemacht durch eine Flotte von nicht weniger als elf Flugzeugträgern unter Führung der ›Yorktown‹ entschied den Kampf. Die japanischen Stützpunkte auf Palau, Jap und Woleai wurden schwer getroffen. Grumman *TBF* verminten das Hafengebiet und die Gewässer um die Inseln. ›Hellcat‹ verhinderten eine Störung der Sturzangriffe von *SBD* und *SB2C-4* durch Japaner. Erfolg: 104 000 BRT japanischen Schiffsraums wurden vernichtet.

Auch mit Deutschland verbündete Luftwaffen erhielten Stukas. Oben Ju 87 D-3 der slovakischen Luftwaffe, darunter rumänische Stukas desselben Typs.

Oben Ju 87 D mit SC-50-Bombe mit dem sogenannten ›Dinortstab‹, einer Vorrichtung, die die Detonation über dem Aufschlagpunkt bewirkte und damit die Splitterwirkung erhöhte. Unten Ju 87 B-2/U4 mit Schneekufen in Orscha (UdSSR).

Anfang April traten mehrere kriegsentscheidende Ereignisse fast gleichzeitig ein. Von Foggia in Italien aus begann die alliierte Offensive gegen die deutsche Erdölversorgung, an der besonders die 15. USAAF beteiligt war. Zur gleichen Zeit landete die erste Boeing *B-29* der neuen 20. US Army Air Force (USAAF) in Indien. Fast gleichzeitig begann eine englische Gegenoffensive gegen die japanischen Vorstöße in Assam. Die sowjetischen Offensivoperationen hielten sich vorläufig noch etwas zurück. Die ersten Planspiele für die alliierte Invasion in Frankreich wurden auch etwa zu dieser Zeit abgehalten. Der Luftkrieg der Alliierten über dem deutschen Reichsgebiet nahm immer ernstere Formen an.
Oberst Hitschold war inzwischen nicht müßig gewesen. Die Masse der Schlachtgeschwader war mit *Fw 190 F* und *Fw 190 G* ausgerüstet worden. Die *Ju 87*, die für diese Verbände zu langsam geworden waren, wurden jetzt den neuen Nachtschlachtgruppen zugeteilt. Die Nachtschlachtgruppen stellten so eine Art ›Letztes Aufgebot‹ dar. Wie die Sowjets 1941/42, als sie die Luftherrschaft verloren hatten, nächtliche Störangriffe mit den alten Doppeldeckern Polikarpow *Po-2* (*U-2*) erfolgreich durchführten, wobei sogar sehr oft weibliche Besatzungen eingesetzt wurden, so wurden jetzt mit Schulflugzeugen Gotha *Go 145*, Arado *Ar 66* und eben den *Ju 87 D-7* und *Ju 87 D-8* Nachtschlachtgruppen aufgestellt (NSG). Die NSG 1, 2, 4, 8 und 9 verfügten über je 60 *Ju 87*.
NSG 3 und 5 waren mit *Ar 66* und *Go 145* ausgerüstet, die NSG 7 mit Fiat *CR 42*. Auch diese NSG hatten eine Sollstärke von 60 Maschinen, so daß jede der drei dazugehörenden Staffeln 20 Flugzeuge hatte. Die tatsächliche Stärke entsprach schon nach wenigen Einsätzen nicht mehr der Sollstärke. Da die bei den NSG verwendeten Flugzeuge nicht mehr gebaut wurden, sanken die Einsatzstärken bald ab.
Während der Sturzbomber in Europa und auf dem Lande immer mehr von der Bildfläche verschwand, wuchsen die Sturzbomberverbände der US Navy, der USAAF und der Royal Air Force stetig weiter an, dies um so mehr als die USAAF die *SBD* als *A-24* und die *SB2C* als *A-25* übernahm. Bei der Royal Air Force flogen sie als ›Dauntless‹ bzw. als ›Helldiver II‹. Nicht vergessen sei die Tatsache, daß beide Typen auch bei der US Fleet Marine Force des US Marine Corps auf den Flugzeugträgern eingesetzt waren. Auf dem europäischen Kriegsschauplatz sind, soweit bekannt, die beiden Typen nicht eingesetzt gewesen.
Ende April 1944 griff die *Task Force 58* nach einem erfolgreichen Angriff auf Hollandia auf Neuguinea noch einmal die japanische Basis Truk an. Der zweite Schlag gegen Truk war noch erfolgreicher als der erste. Allein die *SBD* und *TBF* versenkten 57 500 BRT und beschädigten weitere 234 500 BRT japanischen Schiffsraums. 195 japanische Flugzeuge wurden als abgeschossen gemeldet. Bei den beiden Angriffen auf Truk machten die Amerikaner zum ersten Mal die Bekanntschaft mit dem japanischen Sturzbomber *D4Y2* ›Suisei‹, über den bereits berichtet wurde. Trotz todesverachtenden Einsatzes der japanischen Besatzungen, konnten sie nur geringe Erfolge gegen die amerikanischen Trägergruppen erzielen. Inzwischen bereiteten sich die Amerikaner auf die Landung auf den Marianen-Inseln Guam und Saipan-Tnian vor.
Kurze Zeit vorher, am 6. Juni 1944 hatte in Europa die ›Operation Overlord‹, die Invasion der Alliierten in der Normandie, begonnen. Die zeitliche Abstimmung der alliierten Operation klappte. Am 9. 6. griffen die Sowjets in Karelien die Finnen an. Zwei Wochen später begann die große sowjetische Sommeroffensive.
Am 20. Juni 1944 begann dann die 8. USAAF zusammen mit der Royal Air Force ihre Offensive gegen die deutsche Treibstoffversorgung, d. h. gegen Hydrierwerke, Raffinerien, Tanklager usw. Am 22. 6. griff in Burma die 14. Britische Armee, unterstützt durch massierte Angriffe der ›Vengeance‹ und ›Bermuda‹, die dort liegenden japanischen Verbände an. Bereits am 3. Juli wurde der japanische Stützpunkt Ukhrul an der indisch-burmesischen Grenze genommen.
Am gleichen Tage fiel an der Ostfront Minsk in sowjetische Hände. Drei Tage später konnte die Heeresgruppe Mitte als vernichtet angesehen werden. Im Westen bereiteten Flächenwürfe englischer und amerikanischer Bomberverbände bei Caen und St. Lô den Durchbruch vor. In Italien traten die Alliierten zum Großangriff an. Dann kam der 20. Juli 1944, das Attentat auf Hitler.
Im Fernen Osten aber hatten die Verbände der *Task*

Force 58 den Japanern einen Schlag versetzt, der die japanische Flotte für drei Monate unfähig zu größeren Aktionen machte. Admiral Mitscher konnte bei dieser Schlacht zur See und in der Luft nicht weniger als fünfzehn Flugzeugträger einsetzen, denen die Japaner nur neun entgegenstellen konnten, wozu allerdings noch auf den Philippinen stationierte Marine-Flugzeuge hinzukamen. Die Japaner hatten ihre Flotte nordwestlich von Mindanao versammelt und starteten ihre Bordflugzeuge, Sturzbomber, Torpedoflugzeuge und Jäger zum Angriff auf den amerikanischen Verband. Die amerikanischen ›Hellcat‹ erwiesen sich aber den japanischen Flugzeugen überlegen. Die Flak entfesselte die Hölle am Himmel südwestlich von Guam und konnte über 400 japanische Flugzeuge ganz oder teilweise vernichten. Bereits am ersten Tage der Auseinandersetzung schossen 200 ›Hellcat‹ 124 Feindflugzeuge ab. Am 20. Juni stießen dann die Trägerflotten östlich Luzon zusammen, woraus sich ein erbitterter Kampf der beiderseitigen Luftverbände entwickelte. Die Verluste der Japaner waren enorm: die Flugzeugträger ›Shokaku‹, ›Taiho‹ und ›Hiyo‹ wurden versenkt, dazu etwa dreißig andere Schiffe und 13 Landungsboote, sowie die erwähnten 400 Flugzeuge. Die Amerikaner verloren 150 Flugzeuge und 98 Mann. Es gelang den nachstoßenden amerikanischen Aufklärungsbooten, die fliehenden japanischen Schiffe mit Kurs auf die Ryukyu-Inseln zu entdecken. Als aber die amerikanischen Sturzbomber, die den Löwenanteil an den amerikanischen Erfolgen gehabt hatten, nachstießen, fanden sie die Japaner nicht mehr und kehrten enttäuscht zurück.

Die japanische Flotte war aber derartig angeschlagen, daß sie bis Mitte Oktober 1944 so gut wie nicht mehr in Erscheinung trat. So konnte die *Task Force 58* Ende Juli relativ ungestört weitere Unternehmungen gegen Palau und die westlichen Karolinen-Inseln unternehmen.

In Europa gingen die deutschen Armeen an allen Fronten immer schneller zurück. Am 23. August 1944 erfolgte der Sturz des Marschalls Antonescu in Rumänien, das nun zu den Alliierten hinüberwechselte. Sofort wurden deutsche Verbände in diesem Raum verlegt, darunter vierzig *Ju 87 D* aus Estland. Zwei Gruppen des StG 2 ›Immelmann‹ kamen nach Buzau im Norden von Bukarest. Auch der intensive Einsatz der III./StG 2 unter Major Rudel konnte nichts mehr retten. Rumänien ging schnell verloren. Die alten *Ju 87* bewiesen aber, daß sie immer noch unter bestimmten Voraussetzungen einiges leisten konnten. Aufgrund ihrer geringen Geschwindigkeit war ja nur noch ein Nachteinstz der *Ju 87* möglich. Die *Ju 87 D-5*, die meist bei den Nachtschlachtgruppen verwendet wurde, war für diesen Zweck stark gepanzert worden. Als Leitverfahren wurde das EGON-System angewandt, das zuerst bei der I./KG 66 von Dezember 1943 bis April 1944 verwendet und inzwischen verbessert worden war. (EGON = Erstling-Gemse Offensive Navigation). Es handelte sich jetzt um das sogenannte ›EGON-2 Stand-Verfahren‹, bei dem zwei Leitgeräte mit 150 km Abstand die Führung übernahmen. Als Bordgerät diente das FuG 25A. Der erste Einsatz erfolgte bei einer Schlachtstaffel in Italien.

Die Ausbildung der Besatzungen erfolgte beim SG 111. Wie bei den Jägern hatten die Schulverbände Hunderternummern (SG = Schlachtgeschwader). Die Nachtschlachtgruppe 1 wurde im April 1944 mit *Ju 87 D-5* ausgerüstet. Die erste Staffel kam nach Stubendorf, die 2. und 3. zum SG 111 nach Groß-Stein. Anfang Juni kam die ganze Gruppe nach Wormditt in Ostpreußen und anschließend zur weiteren Ausbildung nach Grieslingen.

Nachtschlachtflugzeug Ju 87 D-7 vor der Halle in Berlin-Tempelhof.

Ju 87 D-5 im Winter 1943/44 an der Ostfront.

Ju 87 B-2 mit MG 15-Lafette der Ju 88 A-5.

17. Das Ende des »Stuka« und der Triumph der »Helldiver«

Ende August 1944 war auch Bulgarien als deutscher Verbündeter abzuschreiben. Am 2. 9. mußte die neue 6. Armee, ihre Vorgängerin war bei Stalingrad vernichtet worden, im Raum von Kischinew kapitulieren. Etwa zur gleichen Zeit ging auch Finnland zum Gegner über. Kurze Zeit darauf setzte Hitler seine ›Wunderwaffe‹, die Fernrakete A 4 (besser bekannt als ›V-2‹) gegen England ein. Mitte September gingen Estland und Lettland verloren. Die britisch-kanadische Luftlandung bei Arnheim, Nimwegen und Eindhoven wurde ein Fehlschlag für die Alliierten. Ende September wurde im Pazifik die *Task Force 58* wieder aktiv. Sturzbomber und Jäger von zwölf Flugzeugträgern griffen japanische Stützpunkte auf Luzon und den Zentralphilippinen an. Die Japaner konnten sich nur mit den dort stationierten Marineflugzeugen wehren. Die japanische Flotte war noch nicht wieder aktionsfähig. ›Dauntless‹ und ›Helldiver‹ tobten sich besonders über den Hafengbieten und Flugplätzen aus.

Im Oktober wurde die Nachtschlachtgruppe 1 von Ostpreußen nach Bönninghardt-Süd verlegt. Die 1. und 3./NSG 2 lagen in Köln-Wahn, die NSG 3 und 4 in Ungarn und die NSG 5 in Italien, wo die Alliierten langsam aber unaufhaltsam nach Norden vordrangen.

Die Besatzungen der Nachtschlachtgruppen waren hauptsächlich alte Stukaflieger, die sich für die Umschulung zu Jägern als ungeeignet erwiesen hatten. Aber es waren ›alte Hasen‹, die ihr Handwerk gut verstanden. Die NSG 1 stand unter Kommando von Hauptmann Wilberg, die NSG 2 unter Major Müller. Alle NSG im Westen unterstanden dem Inspekteur Major von Mopösch. Es zeigte sich im Einsatz, daß die Langsamkeit der *Ju 87* in der Nacht ihre beste Abwehrwaffe war. Für die schnellen ›Mosquito‹ NF Mk. XII waren sie einfach zu langsam. Die Verluste durch Flak waren erträglich. Dann aber gewöhnten sich die englischen Nachtjäger an die Nachtschlachtflugzeuge und sie schossen sie mehrfach ab. Einer dieser Nachtjäger von der 219. Squadron schoß allein im Raum Nimwegen am 2. 10. 1944 drei *Ju 87* ab.

Trotzdem erzielten die *Ju 87 D-5* mitunter beachtliche Erfolge. So griffen in der Nacht vom 29. zum 30. Oktober 1944 ein Dutzend *Ju 87 D-5,* die letzten Flugzeuge der NSG 1, alliierte Truppen an, die in einem Wald etwa 40 Kilometer südöstlich von Eindhoven gemeldet worden waren. Jede Maschine hatte einen Abwurfbehälter mit 250 Stück und vier mit je 50 Stück Splitterbomben SD 1. Die Maschinen starteten von Bönninghardt-Süd, stiegen auf etwa 1000 m Höhe und nahmen Kurs auf ihr Ziel. Eine Maschine nach der anderen erreichte den mit Leuchtbomben und durch Flakfeuer markierten Zielraum und lud die Ladung ab. Eine Besatzung hatte Pech: Kompaßausfall, und landete irrtümlich bei den ›Kameraden von der anderen Feldpostnummer‹.

Was die ehemaligen Stuka und jetzigen Nachtschlachtflugzeug-Besatzungen in diesen letzten Monaten des Zweiten Weltkrieges geleistet haben, war teilweise übermenschlich. Bis zu maximal fünf Einsätze wurden pro Nacht geflogen. Zwei Einsätze waren normal. Im Oktober waren es noch etwa siebzig *Ju 87*, die hier im Einsatz waren und pro Nacht etwa fünfzig Einsätze flogen. Ende 1944 waren es im Westen noch vierzig! Im Osten waren noch etwa 200 *Ju 87* als Nachtschlachtflugzeuge im Einsatz. Die Verluste stiegen täglich.

Zu dieser Zeit begann im Pazifik die Rückeroberung der Philippinen. Hier wurde die *Task Force 38* unter Admiral Halsey mit 16 Flugzeugträgern und 16 Geleitträgern eingesetzt. Am 20. Oktober landeten die Amerikaner auf Leyte. Wieder wurde die Landung durch intensive Bombardements der Sturzbomber von den Flugzeugträgern vorbereitet. Die Douglas *SBD-5* und Curtiss *SB2C-4* leisteten ganze Arbeit. Am 22. erschien nun plötzlich die japanische Flotte vor Leyte. Sie hatte zwar 9 Schlachtschiffe, 13 schwere und 6 leichte Kreuzer und 34 Zerstörer, aber nur vier Flugzeugträger! In der bis zum 25. Oktober 1944 dauernden See-Luft-Schlacht fügte die 7. US Flotte mit der *Task Force 38* den Japanern entscheidende Verluste zu, die das Schicksal der Philippinen entschieden. Die Japaner verloren alle vier Flugzeugträger, drei Schlachtschiffe, sechs schwere und drei leichte Kreuzer sowie neun Zerstörer. Demgegenüber nehmen sich die amerikanischen Verluste geradezu gering aus: ein Flugzeugträger, zwei Geleitträger, zwei Zerstörer, ein Geleitzerstörer und ein Unterseeboot.

Die Japaner setzten bei diesen Kämpfen, nachdem Einzeleinsätze bereits im Februar erfolgt waren ,jetzt laufend eine neue Version des Sturzbomber *D4Y* ›Suisei‹, die *D4Y3* (Modell 33) ein. Die Schwierigkeiten in der Fertigung von Reihenmotoren zwangen dazu, den 1400 PS Sternmotor Kinsei 62 einzubauen. Die Maschine wurde dadurch etwas langsamer, sie hatte eine Höchstgeschwindigkeit von etwa 510 km/h, war auch schwieriger zu starten, bot aber sonst weniger Schwierigkeiten, da das neue Triebwerk zuverlässig arbeitete. In größerer Stückzahl wurde die *D4Y3* zuerst bei den Kämpfen um die Marianen eingesetzt. Als dann in der Zeit vom 27. Oktober bis 19. November 1944 die See-Luftschlacht bei den Philippinen stattfand, während der die Amerikaner auf Luzon und Leyte landeten, wurde die *D4Y3* neben den zahlreichen *B6Y2* für die Selbstmordeinsätze der ›Kamikaze‹-Flieger benutzt. Durch die sich ungeachtet stärksten Flakfeuers auf die Landungsflotte der Amerikaner stürzenden Maschinen mit Pilot erlitten die Amerikaner erheblich Verluste.

In Europa gingen die Rückzugsbewegungen der deutschen Truppen immer schneller vor sich. Der Treibstoffmangel und die Beherrschung des Luftraums durch die alliierten Luftflotten machten jeden ernsteren deutschen Widerstand zunichte. Ende November begann der Rückzug aus Norwegen. Saloniki mußte geräumt werden. Ende November begann auch die große Offensive der Sowjets in Ungarn. Am 24. Dezember war Budapest eingeschlossen. Im Westen rückten die amerikanischen und britischen Armeen immer schneller vorwärts. Die Verluste der Nachtschlachtgruppen stiegen täglich. Manchmal mußte auf Einsatz wegen Treibstoffmangels verzichtet werden. Der Nachschub an Ersatzteilen wurde immer dünner. Der letzte Versuch Hitlers, noch einmal offensiv zu werden, die Ardennen-Offensive, die am 16. Dezember 1944 begann, lief sich bereits am 24. 12. fest. Die alliierte Luftherrschaft war hundertprozentig: Vom 16. bis 24. 12. verlor die schon stark geschwächte deutsche Luftwaffe 1088 Flugzeuge! Am 31. 12. erklärte das bisher mit Deutschland verbündete Ungarn ebenfalls den Krieg gegen Deutschland. Es waren die letzten Verbündeten.

Mitte Januar begann der sowjetische Großangriff in Ostpreußen. Hier existierte das Nachtschlachtkommando des Luftwaffenkommandos Ostpreußen, das in der Praxis noch aus einer *Ju 87 D-5* bestand. Zu dieser Zeit war Griechenland bereits weitgehend von den deutschen Truppen geräumt. Am 23. Januar 1945 begann die Evakuierung Ostpreußens.

Auf dem pazifischen Kriegsschauplatz war in dieser Zeit die neue Version der ›Helldiver‹ in Aktion getreten: die *SB2C-5*, die sich von dem vorausgegangenen Muster durch interne Verbesserungen, äußerlich durch eine Vollsichtverglasung des Pilotensitzes unterschied.

Die Schlacht um die Philippinen tobte noch immer. Am 26. 12. 1944 war Leyte endlich fest in amerikanischer Hand. Bei den Kämpfen um Luzon traten am 9. Januar 1945 ganze Schwärme von Kamikaze-Fliegern auf. Die amerikanische Jagd- und Flakabwehr konnte aber größere Erfolge dieser Selbstmordpiloten verhindern. Da die Japaner über keine nennenswerten Flottenverbände, insbesondere Flugzeugträger, mehr verfügten, konnten die amerikanischen Einsatzflotten relativ ungestört arbeiten. In der Zeit vom 12. bis 22. Januar 1945 operierte die *Task Force 38* unter Admiral Halsey bereits im südchinesischen Meer. Ziele in Indochina, Süd- und Südwestchina, Formosa und auf den Riukiu-Inseln wurden von *SBD* und *SB2C* bombardiert. Am 4. Februar fiel Manila. General MacArthur zog als Sieger ein. Inzwischen

Pilot einer Ju 87 D-7 eines Nachtschlachtverbandes vor seiner Maschine.

Ju 87 D-5 mit Bombenlast startet zum Angriffsflug.

Ju 87 D-7 einer Nachtschlachtstaffel im Winter 1944/45.

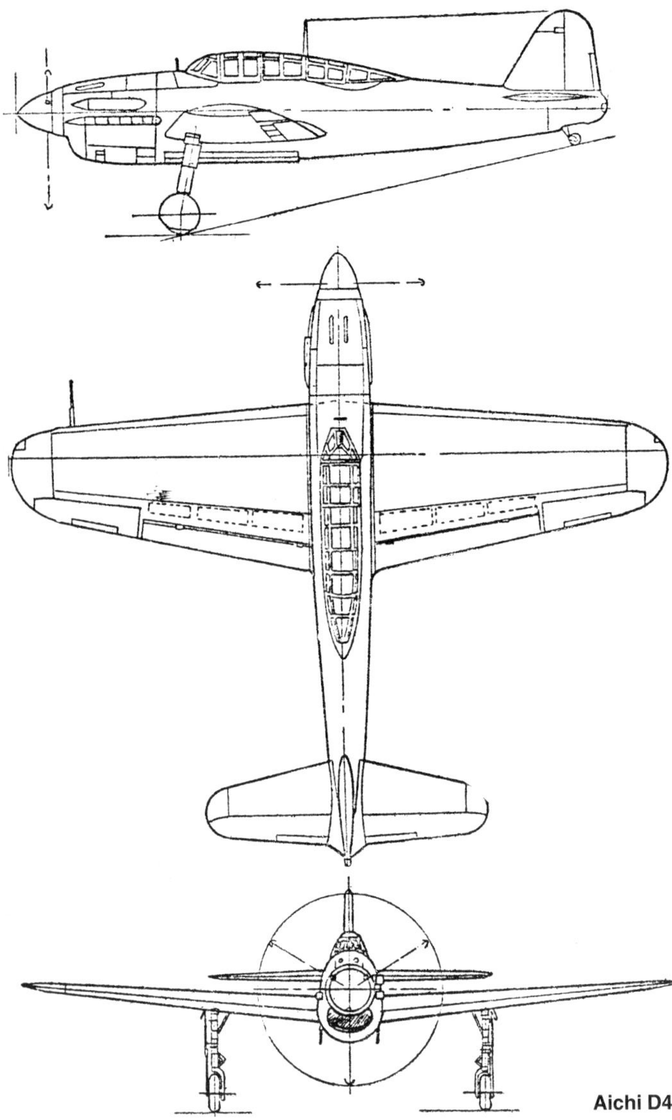

Aichi D4Y2.

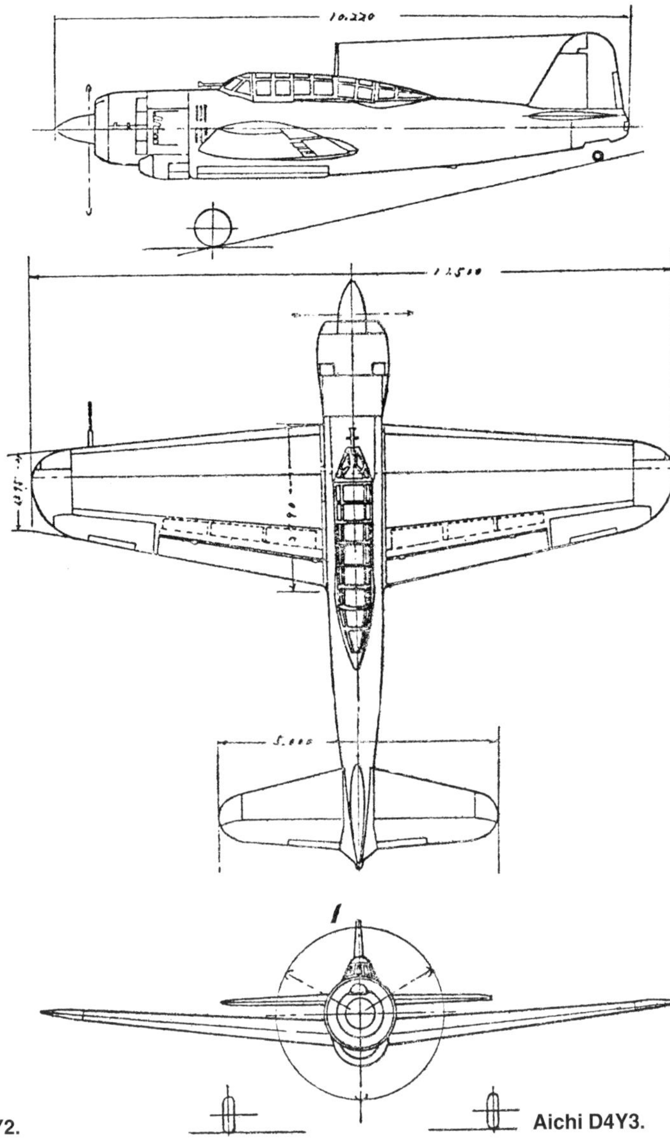

Aichi D4Y3.

führte Admiral Mitscher die *Task Force 58* noch näher an die japanischen Inseln heran. Am 16. und 17. Februar 1945 bombardierten ›Helldiver‹, von Flugzeugträgern der *Task Force 58* gestartet, Bombenangriffe auf den Raum Tokio durch.
In Deutschland gingen die letzten Stuka ihren Opfergang bis zum bitteren Ende. Im März verfügte die Luftwaffe noch über etwa 100 *Ju 87*. Reste des StG 2 standen an der Ostfront. Die Reste der Nachtschlachtgruppen, es waren vielleicht noch fünfzig Maschinen, kämpften im Westen. Sie wurden in der Nacht vom 23. zum 24. März 1945 im Raum Oppenheim eingesetzt. Aber nur die Hälfte der Maschinen konnte noch starten: Treibstoffmangel. Im April 1945 flogen noch ein paar *Ju 87* im süddeutschen Raum. Rudel landete mit den letzten Maschinen seines Verbandes in Kitzingen, wo er dann die unversehrten Maschinen den Amerikanern übergab.
Am 23. April trafen sich Amerikaner und Sowjets an der Elbe. Deutschland war in zwei Teile geteilt. Eine

Woche später kapitulierten die deutschen Truppen in Italien. Auch hier standen noch ein paar *Ju 87* ohne Treibstoff auf den Flugplätzen. Am 30. April verübte Hitler Selbstmord. Am 4. Mai erfolgte die Kapitulation der deutschen Truppen in Holland, Nordwest-Deutschland und Dänemark, bis am 8. Mai 1945 dann die endgültige Kapitulation der deutschen Wehrmacht erfolgte. Auf Flugplätzen im Raum München fanden die Amerikaner die letzten *Ju 87*, teils unversehrt, aber ohne Treibstoff, zum Teil aber beschädigt. Das war das Ende der deutschen Stuka!

Der Kampf im Pazifik aber ging weiter. *Task Force 38* und *Task Force 58* wechselten sich in Angriffen auf die japanischen Basen ab. *Task Force 58* mußte bei einem Vorstoß vom 18. bis 21. März 1945 gegen Kyushiu und Honsho, bei dem *SB2C-5* einen Tiefangriff auf Tokio durchführten, Bekanntschaft mit einer neuen japanischen Waffe machen, den ›Baka‹. Es waren bemannte fliegende Bomben mit Raketenantrieb, die von Bombern in die Nähe des Ziels geschleppt wurden und sich dann mit ihrem Piloten auf ihr Ziel stürzten. Sie konnten fünf der Flugzeugträger des Admirals Mitscher schwer beschädigen. Am 7. April 1945 vernichteten amerikanische Sturzbomber und Torpedoflugzeuge einen ganzen japanischen Flottenverband mit dem Schlachtschiff ›Yamato‹, einem Kreuzer und vier Zerstörern im Raum Okinawa. Im Mai und Juni 1945 setzten die amerikanischen Trägerverbände ihre Bombenangriffe im Vorfeld der japanischen Hauptinseln fort, woran sich nun auch britische Trägerverbände beteiligten. Im Juli führten Trägerflugzeuge der *Task Force 38*, Jäger und Sturzbomber, laufende Angriffe auf die japanischen Hauptinseln. Der schwerste Angriff erfolgte am 18. Juli 1945 auf die Flottenbasis Kure, wo die Reste der japanischen Flotte, das Schlachtschiff ›Nagato‹ und zwei weitere Schlachtschiffe, zwei Flugzeugträger und vier Kreuzer vernichtet wurden. Ausgeführt wurde dieser Angriff von 200 *SB2C-5*. Es war die letzte größere Kampfhandlung der Sturzbomber im Zweiten Weltkrieg. Am 6. August fiel die erste Atombombe auf Hiroshima. Am 2. September 1945 erfolgte die Kapitulation Japans. Der Zweite Weltkrieg war beendet und damit auch die Geschichte der Sturzbomber, denn nach *Ju 87*, *SBD* und *SB2C* sind keine Sturzbomber mehr gebaut worden.

Die Einführung der Bodenraketen ist ein Grund für das Aussterben des Sturzbombers gewesen, das Strahlflugzeug der zweite. Diese beiden machten den Sturzbomber überflüssig. Die Erfolge der amerikanischen Sturzbomber haben den Wert dieser Waffe im Krieg zur See, also gegen bewegliche Punktziele bewiesen. Die deutschen Stuka haben bei derartigen Einsätzen gleichartige Erfolge erzielt. Während

Aichi D4Y3 ›Suisei‹, US-Code ›Judy‹.

Oben Ju 87 D-5 nach Bruchlandung in Prag-Letnany 1945. Unten Ju 87 D-7, Werk-Nr. 142891, einer Nachtschlachtstaffel in Prag-Letnany 1945.

aber die Amerikaner stets die Weiterentwicklung dieser Waffe im Auge behielten, machte der Brief Görings als Beauftragter für den Vierjahresplan vom 3. Februar 1940 an den Reichswirtschaftsminister Funk eine Weiterentwicklung praktisch unmöglich. In diesem hieß es u. a.: »Es müssen daher mit allen Mitteln alle die Vorhaben gefördert werden, die im Jahre 1940 bzw. bis zum Frühjahr 1941 zur Auswirkung kommen können. Alle anderen Programme, die sich erst später auswirken, müssen, falls es die Belegung der Wirtschaft erfordert, zugunsten der obigen Vorhaben zurückgestellt werden.« Das bedeutete den absoluten Entwicklungsstop, an dem nicht nur die deutsche Sturzbomberwaffe zerbrach.

Das Ende der Stukas: Links norwegische Soldaten auf einer Ju 87 in Bodö (Norwegen) Mai 1945. Unten Ju 87 D-7 in Farnborough 1946.

Die Erfolgreichen: Die Curtiss SB2C-Sturzbomber beherrschten bereits im Frühjahr 1945 den Seeraum zwischen den pazifischen Inseln und Japan.

Oben die letzte Version der ›Dauntless‹: SBD 6. – Unten: Auch auf den britischen Flugzeugträgern wurde die ›Dauntless‹ erfolgreich eingesetzt.

Oben: Letzte Version des ›Helldivers II‹ war SB2C-5. – Unten: SBD-6 und SB2C-5 waren die letzten Sturzbomber. Ihre Nachfolger waren die ›Attacker‹. Der erste Attacker der US-Navy war Douglas Ad-2.

Anhang

Seitenansichten der wichtigsten Versionen der Ju 87

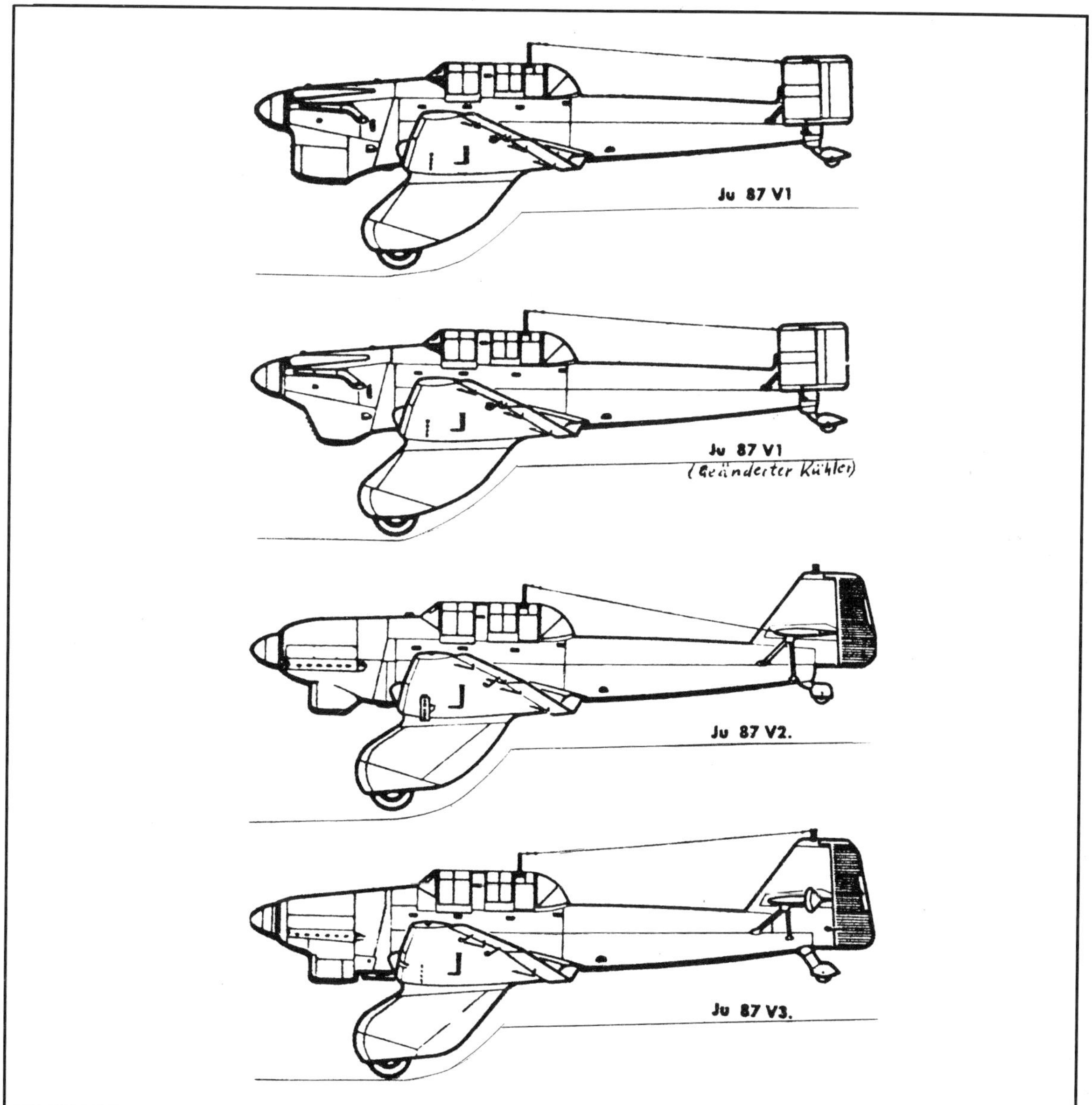

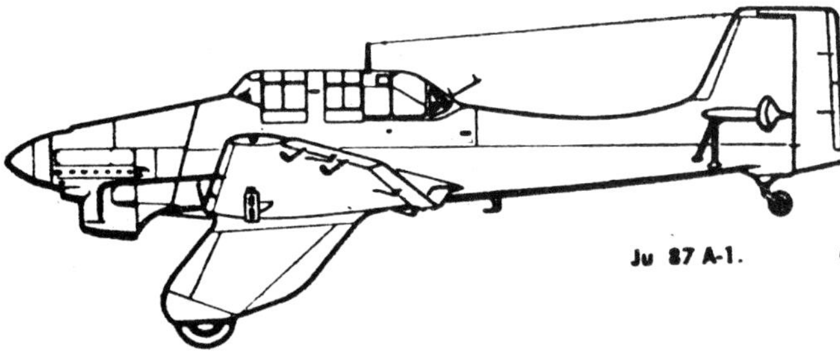
Ju 87 A-1.

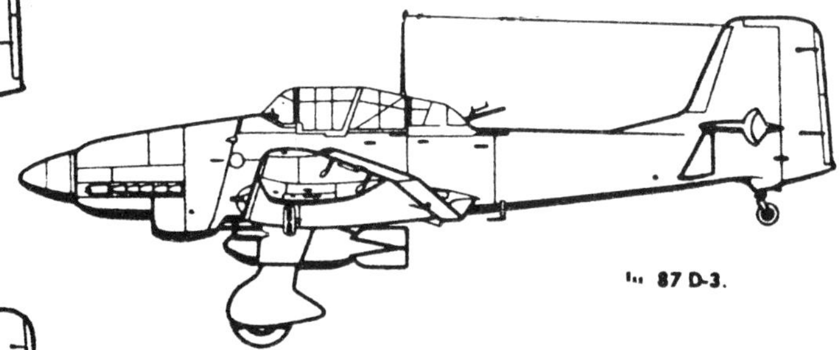
Ju 87 D-3.

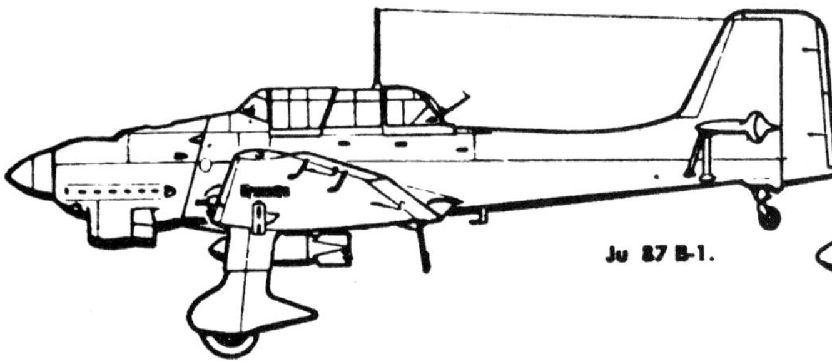
Ju 87 B-1.

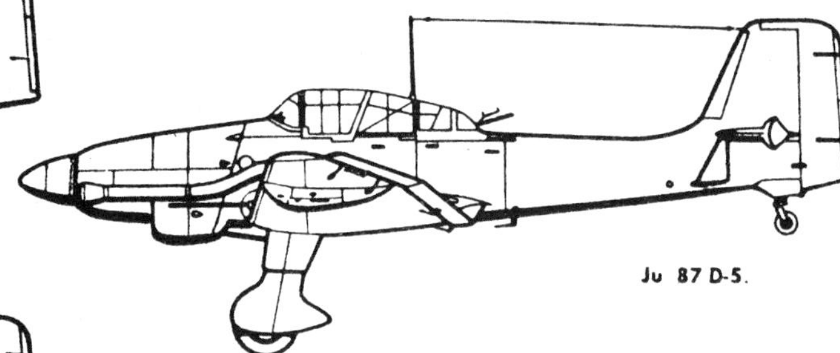
Ju 87 D-5.

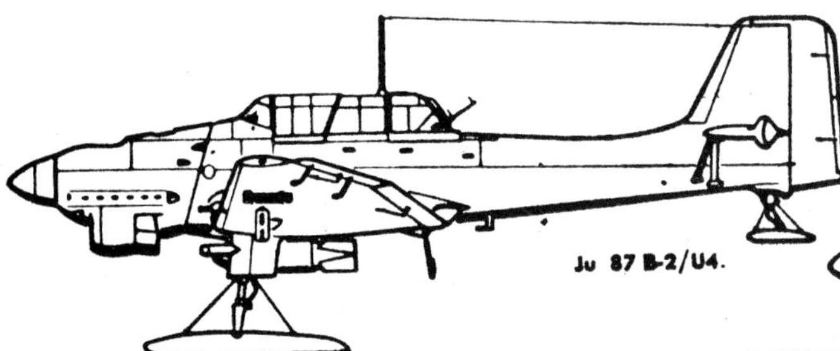
Ju 87 B-2/U4.

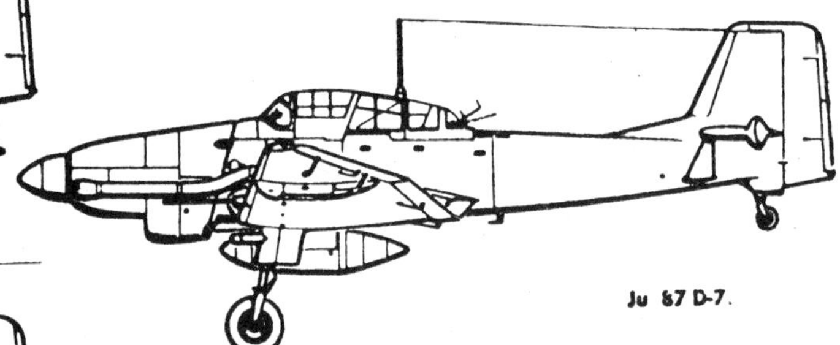
Ju 87 D-7.

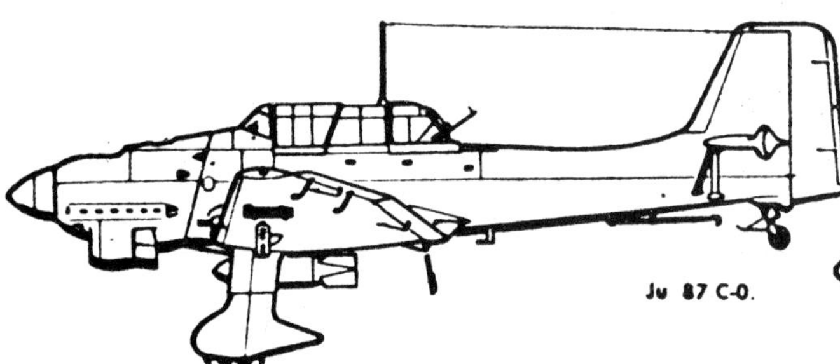
Ju 87 C-0.

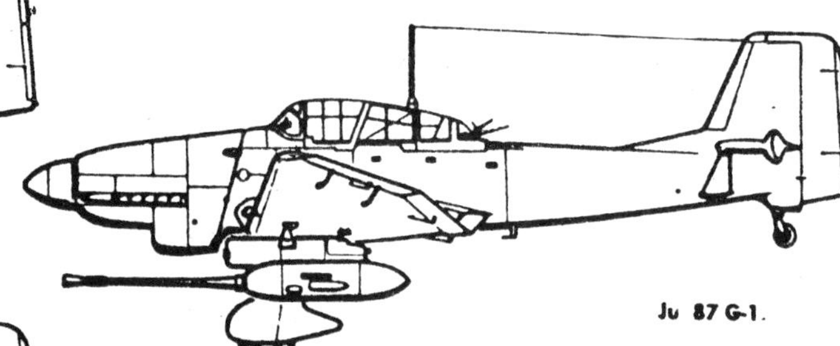
Ju 87 G-1.

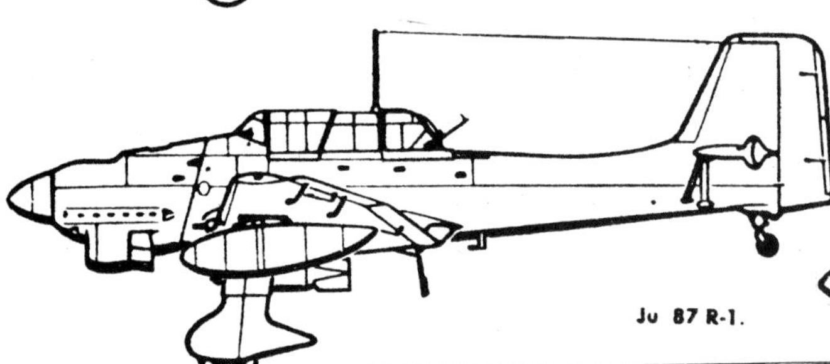
Ju 87 R-1.

Ju 87 H-2.

Einleitung

Die „Weser“ Flugzeugbau Gesellschaft m.b.H. hat in dreieinhalb Jahren bis zum 27. 2. 1941 neben anderen kriegswichtigen Bauaufgaben *1000 Flugzeuge des Musters Ju 87 in Lizenz der Junkers Flugzeug- und Motorenwerke A.G., Dessau, gebaut.*
Von diesen 1000 Flugzeugen sind vor dem Kriege 266 und seit Ausbruch des Krieges bis zum 27. 2. 1941 734 Flugzeuge geliefert. Die Fertigung ist damit nicht abgeschlossen; die Firma hat vielmehr weitere 1280 Flugzeuge dieses Typs in Auftrag, die bis zum 31. 3. 1942 auszuliefern sind.
In der vorliegenden Denkschrift sind die im Laufe der bisherigen Fertigung gesammelten Erfahrungen niedergelegt. Sie sollen einen Beitrag bilden zur Geschichte der Luftfahrtindustrie vor dem Kriege und während des Krieges.

DENKSCHRIFT

über die Fertigung des Baumusters

Ju 87 (Stuka)

bei der

„WESER“ FLUGZEUGBAU G.M.B.H. BREMEN

Herausgegeben anläßlich der Ablieferung des 1000sten Flugzeuges Ju 87 am 27. Febr. 1941

Geheim!

Dies ist ein geheimer Gegenstand im Sinne des § 88 Reichs-Straf-Gesetzbuch (Fassung vom 24. April 1934). Mißbrauch wird nach den Bestimmungen dieses Gesetzes bestraft, sofern nicht andere Strafbestimmungen in Frage kommen.

Auftragserteilung und Lieferpläne

Der Nachbau des Musters Ju 87 wurde vom RLM im November 1936 mit Lieferplan 4 angeordnet, die Lieferungen sollten ab Oktober 1937 beginnen. Der Auftragsumfang war auf 35 Zellen beschränkt und wurde nach einiger Zeit auf insgesamt 70 erhöht.*) Als monatliche Höchstausbringung der WFG waren 10 Flugzeuge im Lieferplan eingesetzt. Auf diese Stückzahl war die Fabrikation einzustellen und zu planen.
Junkers hatte als Stammfirma den Bau des Musters bereits einige Monate früher aufgenommen und Vorbereitungen getroffen für eine monatliche Ausbringung von 25 Flugzeugen. Für keine Stelle war zu dieser Zeit zu übersehen, daß der Bedarf an Flugzeugen des Baumusters Ju 87 einmal die ersten Planungen in einem solchen Umfange überholen würde. Die steigenden Anforderungen des Auftraggebers finden ihren Ausdruck in den Lieferplänen, beginnend mit Nr. 4 vom November 1936 bis zum Lieferplan Nr. 18 vom November 1940.
Die fortschreitende Entwicklung bei der Stammfirma und die Erfahrungen der Front führten zu zahlreichen Änderungen und auch zu einer Umstellung der Baureihen, hervorgerufen durch einschneidende Verbesserungen am Triebwerk und in der Ausrüstung. Das Deckblatt zum Bild 1 zeigt, wie diese Änderungen der Baureihen die Lieferpläne beeinflußt haben. Die Merkmale der verschiedenen Baureihen sind in einer Tabelle aufgezeichnet.
Die Lieferpläne zeigen an einigen Stellen eine Steigerung der monatlichen Liefermenge bis zu 80 Flugzeugen. Neue Forderungen ließen, nachdem auch schon zusätzliche Vorrichtungen gefertigt waren, diese Pläne nicht zur Ausführung kommen.

Die Lieferung bis zum 1000. Flugzeug

In der Darstellung, die die Lieferpläne Nr. 4 bis 18 in Form von Integralkurven aufzeigt, ist nur der Anteil jedes Programmes, der wirklich zur Auswirkung kommen sollte, ausgezogen, während der durch neuere Pläne überholte Teil jeweils gestrichelt ist. Das Deckblatt zum Bild 2 zeigt, wie die Flugzeuge von der WFG tatsächlich zur Ablieferung kamen. Es ist zu erkennen, daß trotz der einschneidenden Veränderungen in den Baureihen eine Stetigkeit in der Ausbringung der Flugzeuge erreicht wurde und daß die Annäherung an die Forderungen des Auftraggebers sehr gut gelungen ist.

Planung

Als die WFG für die Fertigung des Stukas eingesetzt wurde, war sie bereits seit fast zwei Jahren mit dem Bau von Flugzeugteilen und ganzen Flugzeugen vertraut. In einer kleinen Serie von Rümpfen Do 23 und in einer Großserie W 34 war eine Stammge-

*) Lieferplan 5: vom 7. 4. 1937
4. 11. 1937 entscheidende Lizenzbesprechung in Dessau: von Junkers Dr. [illegible] & 8 Herren
von Weserflug [illegible] 5 Herren. [illegible] '5

Baureihen Ju 87

Baureihe	Motor	Startleistung PS	Rüstgewicht kg	Fluggewicht kg	Kraftstoffbehälterinhalt l
A 1	Jumo 210 D	680	2 404	3 377	440
B 1	Jumo 211 A	1 000	3 070	4 235	480
	Änderungen: Tm verstärkt, Fahrgestellt verstärkt (Einbein), Führerdach als Schiebedach, 2 MG und ETC in Flächen.				
R 1	Änderungen: Zusatzbehälter an den Flächen				1 080
B 2	Jumo 211 D	1 200	3 190	4 330	480
	Änderungen: Tm verstärkt, Ablenkgabel für schwere Bombe, Rumpflängsträger verstärkt				
R 2	Änderungen: Zusatzbehälter an den Flächen				1 080
D 1	Jumo 211 F	1 350	4 700 +	5 700	880
	Änderungen: Führerdach geändert, Bewaffnung geändert, Kühlung verlegt, Tropenausrüstung				
C 1	War als Katapultflugzeug für Flugzeugträger entwickelt. Serienbau wurde nach vollständiger Vorbereitung n i c h t durchgeführt.				

+ = Landegewicht

folgschaft für den Rumpfbau und für die Ausrüstung geschult. Im Flächenbau waren eingearbeitete Leute vorhanden, die aus den Serien W 34 und Ju 86 Erfahrungen hatten. Der Leitwerksbau war ebenfalls eingearbeitet durch die Fabrikation der Muster Do 23, W 34, He 59 und He 60.
Von den Werken der WFG erhielt Einswarden zur gleichen Zeit einen größeren Serienauftrag für das Baumuster Do 18. Das Werk Lemwerder war mit zahlreichen Musterumbauten belegt und noch im Aufbau begriffen. In die Planung für die Fabrikation Ju 87 mußten daher in der Hauptsache die Werke Bremen und

Werk	Bauanteil	Arbeitsfläche v.H.	Arbeitereinsatz v. H.
Bremen	Rumpf mit Ausrüstung Fahrwerk Steuerwerk Tragwerk Triebwerksgerüst Triebwerksverkleidung Triebwerkseinbau	84,5	86,5
Delmenhorst	Leitwerk	10,0	9,9
Lemwerder	Einfliegerei	5,5	3,6

Delmenhorst eingesetzt werden. Bei der Aufteilung der Fertigung wurde das Werk Bremen mit über 80 v.H. des Gesamtstundenaufwandes belastet. In der nachstehenden Übersicht wird die von der ersten Planung getroffene Einteilung gezeigt; diese hat sich bis zur Ablieferung des 1000. Flugzeuges nicht wesentlich geändert.
Die Planungsunterlagen für Materialbestellung, Betriebsmittel, Takteinteilung usw. wurden von der Stammfirma, deren Fabrikation ja bereits lief, zur Verfügung gestellt. Da die Stückzahl im Nachbau geringer war und nur eine kurze Anlaufzeit zur Verfügung stand, mußte darauf verzichtet werden, für die 1. Serie alles großzügig zu planen. Man beschränkte sich also auf eine Überholung wichtiger Punkte und entwickelte insbesondere sämtliche Kleinbetriebsmittel entsprechend dem Maschinenpark und den Einrichtungen unserer Werke neu.
Als dann von Monat zu Monat die Lieferpläne höhere Stückzahlen forderten, wurden immer wieder Verbesserungen der Planung vorgenommen und bei Baureihenänderungen auch grundsätzlich alle Planungsarbeiten neu durchgeführt. Die Ergebnisse dieser Arbeiten sind in den Abschnitten „Technisch-organisatorische Aufgaben" und „Fertigungstechnische Aufgaben" eingehend behandelt.
Bei Beginn der Fertigung (Baureihe A) waren rund 6000 zeichnungsgebundene Betriebsmittel im Gebrauch. Diese Zahl hat sich bis zum 1000. Flugzeug auf rund 18.000 erhöht. Die WFG hatte schon früher erkannt, daß die rechtzeitige Bereitstellung von Betriebsmitteln auf die Durchlaufzeit und die schnelle Bereitschaft für Änderungen von größter Bedeutung ist. Es stand daher ein Vorrichtungs-Konstruktionsbüro und ein gut ausgerüsteter Vorrichtungsbau zur Verfügung. Von diesen Abteilungen sind etwa 90 v.H. der gesamten Betriebsmittel entwickelt und gebaut worden. Der Stundenaufwand des Vorrichtungsbaues für die einzelnen Baureihen Ju 87 fiel so stoßweise an, daß die WFG diesen hohen Anforderungen nur genügen konnte, weil sie über eine eigene Werkstatt für diesen Zweck verfügte.

Lieferpläne und erfolgte Lieferungen

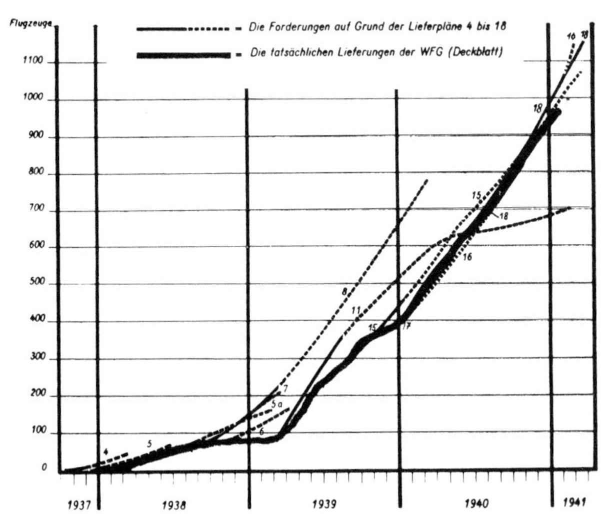

Antwort der WFG auf das Schreiben des RLM vom 18. 7. 1941.

An das
Reichsluftfahrtministerium
Abt. LC 2/I A, Technisches Amt

Berlin W 8

Leipzigerstr. 7

Fabrikationsleiter/224 26.8.1941

Hierzu Anlage. Angebot 803 A
Seite 16

Betreff:

Erweiterte Verlegung der Fertigung des Baumusters Ju 87 von Bremen nach Tempelhof.

Vorgang:

1. Besprechung im Amt zwischen den Herren Oberstingenieur Reidenbach und Direktor Feilcke am 16.7.41.

2. Schreiben LC 2/I A Nr. 7385/41 geh. vom 18.7.1941.

\- -

1.) In der erwähnten Besprechung und in dem Schreiben vom 18. 7. 41 Nr. 7385/41 geh. ist uns zur Vermeidung von zukünftigen Störungen der Fertigung des Baumusters Ju 87 durch Feindeinwirkung die schnelle Durchführung folgender Sondermaßnahmen auferlegt worden:

a) 2/3 der Gesamtfertigung sind nach Tempelhof zu verlegen.
b) Jeder Fertigungsgang muß mindestens zweimal – bei besonders schwer zu ersetzenden Operationen möglicherweise dreimal – an verschiedenen Fertigungsstätten vorhanden sein.
c) Der Einbau von Splitterschutzwänden im Bereich der Fertigung ist nach Möglichkeit zu erweitern.

Für die Durchführung dieser Maßnahmen sind dann noch folgende Bedingungen gestellt:

d) Einem Lieferausfall kann bei der Dringlichkeit des Baumusters Ju 87 nicht stattgegeben werden. Der Ausgleich des Lieferplanes muß vielmehr bis spätestens 1. 4. 42 hergestellt sein.
e) Alle erforderlichen Ausbauten sind als Behelfsbauten auszuführen.

2.) Um ein Urteil über die Größe und den Umfang der uns mit der Durchführung dieser Sondermaßnahmen zugefallenen Aufgabe zu ermöglichen, sei zunächst ein kurzer Überblick über den *bisherigen* Fertigungsablauf des Baumusters Ju 87 in unseren Werkstätten gegeben.

Die Ju 87 wurde bis zum 31. 3. 1941 mit Ausnahme der Leitwerke (Fertigung in unserem Werk Delmenhorst), der Führerraumüberdachungen, Fahrgestellverkleidungen, Triebwerksverkleidungen und der Ablenkgabeln (Fertigung in der Karosseriefabrik von Karmann in Osnabrück) ausschließlich in unserem Werk Bremen mit seinem Unterwerk Burg (polnische Werkstatt) gefertigt. Bis zu dem genannten Tage wurden dort 1.139 Maschinen *flugfertig* hergestellt (das Einfliegen erfolgte in unserem Werk Lemwerder). Die monatliche Ausbringung war zuletzt durchschnittlich 62 Stück. Am 31. 12. 40 waren im Werk Bremen (einschließlich Burg) 2.833 produktive Lohnempfänger in der Fertigung Ju 87 angesetzt. Die Gesamtgefolgschaft dieses Werkes betrug am gleichen Tage 5320 einschließlich der für alle Werke des Unternehmens tätigen Werkstätten für Zerspannung und Vorrichtungsbau. Davon waren 637 Gehaltsempfänger und 4.683 Lohnempfänger.

Nach den schweren Fliegerangriffen auf Bremen am 1. – 4. Januar 1941 wurde vom Amt angeordnet, daß 2/3 des Teile- und Endzusammenbaus der Ju 87 von Bremen nach Tempelhof zu verlegen sei. Gleichzeitig sollte die Fertigung in Bremen so aufgeteilt werden, daß wichtige Bauteile an zweimöglichst weit voneinander entfernt liegenden Stellen hergestellt würden. Endlich wurde ein weitgehender Einbau von Splitterschutzwänden gefordert.

Alle diese Maßnahmen sind in der Zeit vom 1. 3. 1941 bis Ende Mai durchgeführt worden. Im Juni brachte Tempelhof bereits 16, im Juli dann 14 Flugzeuge Ju 87 flugfertig heraus. Es wurden

11.835 m^2 Fabrikations- und Lagerräume für die Fertigung Ju 87 in Tempelhof hergerichtet und bis zum 31. 7. 1941 insgesamt 440 Bremer Gefolgschafter nach Tempelhof versetzt. Die Unterkunft dieser Leute geschah in neu erstellten Baracken.

3.) Am 31. 7. 1941 waren folgende produktive Lohnempfänger auf die Fertigung der Ju 87 angesetzt:

im Werk Bremen:			
im Teilebau	660		
im Teilezusammenbau	605		
im Endzusammenbau	232		
in der Zerspannung	251		
im Vorrichtungsbau	254	=	2002
im Werk Burg:			321
in der Lehrlingswerkstatt (20-Std./Woche):			241
im Werk Delmenhorst:			354
im Werk Tempelhof:			310
bei Karmann, Osnabrück:			384

Damit der Amtsforderung, daß 2/3 der *Gesamt*fertigung in Tempelhof durchgeführt wird, Genüge getan wird, müssen über die bereits übergesiedelten 392 Lohngefolgschafter und 37 Gehaltsempfänger hinaus noch von Bremen nach Tempelhof versetzt werden:

	1.335	produktive Lohngefolgschafter
	925	unproduktive Lohngefolgschafter
zusammen	2.260	Lohngefolgschafter
und	250	Gehaltsgefolgschafter.

Es ist nun eine *erste* unerläßliche Voraussetzung, für die Durchführung der geplanten Aktion, daß für diese Gefolgschafter in Berlin eine geeignete Unterkunft und Verpflegungsmöglichkeit gefunden oder erstellt wird. Bevor die Lösung dieser Frage nicht vollkommen sichergestellt ist, können wir mit einer Verlegung der Fertigung nicht beginnen.

Bisher sind von uns in dieser Angelegenheit folgende Schritte unternommen worden:

a) Die Belegung der vorhandenen bezw. der in Kürze fertiggestellten Baracken ist so rangiert worden, daß wir noch etwa 400 Leute darin unterbringen können.

b) Ende Juli sind wir beim RLM, LC 2/I A und LC 2/I D vorstellig geworden und haben um Untersuchung gebeten, ob die Unterbringung unserer Gefolgschafter in Kasernen möglich sei. (Mit Rücksicht auf die in solchen vorhandenen Küchen). Das RLM schaltete die Rüstungsinspektion ein und beauftragte das Rükdo mit den Ermittlungen. Vom Rükdo ist uns dann das im Bau befindliche Verwaltungsgebäude der Gafga in Schmargendorf, Kahlstr. angeboten worden, welches zur Unterbringung von etwa 1500 Gefolgschaftern dienen könnte. – Wir haben dieses Gebäude vom Rükdo vorsorglich beschlagnahmen lassen unter der Voraussetzung, daß eine GB-Baunummer zur behelfsmäßigen Herrichtung desselben erteilt wird.

c) Unabhängig davon sind von uns bei GL I/2
25 Wohnbaracken
1 Wirtschaftsbaracke und
1 Heizhaus
beantragt worden, die auf dem in Tempelhof verfügbaren Gelände aufgestellt werden müssen.
Diese Maßnahme sichert die Unterbringung von etwa 1.900 Gefolgschaftern.
Die von uns eingeleiteten Verhandlungen mit der Bauleitung der Luftwaffe haben ergeben, daß der größte Teil dieser Baracken noch Ende des Jahres und der Rest in den ersten Monaten 1942 aufgestellt sein kann. Auf die Durchführung dieser Maßnahme setzt voraus, daß eine GB-Baunummer für das Vorhaben erteilt wird.

Wenn die unter „b" bezeichnete Planung zur Durchführung gelangt, können in dem unter „c" geschilderten Vorhaben 15 bis 18 Baracken wieder annulliert werden.

4.) Eine zweite Voraussetzung, die unbedingt erfüllt werden muß, ist die *Deckung des erheblichen Mehrbedarfs an Arbeitskräften,* der sich einmal durch die Umstellung der Fertigung selbst (Anfertigung zusätzlicher Betriebsmittel, Mehraufwand durch Aufteilung gleichartiger Fertigungsgänge auf zwei bezw. drei Arbeitsplätze, Arbeitszeitausfall während des Umzuges, unvermeidliche Vermehrung der unproduktiven Leute usw.) und weiter durch die Forderung, daß alle Ausfälle gegenüber dem Lieferprogramm bis zum 1. 4. 1942 wieder aufgeholt werden müssen, ergibt.

5.) Die Verlegung von insgesamt 2/3 Gesamtfertigung JU 87 erfordert im übrigen die Erfüllung folgender weiterer Voraussetzungen und Bedingungen:

a) Die *Energieversorgung* muß mit 1.000 kVA sichergestellt werden. Verhandlungen mit der Bauleitung der Luftwaffe in Tempelhof laufen bereits und es soll Aussicht bestehen, die Transformatoren rechtzeitig einzubauen.

b) *Zusätzliche Werkzeugmaschinen* werden für die Zuschneiderei und Verformung in Tempelhof benötigt, da eine Umstellung der vorhandenen Maschinen nur zum Teil erfolgen kann. Die Maschinen sind bereits bestellt, Terminzusagen der Lieferfirmen liegen noch nicht vor. (Umfang ist unserem Angebot Nr. 803 A vom 26. 8. 41 zu entnehmen).
Die Zerspannungswerkstatt wird nicht aufgeteilt, da eine Sicherung der Fertigung dadurch erreicht ist, daß unsere Unterlieferanten mit Betriebsmitteln für alle vorkommenden Positionen versehen sind.

c) *Anlagen* für die Fertigung müssen in Tempelhof noch neu erstellt werden für die Warmbehandlung (Veredlung), die Leichtmetall-Schweißerei, das Eloxieren und die Malerei. Die Bestellungen für diese Anlagen sind herausgegeben, Terminzusagen liegen noch nicht vor.

d) *Die Einrichtungen* für die Werkstätten und Läger können nur zum Teil aus dem Werk Bremen nach Tempelhof überführt werden. Die erforderlichen Ergänzungen sind in unserem Angebot Nr. 803 A aufgeführt und von uns bestellt worden bezw. in unseren Werkstätten in Auftrag gegeben.

e) *Die Werkstoffprüfung und der Instrumenten-Prüfraum* müssen in Tempelhof neu eingerichtet werden. Ein Teil der erforderlichen Einrichtungen wird von Bremen überführt, der größere Teil muß jedoch neu beschafft werden, da die Maschinen und Geräte nur einmal vorhanden sind. Insbesondere ist die Beschaffung der Prüfstände für die Anzeigegeräte noch nicht gesichert. Wir bitten bei der Beschaffung der in unserem Angebot Nr. 803 A näherbezeichneten Gegenstände um Unterstützung.

f) Die kaufmännischen Büros müssen zusätzlich mit einer Reihe von Büromaschinen ausgerüstet werden und außerdem macht es die Gefolgschaftsstärke in Tempelhof erforderlich, die Hollerithanlage zu erweitern.

g) *Schablonen und Kleinvorrichtungen* sind bisher für die Fertigung der Ju 87 bei WFG nur einmal vorhanden. Die Durchführung des Vorhabens B hängt aber von der Beschaffung eines zweiten Satzes ab. Wir haben daher die Fertigung des 2. Satzes sofort aufgenommen und versuchen, von der Stammfirma und den Reparaturwerken entbehrliche Betriebsmittel herauszuziehen, um den sehr großen Stundenaufwand im Vorrichtungsbau einzuschränken.

h) *Kleine bauliche Arbeiten* sind zur Herrichtung der Räume erforderlich. Der Schießstand in Jüteborg muß überdacht werden. Die Arbeiten sind in unserem Angebot Nr. 803 A aufgeführt.

i) *Die Transporte* von Bremen nach Tempelhof mit der Eisenbahn und mit dem LKW müssen durch Maßnahmen des RLM bezw. der Rü.In. so gesichert werden, daß ihr programmgemäßer Ablauf auch dann nicht gestört ist, wenn vorübergehend auf militärische Anordnung Transportsperre oder dergl. eintreten sollte. Für den Umzug der Teile und Vorrichtungen sind rund 70 Waggons erforderlich, und für den Umzug des Materiallagers 120 Waggons und 20 Lkw mit Anhängern.

6.) Der Ablauf der Verlegung ist so gedacht, daß durchgeführt werden:

Vorhaben A: Verlegung des Zusammenbaues,
Vorhaben B: Verlegung von 2/3 der Teilefertigung,
Vorhaben C: Verlegung von 2/3 des Werkstofflagers.

Der zeitliche Ablauf dieser Vorhaben ergibt sich auf den beiliegenden Diagrammen.
Die Aufzeichnungen gehen aus von einem sogenannten O-Tag, an dem die Vorbedingungen für die Verlegung restlos erfüllt sind. Die Umstellung für das Vorhaben A umfaßt rund 90 Tage, für die Vorhaben B und C rund 100 Tage. Für das Vorhaben A, d.h. Verlegung eines weiteren Drittels des Zusammenbaues, kann angenommen werden, daß der O-Tag etwa am 1. September liegt, so daß bereits im Dezember 2/3 der Gesamtausbringung von Tempelhof geliefert werden, wobei jedoch Bremen noch die Teile zuliefert.
Die Umstellung der Teilefertigung (Vorhaben B und sofort anschließend Vorhaben C) wird nicht vor Ende des Jahres beginnen können, da die Lieferzeiten der bestellten Betriebsmittel und Werkzeugmaschinen wahrscheinlich kaum weiter gekürzt werden können.
Die volle Umstellung, d.h. 2/3 Teilbau und Montage in Tempelhof, wird daher frühestens im April 1942 erreicht sein.
Alle Terminangaben können noch nicht als bindend betrachtet werden, denn die im vorstehenden aufgeführten Voraussetzungen und Bedingungen sind z.T. so schwierig zu erfüllen, daß die Firma allein bestimmt nicht in der Lage sein wird, in allen Fällen die kurzfristigen Termine zu erreichen oder die erforderlichen Transportmittel, Betriebsmittel usw. zu beschaffen. Wir werden daher jedesmal wenn wir auf Schwierigkeiten stoßen, das RLM unter dem Stichwort „Verlegung Tempelhof" verständigen und Unterlagen zur Verfügung stellen, damit die amtlichen Stellen eingreifen und die Angelegenheit so fördern können, daß mindestens die von uns angenommenen Termine eingehalten werden.

7.) *Die Raumplanung* für das Werk Tempelhof ist als Anlage Nr. 1 beigefügt.

8.) *Kosten*

Die gesamten Kosten, die durch diese Fertigungsverlegung entstehen, sind im Angebot Nr. 803 A, das wir als Anlage Nr. 2 beigefügt haben, zusammengestellt.
Wir haben folgende geschätzte Beträge eingesetzt:

1. Versetzung und Transporte	RM	575.600,–
2. Neubeschaffung von Einrichtungen, Maschinen und Anlagen, sowie bauliche Arbeiten	RM	1.916.000,–
3. Erstellung von Unterkünften	RM	1.400.000,–
Besonders angeboten werden die Vorrichtungen	RM	1.160.000,–
	RM	5.051.600,–

Die laufenden Kosten für die versetzten Gefolgschafter lassen sich noch nicht übersehen; wegen der besonders gelagerten Verhältnisse (häufige Luftangriffe) sind besondere Aufwendungen für Heimreisen und Reisen von Familienmitgliedern anzusetzen.
Die laufenden Kosten für den Versand von Material und Teilen nach Tempelhof sind ebenfalls noch nicht einwandfrei herauszustellen.

Heil Hitler!
„Weser" Flugzeugbau Gesellschaft
mit beschränkter Haftung
(gez.) Feilcke (gez.) Zülch

Anlagen:
Nr. 1 – Diagramm
Nr. 2 – Angebot Nr. 803 A

Der Staatssekretär der Luftfahrt
und Generalinspekteur der Luftwaffe

Berlin W 8, den 26. Mai 1943
Leipziger Straße 7
Fernsprecher: 12 00 47

Lieber Herr Feilcke !

Die Lieferungen Ihrer Werke Bremen und Berlin haben den von mir geforderten Vorlauf jeden Monat erfüllt und ihn sogar von Monat zu Monat gesteigert.

Diese Leistung ist um so höher zu bewerten, als Sie neben einer steil ansteigenden Produktionserhöhung mit großen Schwierigkeiten umfangreiche Verlagerungen durchzuführen und unter schweren Feindeinwirkungen zu leiden hatten.

Im April haben Sie und Ihre Gefolgschaft eine Jubiläumsmaschine zur Auslieferung bringen können. Die erzielte Stückzahl hat eine Höhe erreicht, wie sie bisher von einem einzelnen Werk mit gleichbleibendem Muster noch nicht erreicht worden ist.

Ich bitte Sie, allen Beteiligten meine Anerkennung und meine besten Glückwünsche zu übermitteln.

Heil Hitler !

Ihr Milch

Generalfeldmarschall

Herrn
Direktor Feilcke
i.Fa. Weser Flugzeugbau
G.m.b.H.
Bremen 1

JU 87: Lieferliste der 5930 bei WFG insgesamt gefertigten Maschinen

Geschichte WFG: Abschnitt **Betr.: Ju 87**

Hier: Serienbau Ju 87

Monatsbmeldungen über Fertigung von Frontmaschinen und Reserve-Einsätzen

	Werk Lemwerder Bremen	Werk Tempelhof Berlin	WFG Gesamt
1937			
Okt	2	–	2
Nov	3	–	3
Dez	2	–	2
Im Jahre 1937	7	–	7
Total bis 3.12.37	7	–	7
1938			
Jan	2	–	2
Feb	3	–	3
März	6	–	6
Apr	8	–	8
Mai	11	–	11
Jun	14	–	14
Jul	14	–	14
Aug	14	–	14
Sep	12	–	12
Okt	12	–	12
Nov	18	–	12
Dez	22	–	22
Im Jahre 1938	136	–	136
Total bis 31.12.38	143	–	143
1939			
Jan	24	–	24
Feb	28	–	28
März	38	–	38
Apr	58	–	58
Mai	58	–	58
Jun	58	–	58
Jul	59	–	59
Aug	50	–	50
Sep	48	–	48
Okt	58	–	58
Nov	58	–	58
Dez	40	–	40
Im Jahre 1939	577	–	577
Total bis 31.12.39	720	–	720
1940			
Jan	40	–	40
Feb	62	–	62
März	50	–	50
Apr	47	–	47
Mai	41	–	41
Jun	39	18	57
Jul	45	20	65
Aug	48	23	71
Sep	51	27	78
Okt	50	33	83
Nov	55	36	91
Dez	51	33	84
Im Jahre 1940	579	190	769
Total bis 31.12.40	1299	190	1489

	Werk Lemwerder Bremen	Werk Tempelhof Berlin	WFG Gesamt
1941			
Jan	58	37	95
Feb	58	38	96
März	58	37	95
Apr	49	32	81
Mai	49	32	81
Jun	49	31	80
Jul	49	32	81
Aug	49	33	82
Sep	58	38	96
Okt	58	37	95
Nov	58	38	96
Dez	58	38	96
Im Jahre 1941	651	423	1074
Total bis 31.12.41	1950	613	2563
1942			
Jan	48	33	81
Feb	42	30	72
März	45	31	74
Apr	52	41	93
Mai	49	37	86
Jun	50	38	88
Jul	53	38	91
Aug	48	39	87
Sep	27	35	62
Okt	28	33	61
Nov	23	34	57
Dez	75	40	115
Im Jahre 1942	538	429	967
Total bis 31.12.42	2488	1042	3530
1943			
Jan	80	52	132
Feb	84	51	135
März	100	54	154
Apr	103	55	158
Mai	99	57	156
Jun	75	52	127
Jul	88	54	142
Aug	78	50	128
Sep	70	51	121
Okt	80	53	133
Nov	81	55	136
Dez	53	54	107
Im Jahre 1943	991	638	1629
Total bis 31.12.43	3479	1680	5159
1944			
Jan	72	48	120
Feb	78	50	128
März	80	53	133
Apr	76	56	132
Mai	35	54	89
Jun	–	55	55
Jul	–	58	58
Aug	–	56	56
Sep	–	–	–
Okt	–	–	–
Nov	–	–	–
Dez	–	–	–
Im Jahre 1944	341	430	771
Total bis Ende 43	3820	2110	5930

Einführungsmeldung des Chefs des Ausbildungswesens zum Flugzeugmuster Ju 87 B-1
10. 7. 1939

Der Reichsminister der Luftfahrt
und Oberbefehlshaber der Luftwaffe
Chef des Ausbildungswesens
Abt.St.A.Luftw.
Az.: 67a/8 Nr. 809/39 geh. (IA 1)
Bezug: Genst.1.Abt. Nr. 843/39 (II,3) v. 14. 6. 39.

Berlin, den 10. Juli 1939

Betr.: Ju 87 B-1.

Einführung des Flugzeugmusters Ju 87 B-1

Es ist eingeführt:

1. Benennung:	Flugzeugmuster Junkers 87 B-1
2. Abgekürzte Bezeichnung:	Ju 87 B-1
3. Ziffer der Stoffgliederung:	8. Flugzeugzellen
4. Geräteklasse:	Fl
5. Anforderungszeichen:	Fl-
6. Verwendungszweck:	Sturzkampfflugzeug
7. Besatzung:	1 Führer, 1 Schütze
8. Ausrüstung:	
Stoffgebiet Ziffer 2:	je ein starres M.G.17 im rechten und linken Tragflügel mit je 500 Schuß 1 bewegliches M.G.15 mit 12 Doppeltrommeln (900 Schuß) 1 Revi C/12
Stoffgebiet Ziffer 9:	Jumo 211 A
Stoffgebiet Ziffer 10:	Sitzfallschirme, Anschnallgurte
Stoffgebiet Ziffer 18:	1 ETC 500/IXa für eine 250 kg oder eine 500 kg Bombe 4 ETC 50 VIIId für je eine 50 kg Bombe (Größte Bombenlast 500 kg)
Stoffgebiet Ziffer 24a-d:	Funkgerät Fu G VIIa Eigenverständigungsanlage 1 Leuchtpistole und 6 Schuß Nähere Einzelheiten über die Ausstattung sind in der Ausrüstungsgeräteliste bzw. in den Anlagen zur A.N. festgelegt.
9. Zuteilung:	Richtet sich nach dem in den Stärke- und Ausrüstungsnachweisungen festgelegten Plansoll an Sturzkampfflugzeugen. Im einzelnen erfolgt die Zuteilung auf Grund des jeweils gültigen Rüstungsplanes durch 6. Abteilung des Generalstabes.
10. Fertigungsunterlagen:	Gerät Nr. 8–87 B Ausführung B-1
11. Gerätebeschreibung:	Flugzeughandbuch Ju 87 B-1 bzw. Kurzbetriebsanweisung Ju 87 B-1
12. Gewicht:	Höchstzulässiges Fluggewicht 4300 kg
13. Bemerkungen:	Ju 87 B-1 ist nachtflugtauglich, bedingt blindflugtauglich, untauglich für ZZ-Landungen.

Im Auftrag
gez. v. der Osten
F.d.R.:
Unterschrift